Die gesetzliche Form der langfristigen Mietverträge
über Grundstücke und Räume

Europäische Hochschulschriften
Publications Universitaires Européennes
European University Studies

Reihe II
Rechtswissenschaft
Série II   Series II
Droit
Law

Bd./Vol. 1592

PETER LANG
Frankfurt am Main · Berlin · Bern · New York · Paris · Wien

Horst Schlemminger

Die gesetzliche Form der langfristigen Mietverträge über Grundstücke und Räume

PETER LANG
Europäischer Verlag der Wissenschaften

Die Deutsche Bibliothek - CIP-Einheitsaufnahme

Schlemminger, Horst:
Die gesetzliche Form der langfristigen Mietverträge über Grundstücke und Räume / Horst Schlemminger. - Frankfurt am Main ; Berlin ; Bern ; New York ; Paris ; Wien : Lang, 1995
(Europäische Hochschulschriften : Reihe 2, Rechtswissenschaft ; Bd. 1592)
Zugl.: Frankfurt (Main), Univ., Diss., 1994
ISBN 3-631-47701-5

NE: Europäische Hochschulschriften / 02

D 30
ISSN 0531-7312
ISBN 3-631-47701-5
© Peter Lang GmbH
Europäischer Verlag der Wissenschaften
Frankfurt am Main 1995
Alle Rechte vorbehalten.

Das Werk einschließlich aller seiner Teile ist urheberrechtlich geschützt. Jede Verwertung außerhalb der engen Grenzen des Urheberrechtsgesetzes ist ohne Zustimmung des Verlages unzulässig und strafbar. Das gilt insbesondere für Vervielfältigungen, Übersetzungen, Mikroverfilmungen und die Einspeicherung und Verarbeitung in elektronischen Systemen.

Printed in Germany 1 2 3 5 6 7

Satz: Unitext, Frankfurt am Main

Inhaltsverzeichnis

A.	**Einleitung**	23
B.	**Fiktion der "Kurzfristigkeit"**	27
I.	Die Rechtstechnik des § 566 Satz 2 BGB	27
II.	Einordnung in die Lehre vom Rechtsgeschäft	28
	1) Bruch mit der Trennung zwischen Form und Rechtsgeschäft...	28
	2) Bruch mit dem Grundsatz der Nichtexistenz des Rechtsgeschäfts	29
	3) Bruch mit dem Grundsatz uneingeschränkter Nichtigkeit	31
III.	Charakterisierende Inhaltsbeschreibung	32
IV.	Rechtsvergleichende Betrachtungen	33
C.	**Die umstrittene ratio des § 566 BGB**	35
I.	Schriftformzwecke im allgemeinen	36
	1) Die Motivation des Gesetzgebers	36
	2) Vielfalt, Katalogisierung und Beschreibung der Einzelzwecke	37
II.	Die Schriftform des § 566 BGB im besonderen	43
	1) Historische Interpretation	43
	2) Anwendbarkeit auf Untermietverträge	45
	3) Nichtbeachtung rechtstechnischer Regelungsalternativen	47
	4) Der objektive Gesetzeszweck	49
	a) Verselbständigungsmechanismen	49
	b) Die soziale und wirtschaftliche Bedeutung langfristiger Mietverträge	49
	c) (Inhalts-)Kontrolle durch die Öffentlichkeit	56
	d) Entlastung der streitigen Rechtspflege	57
	5) Zeitgerechte Sinninterpretation	58
D.	**Die Anwendbarkeit des § 566 BGB auf Mietvorverträge**	61
I.	Tendenzen in der Rechtsprechung; Diskussionsstand	61
	1) Die Rechtsprechung bis 1914	61

	2) Die Rechtsprechung des Reichsgerichts	62
	3) Die Rechtsprechung des BGH	63
	a) Bestätigung des Reichsgerichts	63
	b) Kehrtwende mit der Entscheidung BGHZ 81, 46?	64
II.	Kritische Bewertung	65
	1) Die Formbedürftigkeit von Vorverträgen im allgemeinen	65
	a) Die Relevanz der Formzwecke	65
	b) Das Verhältnis von Regel und Ausnahme	66
	c) Die Formzwang rechtfertigenden Zwecke	67
	aa) Inhaltsklarheit und Beweissicherung	68
	bb) Abschlußklarheit; Abgrenzung zu anderen Rechtsinstituten	68
	cc) Entlastung der Gerichte und Kontrolle durch Behörden	70
	dd) Übereilungsschutz	71
	d) Zwischenergebnis: Die Dominanz des Übereilungsschutzes	71
	2) Die Formbedürftigkeit des Mietvorvertrages im besonderen	72
	a) Der/die Formzwang rechtfertigende(n) Zweck(e) des § 566 BGB	72
	b) Bedenken wegen der Rechtsfolge in § 566 Satz 2 BGB	73
III.	Der Lösungsansatz von Heile	74
IV.	Zusammenfassendes Ergebnis	76

E. Anforderungen an die Schriftform 79

I.	Divergenz zwischen Theorie und Praxis	79
	1) Die Notwendigkeit strenger Anforderungen	79
	2) Unbedachtsamkeiten des modernen Rechtsverkehrs	79
II.	Terminologie der Vertragsbestandteile	81
III.	Anforderungen an die Ursprungs-(Haupt-)Urkunde	83
	1) Die (wenigen) Ansätze in § 126 BGB	83
	2) Entwicklungen in der Rechtsprechung	83
	a) Die Rechtsprechung des Reichsgerichts	83
	b) Die Rechtsprechung des Bundesgerichtshofes	84
	c) Die Rechtsprechung der Arbeitsgerichte	86
	d) Die Rechtsprechung der Oberlandesgerichte	87
	e) Die Rechtsprechung der Amts- und Landesgerichte	87
	f) Ursachen der Rechtsunsicherheit	88
	3) Historische Interpretationsvorgaben	89
	a) Verweis auf die Privaturkunde der ZPO	89

		b) Abgrenzung zur öffentlichen Beurkundung...............	90
	4)	Die einfache Schriftform im System der Formzwänge	91
	5)	Parallelen zu § 44 BeurkG	92
		a) Die notarielle Handhabung..	92
		b) Übertragbarkeit auf den allgemeinen Rechtsverkehr	93
	6)	Parallelen zu anderen öffentlichen Schriftstücken	95
	7)	Die Formstrenge im Spannungsfeld zwischen den Möglichkeiten des modernen Rechtsverkehrs, effektiver Zweckbewältigung und Rechtsklarkeit	96
		a) Konfliktbeschreibung: Vom Wert und Unwert der Schriftform	96
		b) Gefahren für den Rechtsverkehr..................................	97
		c) Überforderung des Rechtsverkehrs	100
	8)	Die Ursprungs-(Haupt-)urkunde als Rechtfertigung für Auflockerung bei Nachträgen..	102
	9)	Formnichtigkeit als Sanktion; Billigkeitserwägungen	103
	10)	Zusammenfassendes Zwischenergebnis: Die Unzulässigkeit von Auflockerungen bei der Herstellung der Ursprungs-(Haupt-)urkunde..	104
IV.	Auflockerungen bei Nachträgen..		104
	1)	Die Wechselwirkung zwischen Nutzen und Schaden der Form	104
	2)	Die sog. Auflockerungsrechtsprechung.................................	106
	3)	Abkehr von der Einheitlichkeit der Urkunde........................	108
	4)	Rechtliche Eigenständigkeit des Nachtrags...........................	109
	5)	Erreichen des Gesetzeszwecks ohne körperliche Verbindung	110
	6)	Berichtigende Rechtsfortbildung...	111
	7)	Anforderungen an die Deutlichkeit verbaler Bezugnahmen	113
	8)	Abgrenzung Nachtrag/neuer Vertrag....................................	114

F. Fehlerfolgen und Korrektive... 117

I.	Entsprechende Anwendbarkeit des § 139 BGB...............	118
	1) § 566 Satz 2 BGB als vorrangige Spezialnorm	118
	2) Höchstrichterlich anerkannte Ausnahmen........................	119
	3) Allgemeine Ausweitungstendenzen.................................	122
	4) Differenzierung nach der Selbständigkeit des Nachtrags	123
II.	Vertragliche Anspruch auf Nachholung der gesetzlichen Form	124
III.	Faktisches/sozialtypisches Verhalten	127
	1) Die formlose Hoferbenbestimmung	128

	2) Übertragbarkeit auf langfristige Mietverhältnisse	129
IV.	Deliktische Erfüllungshaftung	131
	1) Die relevanten Sachverhalte	131
	2) Die Sichtweise des Reichsgerichts	133
	3) Erfüllungshaftung auf deliktischer Grundlage	134
	4) Parallelen zum anerkannten Kontrahierungszwang	136
V.	Erfüllungshaftung aus Verschulden bei Vertragsschluß	137
	1) Grenzen der Naturalrestitution	137
	2) Erfüllungshaftung nach Esser	139
	3) Die Thesen von Reinicke	141
	4) Grundsätzliche Bedenken gegen die Anwendung von c.i.c. (die Kritik von Lorenz)	142
VI.	Erfüllungshaftung über § 116 BGB	143
VII.	Wohnraumkündigungsschutz als Korrektiv	144
	1) Der mittelbare Einfluß des sozialen Kündigungsschutzes	144
	2) Die Rechtsfolgen des § 566 BGB als "unzumutbare Härte"	145
	3) Kein Zusammenwirken der §§ 566, 564 b BGB	146
VIII.	Immanente Begrenzung des § 566 Satz 2 BGB durch § 242 BGB	147
	1) Konsequenzen der Begrenzungstheorie	149
	2) Die Verfechter der "reinen" Begrenzungstheorie	150
	3) Abgewandelte Formen immanenter Begrenzung	151
	4) Grenzen der Anwendbarkeit des § 242 BGB	153
IX.	Unzulässige Rechtsausübung	159
	1) Unterschiede zur Begrenzungstheorie	159
	2) Entwicklungslinien in der Rechtsprechung	160
	a) Die Rechtsprechung des BGH	160
	b) Die Rechtsprechung der Tatsachengerichte	166
	3) Die Ungleichbehandlung von ursprünglichem und eintretendem Vermieter	167
	4) Die Bedeutung von Bereicherungs- und Schadensersatzansprüchen	170
	5) Die Relevanz von Schutzzweckerwägungen bei der Abwägung nach § 242 BGB	172
	6) Die vorzeitige Beendigung als unzulässiger weiterer Vorteil	174
	7) Besonderes Vertrauens-, Fürsorge oder Betreungsverhältnis	176
	8) Weitere Fallgruppen	183
G.	**Die Geltung des § 566 BGB im Beitrittsgebiet**	185
I.	Der Konflikt zwischen altem und neuem Recht	185

	1) Schriftform nach dem ZGB	185
	2) Folgen des Einigungsvertrages	186
II.	Lösungsansätze in Art. 232 § 2 Abs. 1 EGBGB	186
	1) Interpretationsspielräume	187
	2) Die Argumentation von Hartmann	187
	3) Verfassungsrechtliche Bedenken	188
	4) Spannungsfeld zwischen Rechtssicherheit und Mißachtung vormalig wirksamer Parteivereinbarungen	190
III.	Nachträge zu Altverträgen	191
	1) Lösungsalternativen	192
	2) Zielsetzung des Einigungsvertrags	193
	3) Konfliktfreie Rechtsharmonisierung durch entsprechende Anwendung des § 139 BGB	193

H. Zusammenfassung/Resümee 195

I. Anhang 199

1) Einheitsmietvertrag 1934 199
2) Muster Wohnraummietvertrag 203
3) Muster Vermietung Gewerbepark 210
4) Beispiele für Anlagen zum Mietvertrag 223
   - 4.1 Plan Mietobjekt 223
   - 4.2 Aufstellung Betriebskosten 224
   - 4.3 Bau- und Ausstattungsbeschreibung 228
   - 4.4 Bürgschaftsmuster 235
   - 4.5 Übergabe-/Bestandsprotokoll 236
   - 4.6 Konzeptbeschreibung Einkaufscenter 237

Literaturverzeichnis

Alternativkommentare: Kommentar zum Bürgerlichen Gesetzbuch, verschiedene Bearbeiter; Band 1: Allgemeiner Teil (§§ 1-240), Neuwied-Darmstadt 1987, Band 3: Besonderes Schuldrecht (§§ 433-853), Neuwied-Darmstadt 1979; (Zitierweise: AK-BGB-Bearbeiter).

Arnold/Mecke (Hrsg.): Formular-Kommentar, verschiedene Bearbeiter, 21. Auflage Köln-Berlin-Bonn-München 1976.

Ballerstedt, Kurt: Zur Haftung für culpa in contrahendo bei Geschäftsabschluß für Stellvertreter, AcP 151, 501ff.

Baumbach/Lauterbach/Albers/Hartmann: Zivilprozeßordnung, Kommentar, verschiedene Bearbeiter, 50. Auflage München 1992; (Zitierweise: Baumbach-Lauterbach-Bearbeiter).

Baumann, Jürgen: Einführung in die Rechtswissenschaft, 8. Auflage München 1989.

Becher, Herbert Jaime: Italienisches Gesetzbuch (1949), 2. Auflage Berlin-Tübingen 1968.

Bieberstein v., Wolfgang: Anmerkung zum Urteil des Bundesgerichtshofes vom 29.1.1965, NJW 1965, 1014ff.

Bockemühl, Petrus: Formbedürftige Willenserklärungen und Bezugnahmemöglichkeiten, Köln 1969.

Brox, Hans: Allgemeines Schuldrecht, 15. Auflage München 1987; (Zitierweise: Brox, SchR AT).

Brox, Hans: Besonderes Schuldrecht, 16. Auflage München 1990; (Zitierweise: Brox, SchR BT).

Brunner, Georg: Zivilrecht der DDR, München 1977.

Bub/Treier: Handbuch der Geschäfts- und Wohnraummiete, verschiedene - Bearbeiter, München 1989; (Zitierweise: Bub/Treier-Bearbeiter).

Canaris, Klaus Wilhelm: Die Vertrauenshaftung im deutschen Privatrecht, München 1971.

Crome, Karl: System des Deutschen Bürgerlichen Rechts; 1. Band: Einleitung und Allgemeiner Teil, Tübingen-Leipzig 1900; (Zitierweise: Crome, BGB 1.Bd.), 2. Band: Recht der Schuldverhältnisse, Tübingen-Leipzig 1902; (Zitierweise: Crome, BGB 2.Bd.).

Dulckeit, Gerhard: Zur Lehre vom Rechtsgeschäft im klassischen römischen Recht in: Festschrift für Franz Schulz, 1. Band, Weimar 1951.

Eisenhardt, Ulrich: Allgemeiner Teil des BGB, 3. Auflage Heidelberg 1989.

Emmerich/Sonnenschein: Miete, Handkommentar §§ 535-580a BGB, 2. Wohnraumkündigungsschutzgesetz, 6. Auflage Berlin-New York 1991.

Enneccerus/Lehmann: Recht der Schuldverhältnisse, 15. Auflage Tübingen 1958.

Enneccerus/Nipperdey: Allgemeiner Teil des Bürgerlichen Rechts, 2. Halbband: Entstehung, Untergang und Veränderung der Rechte, Ansprüche und Einreden, Ausübung und Sicherung der Rechte, 15. Auflage Tübingen 1960.

Erman, Walter: Handkommentar zum Bürgerlichen Gesetzbuch, verschiedene Bearbeiter; 1. Band: (§§ 1-853) AbzG, HausTWG, AGBG, 8. Auflage Münster 1989; (Zitierweise: Erman-Bearbeiter).

Erman, Walter: Beiträge zur Haftung für das Verhalten bei Vertragsverhandlungen, AcP 139, 273ff.

Esser, Josef: Schuldrecht – Allgemeiner und Besonderer Teil, 2. Auflage Karlsruhe 1960, (Zitierweise: Esser, SchR).

Esser, Josef: Einführung in die Grundbegriffe des Rechtes und Staates, Wien 1949.

Esser/Weyers: Schuldrecht, Band 2: Besonderes Teil, 7. Auflage Heidelberg 1991; (Zitierweise: Esser/Weyers II)

Ferid/Sonnenberger: Das Französische Zivilrecht, Band 2: Schuldrecht: Die einzelnen Schuldverhältnisse Sachenrecht, 2. Auflage Heidelberg 1986.

Fikentscher, Wolfang: Schuldrecht, 8. Auflage Berlin-New York 1992.

Flume, Werner: Allgemeiner Teil des Bürgerlichen Rechts, 2. Band: Das Rechtsgeschäft, 4. Auflage Berlin-Heidelberg-New York-Paris-Tokyo-Hong Kong-Barcelona-Budapest 1992; (Zitierweise: Flume AT/II).

Flume, Werner: Das Rechtsgeschäft und das rechtlich relevante Verhalten, AcP 161, 52ff.

Frotz, Gerhard: Die rechtsdogmatische Einordnung der Haftung für culpa in contrahendo in: Gedenkschrift für Geschnitzer, Aalen 1969.

Fruth, Thomas: Praktische mietrechtliche Probleme in der ehemaligen DDR, WuM 1991, 9ff.

Ganzschezian-Finck: Änderung formbedürftiger Mietverträge, ZMR 1973, 129ff.

Gernhuber, Joachim (Hrsg.): Handbuch des Schuldrechts, Band 7: Gitter, Wolfgang: Gebrauchsüberlassungsverträge, Tübingen 1988; (Zitierweise: Gernhuber Bd 7).

Gernhuber, Joachim: Lehrbuch des Familienrechts, 3. Auflage München 1980.

Gernhuber, Joachim: Formnichtigkeit und Treu und Glauben in: Festschrift für Schmidt-Rimpler, Karlsruhe 1957; (Zitierweise: Gernhuber, Festschrift f. Schmidt-Rimpler).

Gernhuber, Joachim: § 242 BGB – Funktionen und Tatbestände, JuS 1983, 764ff.

Giese, Wolfgang: Die Form von Mietvereinbarungen, DWW 1966, 7ff.

Gitter, Wolfgang (Hrsg.): Vertragsverhältnisse, Vahlens Rechtsbücher-Reihe, Zivilrecht, Band 3, München 1974.

Göhring, Joachim: Einigungsvertrag und Mietrecht, DtZ 1990, 317ff.

Gramlich, Bernhard: Mietrecht, 4. Auflage München 1991.

Gramlich, Bernhard: Wohnraummietrecht nach dem Einigungsvertrag, München 1991; (Zitierweise: Gramlich, WmR n. d. EV.).

Gschnitzer, Franz: Österreichisches Schuldrecht, Allgemeiner Teil, 2. Auflage Wien-New York 1985.

Hans, Wilhelm: Das neue Mietrecht in weißen Kreisen, Kommentar, Band 1: Mietrecht des BGB nebst Prozeßrecht, München-Percha (Loseblattsammlung ab 1963).

Hartmann, Claus Hinrich: Die Kündigung von Wohnraum in den neuen Bundesländern (Teil I), ZMR 1992, 279ff.

Häsemeyer, Ludwig: Die gesetzliche Form der Rechtsgeschäfte, Frankfurt/Main 1971.

Häsemeyer, Ludwig: Die Bedeutung der Form im Privatrecht, JuS 1980, 1ff.

Heile, Bernard: Gesetzlicher Formzwang nach 566 BGB für Mietvorverträge über Grundstücke und Räume?, NJW 1991, 6 ff.

Heldrich, Karl: Die Form des Vertrages, AcP 147, 89ff.

Henrich, Dieter: Vorvertrag, Optionsvertrag, Vorrechtsvertrag, Berlin-Tübingen 1965.

Hippel v., Fritz: Formalismus und Rechtsdogmatik (dargestellt am Beispiel der "Errichtung" des zeugenlosen Schrifttestaments), Hamburg 1935.

Hübner, Heinz: Allgemeiner Teil des Bürgerlichen Gesetzbuches, Berlin-New York 1984.

Humbert, Heinz: Die formlose Bestimmung des Hoferben, NJW 1956, 1857ff.

Immenga/Mestmäcker: GWB Kommentar zum Kartellgesetz, verschiedene Bearbeiter, 2. Auflage München 1992; (Zitierweise: Immenga/Mestäcker-Emmerich).

Ioffe, Olimpiad: Soviet Civil Law, Dordrecht-Boston-Lancaster 1988.

Jauerning, Otmar (Hrsg.): Bürgerliches Gesetzbuch, Kommentar, verschiedene Bearbeiter, 6. Auflage München 1991; (Zitierweise: Jauerning-Bearbeiter).

Jhering v., Rudolf: Geist des römischen Rechts auf den verschiedenen Stufen seiner Entwicklung, 2. Teil 2. Abt., 8. Auflage Leipzig 1954.

Kaser, Max: Römisches Privatrecht, 16. Auflage München 1992.

Keller: Zu § 566 BGB, JW 1912, 104ff.

Kilian, Wolfgang: Kontrahierungszwang und Zivilrechtssystem, AcP 180, 47ff.

Kinne, Harald: Mietrechtsfragen der östlichen Bundesländer, WuM 1992, 403ff.

Köbl, Hans: Die Bedeutung der Form im heutigen Recht, DNotZ 1983, 207ff.

Köhler, Wolfgang: Handbuch der Wohnraummiete, 3. Auflage München 1988; (Zitierweise: Köhler Hdb.).

Lang-Weidmüller: Genossenschaftsgesetz (Gesetz betreffend die Erwerbs- und Wirtschaftsgenossenschaften), Kommentar, verschiedene Bearbeiter, 31. Auflage Berlin-New York 1984; (Zitierweise: Lang-Weidmüller-Bearbeiter).

Larenz, Karl: Allgemeiner Teil des Bürgerlichen Rechts, 7. Auflage München 1989; (Zitierweise: Larenz AT).

Larenz, Karl: Schuldrecht, 1.Band: Allgemeiner Teil, 14. Auflage München 1987; (Zitierweise: Larenz I).

Larenz, Karl: Schuldrecht, 2. Band: Besonderer Teil, 11. Auflage München 1977; (Zitierweise: Larenz II).

Larenz, Karl: Schuldrecht, 2. Band: Besonderer Teil, 1. Halbband, 13. Auflage München 1986; (Zitierweise: Larenz II/1).

Larenz, Karl: Sozialtypisches Verhalten als Verpflichtungsgrund, DRiZ 1958, 245ff.

Lehmann/Hübner: Allgemeiner Teil des Bürgerlichen Gesetzbuches, 16. Auflage Berlin 1966.

Leonhard, Franz: Besonders Schuldrecht des BGB, 2. Band, München-Leipzig 1931, (Zitierweise: Leonhard, BesSchR).

Leonhard, Franz: Verschulden bei Vertragsschlusse, Berlin 1910.

Lindemann: Der gesetzliche Schriftzwang in der Rechtsprechung des Reichsgerichtes, Das Recht 1913, 413ff.

Lorenz, Werner: Das Problem der Aufrechterhaltung formnichtiger Schuldverträge, AcP 156, 381ff.

Lorenz, Werner: Rechtsfolgen formnichtiger Schuldverträge, JuS 1966, 429ff.

Lübchen, Gustav-Adolf (Hrsg.): Kommentar zum Sechsten Teil des EGBGB, Baden-Baden 1991, verschiedene Bearbeiter; (Zitierweise: Lübchen-Bearbeiter).

Mansel, Heinz-Peter: Zum Anwendungsbereich Art. 230 bis 235 EGBGB, DtZ 1991, 124ff.

Marko, Achim: Rechtsstellung des Wohnungsmieters in den neuen Bundesländern, NJ 1991, 18ff. und 59ff.

Matthießen: Anmerkung zum Urteil des Reichsarbeitsgerichts vom 15.6.1939, Az.: RAG 10/38, JW 1938, 2436ff.

Matthießen: Ist eine Berufung auf Treu und Glauben gegenüber Formvorschriften zu zulassen? DGWR 1938, 213ff.

Matthießen: Erwiderung auf den Aufsatz: Noch einmal: Ist eine Berufung auf Treu und Glauben gegenüber Formvorschriften zu zulasssen?, DGWR 1939, 223ff.

Mecke/Lerch: Beurkundungsgesetz, Kommentar, 2. Auflage München 1991.

Medicus, Dieter: Allgemeiner Teil des BGB, 5. Auflage Heidelberg 1992; (Zitierweise: Medicus AT).

Medicus, Dieter: Schuldrecht II, Besonderer Teil, 5. Auflage München 1992; (Zitierweise: Medicus II).

Merz, Hans: Auslegung, Lückenfüllung und Normberichtigung, AcP 163, 305ff.

Methfessel, Wolfgang: Vertragsrecht, 1. Buch: Allgemeine Grundlagen, 2. Auflage Essen 1990.

Meyer/Borgs: Kommentar zum Verwaltungsverfahrensgesetz, 2. Auflage Frankfurt/Main 1982.

Michaelis, Karl: Wandlungen des deutschen Rechtsdenkens, Grundfragen der neuen Rechtswissenschaft, 1935.

Mittelstein, Max: Streitfragen aus dem Mietrecht, Das Recht 1910, 266ff.

Motive zum Entwurfe eines Bürgerlichen Gesetzbuches für das Deutsche Reich, Band 1: Allgemeiner Teil, 2. Auflage Berlin 1896; (Zitierweise: Motive I).

Mugdan, Benno (Hrsg.): Die gesammten Materialien zum Bürgerlichen Gesetzbuch für das Deutsche Reich, 1. Band: Einführungsgesetz und Allgemeiner Teil, Berlin 1899; (Zitierweise: Mugdan I).

Mugdan, Benno (Hrsg): Die gesammten Materialien zum Bürgerlichen Gesetzbuch für das Deutsche Reich, 2. Band: Recht der Schuldverhältnisse, Berlin 1899; (Zitierweise: Mugdan II).

Müller, Klaus: Schuldrecht, Besonderer Teil, Heidelberg 1990.

Müller, Klaus: Zur Anwendung des § 566 BGB bei Änderung eines Mietvertrages, JR 1970, 86ff.

Müller, Klaus: Kommentar zum Gesetz betreffend die Erwerbs- und Wirtschaftsgenossenschaften, Band 1: (1-33), 2. Auflage Bielefeld 1991; (Zitierweise: Müller, Komm. z. G. Erwerbs- u. Wirtschaftsgen).

Münchner Kommentar zum Bürgerlichen Gesetzbuch, verschiedene Bearbeiter; Band 1: (1-240), 2. Auflage München 1984, Band 3/1: (§§ 433-651k), 2. Auflage München 1988; (Zitierweise: Müko-Bearbeiter).

Nipperdey, Hans Carl: Kontrahierungszwang und diktierter Vertrag in: Schriften des Instituts für Wirtschaftsrecht an der Universität Jena, Band 1 (Hrsg. Hedemann, Justus Wilhelm), Jena 1920.

Oertmann, Paul: Bürgerliches Gesetzbuch, Band 1: Allgemeine Lehren (Kommentar zum Bürgerlichen Gesetzbuche und seine Nebengesetze), Berlin 1899; (Zitierweise: Oertmann, Bd. 1).

Oertmann, Paul: Bürgerliches Gesetzbuch, Band 2: Recht der Schuldverhältnisse (Kommentar zum Bürgerlichen Gesetzbuche und seine Nebengesetze), 5. Auflage Berlin, 1. Abtl. 1928, 2. Abtl. 1929; (Zitierweise: Oertmann, Bd. 2).

Oertmann, Paul: Arglistige Herbeiführung der Formnichtigkeit, Das Recht 1914, 8ff.

Oswald: Kann ein Mietvertrag mit Schriftformklausel später mündlich oder gar stillschweigend geändert werden?, ZMR 1960, 198ff.

Palandt, Otto: Bürgerliches Gesetzbuch, Kommentar, verschiedene Bearbeiter, 52. Auflage München 1993; (Zitierweise: Palandt- Bearbeiter).

Pawlowski, Hans Martin: Rechtsgeschäfliche Folgen nichtiger Willenserklärungen (Amts- und Parteinichtigkeit von Rechtsgeschäften). Zum Verhältnis von Privatautonomie und objektiven Recht, Göttinger Rechtswissenschftliche Studien, Band 57, Göttingen 1966.

Pieper, Helmut: Der Anspruch auf Schadensersatz wegen Nichterfüllung, JuS 1962, 409ff.

Planck`s Kommentar zum Bürgerlichen Gesetzbuch nebst Einführungsgesetz, verschiedene Bearbeiter; 1. Band: Allgemeiner Teil (33 1-240), 4. Auflage Berlin 1913, 2. Band/2. Hälfte: Recht der Schuldverhältnisse, Besonderer Teil (§§ 433-853), 4. Auflage Berlin- Leipzig 1928; (Zitierweise: Planck's-Komm.).

Protokolle der Kommission für die 2. Lesung des Entwurfes des Bürgerlichen Gesetzbuches, Band 1, Berlin 1897.

Protokolle der Kommission für die 2. Lesung des Entwurfes des Bürgerlichen Gesetzbuches, Band 2, Berlin 1898.

Reichel, Hans: Behandlung formnichtiger Verpflichtungsgeschäfte, AcP 104, 64ff.

Reinicke, Dietrich: Rechtsfolgen formwidrig abgeschlossener Verträge, Bad Homburg v.d.H.-Berlin-Zürich 1969.

Reinicke, Dietrich: Verschulden bei Vertragsschluß, DB 1967, 109ff.

Reinicke, Dietrich: Formvorschrift, Treu und Glauben und Schadensersatz, MDR 1954, 641ff.

Reithmann, Christoph: Zur Formulierung der notariellen Urkunde, DNotZ 1973, 152ff.

RGRK: Das Bürgerliche Gesetzbuch mit besonderer Berücksichtigung der Rechtsprechung des Reichsgerichtes und des Bundesgerichtes, Kommentar, verschiedene Bearbeiter; Band 2: (§§ 433-853), 6. Auflage Berlin-Leipzig 1928, Band 2/2: (§§ 414-610) 12. Auflage Berlin-New York 1978; (Zitierweise: BGB-RGRK-Bearbeiter).

Roemer: Zur formlosen Hoferbenbestimmung in der Rechtsprechung des Bundesgerichtshofes, DNotZ 1957, 283ff.

Roquette, Hermann: Neues soziales Mietrecht, Kommentar zum 3. Mietrechtsänderungsgesetz, Tübingen 1969.

Roquette, Hermann: Die Schriftform von Nachtragsmietverträgen, ZMR 1970, 33ff.

Schlegelberger, Franz (Hrsg.): Das Zivilrecht der nordischen Länder, Band 10/1: Das Zivilrecht Finnlands und Schwedens, Berlin 1936.

Schlemminger, Horst: Das Schriftformerfordernis bei Abschluß langfristiger Mietverträge, NJW 1992, 2251ff.

Schmid, Michael J.: Die Schriftform im Mietrecht, DWW 1985, 38 ff.

Schmidt-Futterer/Plank: Wohnraumschutzgesetze: Kündigung, Mieterhöhung, Mietwucher, Zweckentfremdung, Kommentar, 6. Auflage München 1988; (Zitierweise: Schmidt-Futterer/Blank, WohnrSchG.).

Schulte: Formlose Übergabe- und Erbverträge, NJW 1958, 361ff.

Schutz, Michael: Abweichende Regelungen im Mietrecht der neuen Bundesländer, DtZ 1991, 285ff.

Seitz, Walter: Gewerbliche Mietverhältnisse in den neuen Bundesländern, DtZ 1992, 72ff.

Siegel, Julius: Die privatrechtlichen Funktionen der Urkunde, AcP 111, 1ff.

Siegelmann, Heinrich: Die Schriftform des Mietrechts des BGB, ZMR 1967, 129ff.

Siegelmann, Heinrich: Die Schriftform im Recht des Mietvertrags, DWW 1963, 210 ff.
Singer, Reinhard: Formnichtigkeit und Treu und Glauben, WM 1983, 254ff.

Soergel, Hans Theodor: Bürgerliches Gesetzbuch mit Einführungsgesetz und Nebengesetzen, Kommentar, verschiedene Bearbeiter; Band 1: (§§ 1-240), 12. Auflage Stuttgart-Berlin-Köln-Mainz 1987, Band 2: (§§ 241-610), 10. Auflage Stuttgart-Berlin-Köln-Mainz 1967, Band 3: (§§ 516-704), 11. Auflage Stuttgart-Berlin-Köln-Mainz 1980; (Zitierweise: Soergel-Bearbeiter).

Statistisches Jahrbuch: Statistische Jahrbücher 1986 und 1990 für die Bundesrepublik Deutschland, hrsg. vom Statistischen Bundesamt, Stuttgart-Mainz 1986, 1990.

Staudinger v., Julius: Bürgerliches Gesetzbuch mit Einführungsgesetz und Nebengesetzen, verschiedene Bearbeiter; Band 1: (§§ 90-240), 12. Auflage Berlin 1980, Band 2: (§§ 433-610), 11. Auflage Berlin 1955, Band 2: (§§ 433-580a), 12. Auflage Berlin 1978, Band 4: (§§ 1589-1600o) 12. Auflage Berlin 1983; (Zitierweise: Staudinger-Bearbeiter).

Sternel, Friedemann: Mietrecht, 3. Auflage Köln 1992.

Sternel, Friedemann: Mietrecht aktuell, 2. Auflage, Köln 1992; (Zitierweise: Sternel, MietR akt.).

Sternel, Friedemann: Mietrechtsangelegenheiten nach dem Einigungsvertrag in den neuen Bundesländern, MDR 1991, 289ff.

Studienkommentar zum BGB, verschiedene Bearbeiter, 2. Auflage Frankfurt/Main 1979; (Zitierweise: StudK-BGB-Bearbeiter).

Stutzer: Noch einmal: Ist die Berufung auf Treu und Glauben gegen über Formvorschriften zu zulassen?, DGWR 1939, 219ff.

Thomas/Putzo: ZPO mit Gerichtsverfassungsgesetz, Kommentar, 17. Auflage München 1991.

Thur v., A.: Der 86. Band der Entscheidungen des Reichsgerichts in Zivilsachen, DJZ 1916, 582ff.

Voelskow, Rudi: Miete und Pacht von Geschäftsräumen in den neuen Bundesländern, NJ 1991, 430ff.

Weber, Ralph: Entwicklung und Ausdehnung des 242 BGB zum "königlichen Parapraphen", JuS 1992, 631ff.

Weimar, Wilhelm: Rechtswirksame Nachtragsvereinbarungen trotz der Schriftformklausel?, ZMR 1969, 223 ff. (Nr.8)

Weimar, Wilhelm: Bedarf der Vorvertrag zu einem langfristigen Grundstücksmietvertrag der Schriftform ?, MDR 1961, 289f.

Westphalen v., Friedrich: Der Leasingvertrag, 3. Auflage Köln 1987.

Wieacker, Franz: Willenserklärung und sozialtypisches Verhalten in : Göttinger Festschrift für das OLG Celle, Göttingen 1901.

Wolf, Manfred: Rechtsgeschäftliche Entscheidungsfreiheit und vertraglicher Interessenausgleich, Tübingen 1970.

Wolf/Eckert: Handbuch des gewerblichen Miet-, Pacht- und Leasingrechts, 6. Auflage Köln 1991.

A. Einleitung

Nach § 566 BGB bedarf ein Mietvertrag[1] über ein Grundstück, der für längere Zeit als ein Jahr geschlossen wird, der schriftlichen Form. Wird sie nicht eingehalten, gilt der Mietvertrag als für unbestimmte Zeit geschlossen. Dieses "Verkehren/Verbiegen" des Parteiwillens war schon immer Gegenstand der Kritik; Reichel[2] sprach sogar von einer "bedauerlichen Irrung des Gesetzes"; nicht nur ihm ist ein "völlig nichtiger" Vertrag lieber als ein "gewaltsam verinterpretierter".

Diese Vorschrift ist "ganz außerordentlicher Art"[3]. Das gilt gleichermaßen für ihre Rechtstechnik und ihren sachlichen Inhalt: An keiner anderen Stelle des von ihm geschaffenen Mietrechts bediente sich der Gesetzgeber einer vergleichbaren gesetzlichen Fiktion[4]; § 566 BGB bricht ferner mit dem Grundsatz der Unabhängigkeit zwischen Form und Inhalt eines Rechtsgeschäfts[5]. Der Formvorschrift kommt auch in der Mietvertragspraxis eine – erstaunlich oft mißachtete – Bedeutung zu[6]. Sie wird deshalb als "wohl fragwürdigste Formvorschrift des BGB"[7] angesehen.

Umso unbefriedigender ist, daß der an Details und grundlegenden Zusammenhängen Interessierte vergeblich nach einer monographischen Abhandlung

---

1 Gleiches gilt gemäß § 580 BGB für Pachtverträge; soweit der Gegenstand der Untersuchung reicht, ergibt sich jedoch für Pachtverträge nichts besonderes, weshalb sie im folgenden auch nicht gesondert abgehandelt werden und immer nur von Mietverträgen die Rede sein wird.
2 Reichel, AcP 104, 1, 71.
3 Das hat mit diesen Worten schon Mittelstein, Das Recht 1910, 266f., mit Recht betont.
4 Vgl. hierzu ausführlich B I. § 568 BGB soll ausgeklammert bleiben, weil diese Vorschrift nicht an Willenserklärungen, sondern an faktisches Verhalten Folgen knüpft.
5 Siehe hierzu näher B II 1 (S. 28 f.).
6 Vgl. hierzu Schlemminger, NJW 1992, 2251 ff.; Köhler, Hdb. § 7 Rz. 5, bestreitet hingegen die praktische Bedeutung für Wohnraummietverhältnisse: Die Mieter sei insbesondere durch die §§ 556 a und 564 b BGB vor Kündigungen geschützt; was aber, wenn der Mieter von der Kündigungsmöglichkeit gem. § 566 Satz 2 BGB Gebrauch macht?
7 So wörtlich Häsemeyer, S. 289.

des § 566 BGB sucht[8]. Bei näherer Betrachtung wirft die Vorschrift Rechtsfragen auf, die angesichts der hervorragenden sozialen und wirtschaftlichen Bedeutung von Mietverträgen[9] dringend der Klärung bedürfen. Erwähnt sei vor allem der Streit um die Formbedürftigkeit des Mietvorvertrages, dem lediglich ein kleiner Teil der Rechtsliteratur gebührende Aufmerksamkeit schenkt[10]. Höchst umstritten sind ferner die an die Herstellung und Wahrung der Urkundeneinheit zu stellenden – über § 566 BGB hinaus bedeutsamen und den Rechtsverkehr nicht selten überfordernden – Anforderungen[11]. Je anfälliger Mietvertragsvereinbarungen für Formmängel sind, desto wichtiger wird schließlich das seit jeher kontrovers diskutierte Problem der Aufrechterhaltung formnichtiger Schuldverträge[12] gerade für langfristige Mietverträge.

Die nachfolgende Abhandlung soll, bei aller Dogmatik den modernen Rechtsverkehr nicht aus den Augen verlierend, in ihrer Art der Behandlung der genannten Themen neue Aspekte eröffnen und bereits Vorgebrachtes ins rechte Licht rücken. Sie legt zugleich besonderen Wert auf Rechtssicherheit in einer Rechtsmaterie von größter praktischer Relevanz. Ihr Ansatz- und Schwerpunkt ist dabei die Besinnung auf den Gesetzeszweck[13], aus dem sich wertvolles Gedankengut gewinnen läßt. Diese Einsicht sowie die Erwägung, daß die Folgen der Formnichtigkeit erst dann interessieren, wenn das Ob der Formbedürftigkeit[14] und das Wie der Form[15] geklärt sind, bestimmen den

---

8 Am ausführlichsten war bisher Häsemeyer, S. 34 ff., 110 ff., 289 ff., der im Rahmen seiner allgemeinen Abhandlung der gesetzlichen Formvorschriften teils umfangreicher, teils nur im Ansatz einige Seiten den Besonderheiten des § 566 BGB widmete.

9 Nach neuen statistischen Erhebungen gibt es im gesamten Bundesgebiet allein etwa 13.5 Mio. Mietwohnungen; vgl. hierzu Statistisches Jahrbuch 1990, S. 224.

10 Führende und anderernorts meist sehr ausführliche Kommentatoren § wie Müko-Voelskow § 566, Rz. 11, Soergel-Kummer § 566, Rz. 11 oder Staudinger-Emmerich § 566, Rz. 9, gehen darauf nur mit wenigen Sätzen ein; erfreulicherweise im Verhältnis zur Gesamtdarstellung etwas ausführlicher: Larenz II/1, § 48 I 1 (S. 216) und Esser/Weyers II, § 20 I 2 (S.166).

11 Rechtsunsicherheit verbreitet vor allem der BGH: Einerseits verlangt er für die Usprungsurkunde eine feste körperliche Verbindung, die sich nur durch Gewaltanwendung oder Hinterlassen sichtbarer Spuren wieder auflösen läßt, BGHZ 40, 255; andererseits ist er mit seiner sog. Auflockerungsrechtsprechung, wonach bei Nachträgen eine eindeutige verbale Bezugnahme genügen soll, überraschend großzügig, vgl. etwa BGHZ 52, 27.

12 Eingehend betrachtet etwa schon von Lorenz, AcP 156, 381 ff.

13 Er wird z.B. zurecht auch von Bub/Treier-Heile, Kap. II, Rz. 728, in den Vordergrund gestellt.

14 Z.B. die Anwendbarkeit des § 566 BGB auf Mietvorverträge, vgl. hierzu ausführlich Abschnitt D (S. 47 ff.).

15 Siehe hierzu im Detail Abschnitt E (S. 68 ff.).

Gang der Untersuchung. Die Geltung des § 566 BGB im Beitrittsgebiet ist ein neu hinzugekommenes Sonderproblem, das am Schluß abgehandelt wird[16].

---

16 Vgl. Abschnitt G.

B. Fiktion der "Kurzfristigkeit"

§ 566 BGB ist in mancherlei Hinsicht einzigartig. Schon aufgrund ihrer Rechtstechnik läßt sich die Vorschrift nur schwer in das System der Rechtsgeschäftslehre, insbesondere der Nichtigkeitslehre[1], einordnen. Eine charakterisierende Definition fällt ebenfalls nicht leicht. Wer eine Inhaltsbeschreibung versucht, wird Bemerkenswertes feststellen.

I. Die Rechtstechnik des § 566 Satz 2 BGB

§ 566 Satz 2 BGB ordnet für den Fall eines Formmangels an, daß der Mietvertrag "als für unbestimmte Zeit geschlossen" gilt. Die Vorschrift fingiert damit Unbestimmheit der Laufzeit des Mietvertrages, oder als Gegensatz zum weitverbreiteten Begriff "Langfristigkeit" formuliert: "Kurzfristigkeit"[2]. Diese Fiktion ist zwingendes Recht[3], auch wenn das Gesetz dies nicht ausdrücklich anmerkt[4], und steht insbesondere nicht zur Disposition der Parteien[5].

Eine Fiktion enthält Aussagen, die erklärtermaßen der Wirklichkeit zuwider laufen[6]. Das suggeriert Realitätsferne und somit etwas Negatives. Derartige Kritik wäre allerdings unberechtigt: Die Fiktion hat als anerkanntes Mittel der Rechtstechnik durchaus Vorzüge. Esser[7] sieht sie deshalb zurecht positiver nicht als "Wahrheitsverdrehung", sondern mit ihr werde nur in "Bausch und Bogen" verwiesen; das als-ob sei nur "suggestive Verweisungs-

---

1 Mit dem Begriff "Lehre" soll kein Ausverkauf betrieben werden; gemeint sind die systematischen Darstellungen des Allgemeinen Teils des BGB in den Lehrbüchern wie etwa bei Larenz AT, §§ 18 – 26, oder Medicus AT, § 17 ff.
2 Der Terminus "Kurzfristigkeit" ist freilich ungenauer als der Begriff "Unbestimmtheit": unbestimmt bedeutet, daß das Ende der Vertragslaufzeit noch nicht festgelegt ist; dagegen können sich die Parteien von vorneherein über eine "kurze" Laufzeit einig sein. Mit diesem Vorbehalt soll nachfolgend dennoch zur illustrativeren Unterscheidung von langfristigen Mietverhältnissen im Zusammenhang mit der Beschreibung der Rechtsfolge des § 566 Satz 2 BGB stets von Kurzfristigkeit die Rede sein.
3 Allgemeine Ansicht; vgl. nur Palandt-Putzo § 566, Rz. 2.
4 Vgl. z.B. Gramlich § 566 Anm. 6.
5 BGH WPM 1963, 172; OLG München NJW 1963, 1619; vgl. auch Bub/Treier-Heile, Kap. II, Rz. 725.
6 Vgl. z.B. Baumann, S. 85.
7 Esser, S. 133, 319.

form", die Fiktion gewissermaßen nur ein schon vom Gesetzgeber gezogener Analogieschluß. Eine negativere Einschätzung ist auch für die Regelung in § 566 Satz 2 BGB unangebracht[8].

Durch Parteivereinbarung umgehen läßt sich die Rechtsfolge des § 566 Satz 2 BGB – wenn überhaupt – allenfalls mittelbar in der Weise, daß die Parteien sich gegenseitig zur nachträglichen Heilung eines formunwirksamen Vertrages verpflichten. Ob eine solche Umgehung die Schriftformerfordernisse ad absurdum führen würde, wird in anderem Zusammenhang noch Gegenstand eingehender Untersuchung sein[9].

Die Fiktion der Kurzfristigkeit eines Vertrages kennt das BGB nur im Mietrecht. In anderen Rechtsgebieten sucht sie ihresgleichen. In "unmittelbarer Nachbarschaft", namentlich in § 567 BGB, hätte sie sich nicht weniger angeboten: Dort ist geregelt, daß ein Mietvertrag, der auf längere Zeit als 30 Jahre geschlossen wird, nach Ablauf der 30 Jahre unter Einhaltung der gesetzlichen Frist gekündigt werden kann. Das gleiche inhaltliche Ergebnis hätte der Gesetzgeber erreichen können, wenn er vorgegeben hätte, daß das Mietverhältnis nach Ablauf der 30 Jahre als auf unbestimmte Zeit geschlossen gälte; auch in diesem Fall könnten sich die Parteien mit einer ordentlichen Kündigung aus der vom Gesetzgeber unerwünschten Langfristigkeit lösen.

Die vorstehenden Überlegungen deuten an, daß § 566 BGB eine besondere Stellung einnimmt.

II. Einordnung in die Lehre vom Rechtsgeschäft

Weiterhin interessiert, ob und wo die Rechtsfolge des § 566 Satz BGB ihren Platz im System der Rechtsgeschäftslehre hat. Sie bricht gleich mit mehreren Grundsätzen:

1. Bruch mit der Trennung zwischen Form und Rechtsgeschäft

Ein Verständnis, wonach Rechtsgeschäft und Form als untrennbare Einheit gelten, beide gleichsam in einem unlösbaren Verhältnis zueinander stehen, wie es vor allem noch im römischen Recht vorherrschte[10] und mit Begriffen

---

8 Häsemeyer, S. 289 ff., empfiehlt zwar vehement eine "offene Korrektur" der Vorschrift; seine Kritik richtet sich aber nicht gegen die Fiktion als Mittel der Rechtstechnik; sondern gegen den sachlichen Inhalt der Regelung.
9 Siehe hierzu Abschnitt F II (S. 123 ff.).
10 Lesenswert hierzu: Jhering, S. 504 ff.

wie "Formalgeschäft"[11] oder "Wirkform"[12] umschrieben wurde, ist dem deutschen Rechtsdenken fremd geworden[13]. Es gilt als Errungenschaft des modernen Rechts, daß Form und Rechtsgeschäft nicht mehr als untrennbare Einheit, sondern als voneinander unabhängige Rechtsinstitute gesehen und behandelt werden. Danach ist die Form weder Absolutum, noch Selbstzweck; sie ist – wie Flume[14] formuliert – lediglich "Attribut des gegenüber der Form selbständig gedachten Rechtsgeschäfts" und Mittel im Dienst verschiedenster Zwecke[15]. Aus dieser Trennung folgt zwangsläufig der Grundsatz, daß die Form den Inhalt eines Rechtsgeschäfts unberührt läßt.

Die Rechtsfolge des § 566 Satz 2 BGB bricht in auffälliger Weise mit diesem Prinzip, indem sie inhaltlich über die Form die Kurzfristigkeit des Mietverhältnisses fingiert. Sie gibt dem Rechtsgeschäft einen von den Parteien erklärtermaßen nicht gewollten Inhalt. Das Gesetz bildet ein aliud und beschreitet einen Mittelweg, den Reichel[16] plastisch dahin umschreibt, daß weder Voll- noch Nichtwirkung, sondern "Fehlwirkung" eintrete. Dies wiegt umso schwerer, als die Laufzeit des Mietvertrages neben der Miethöhe regelmäßig der wichtigste Bestandteil des Vertrages ist. § 566 BGB greift störend in die Privatautonomie ein[17] und bestimmt verbindlich über den wesentlichen Inhalt des Rechtsgeschäfts.

Diese unlösbare Verbindung zwischen Form und Inhalt des Rechtsgeschäfts bedeutet einen Rückschritt hin zum überkommenen Formverständnis. Ein Schriftformerfordernis, das über den Inhalt eines Vertrages bestimmt, ist in gewisser Weise etwas Absolutes und weit mehr als bloßes Attribut des Rechtsgeschäfts. Das wird etwa deutlich, wenn man die Bedeutung der Form des § 566 BGB illustrativ als Mantel begreift, der beide denkbaren Sachverhalte (Rechtsgeschäfte), namentlich sowohl das kurzfristige als auch das langfristige Mietverhältnis, bedeckt und der ein Rechtsgeschäft in Beschlag nimmt, sobald er von dem anderen gelöst wird.

2. Bruch mit dem Grundsatz der Nichtexistenz des Rechtsgeschäfts

Mit der Rechtsfolge des § 566 Satz 2 BGB wird der nicht formgerecht geschlossene langfristige Mietvertrag "als in einem besonderen Sinne existent"

---

11 Vgl. etwa Dulckeit, S. 149, 160.
12 Siehe hierzu die Nachweise bei Flume AT/II, § 15 I 1 (S. 244 f.).
13 Michaelis, S. 15f.
14 Flume AT/II, § 15 I 1 (S. 245).
15 Die Formzwecke werden noch ausführlich beschrieben in C I 2 (S. 37 ff.).
16 Reichel, AcP 104, 1, 64.
17 Ebenso sah das schon z.B. Mittelstein, Das Recht 1910, S. 267.

behandelt[18]. Damit ist er trotz Formunwirksamkeit keinesfalls ein rechtliches Nullum oder juristisches Nichts. Weitaus treffender wäre eine Umschreibung als Realakt mit rechtsgeschäftlicher Teilwirkung. Ob und wie sich dies mit herrschenden Nichtigkeitsdogmen verträgt, lohnt näherer Betrachtung.

Gemäß § 125 Satz 1 BGB ist ein Rechtsgeschäft, daß der durch Gesetz vorgeschriebenen Form ermangelt, grundsätzlich (ohne Einschränkung) "nichtig". Nichtigkeit stellt den stärksten Grad der Unwirksamkeit eines Rechtsgeschäfts dar[19]. Die Motive und Protokolle[20], in denen sich Formulierungen wie "vor Vollendung nicht geschlossen" oder "vor Erfüllung nicht geschlossen" finden, belegen deutlich, daß Nichtigkeit zugleich Nichtexistenz bedeuten soll. Hierbei ist allerdings streng zwischen dem Rechtsgeschäft und dem tatsächlichen Geschehnis zu unterscheiden: Die mit dem tatsächlichen Geschehnis (Realakt der Einigung) intendierten Rechtsfolgen des nicht zustandegekommenen Rechtsgeschäfts entfalten weder unter den Beteiligten noch im Verhältnis zu Dritten Wirkung, ohne daß es für diese Wirkungslosigkeit eine hinzutretenden Aktes wie entsprechenden Willenserklärungen, eines gerichtlichen Urteils oder gar nur des Einwands einer Partei oder eines Dritten bedürfte[21]. Der vorgenommene Akt als solcher bleibt hingegen als tatsächliches Geschehen existent, weshalb an ihn Rechtsfolgen wie z.B. Schadensersatzpflichten[22] geknüpft werden können, nicht jedoch diejenigen, auf die mit dem nichtexistenten Rechtsgeschäft abgezielt wurde[23]. Ohne die Existenz des Realakts wären Heilungsvorschriften wie §§ 313 Abs. 2 und 518 Abs. 2 BGB oder gar die Umdeutung eines nichtigen Rechtsgeschäfts (§ 140 BGB) nicht denkbar. Auffälligster Existenzbeleg sind schließlich die Erfüllungschance sowie – retrospektiv betrachtet – die tatsächliche (Teil- oder Total-)Abwicklung des nichtexistenten Vertrages.

In dieses System paßt § 566 BGB ganz und gar nicht. Einerseits mißt die Vorschrift dem vorgenommenen Akt (formunwirksame Einigung) über die Existenz als tatsächliches Geschehnis hinaus rechtsgeschäftliche Wirkung bei, indem sie einen kurzfristigen Vertrag zustandekommen läßt. Andererseits spricht sie im Widerspruch zur Nichtigkeitslehre dem Rechtsgeschäft "langfristiger Mietvertrag" nicht die Existenz ab, sondern kreiert eine Existenz mit anderem Inhalt als dem Gewollten. Damit ist ihre Systemwidrigkeit evident.

---

18 So wörtlich: Häsemeyer, S. 34.
19 Vgl. statt aller nur Medicus AT, § 34, Rz. 487.
20 Z.B. Motive I, S. 182 f.; Protokolle I, S. 88.
21 Ähnlich Flume AT/II, § 30 (S. 556).
22 Vgl. hierzu ausführlich unten F (S. 117 ff.).
23 Ähnlich Larenz AT, § 23 I.

3. Bruch mit dem Grundsatz uneingeschränkter Nichtigkeit (Vollnichtigkeit)

Wenngleich Rechtsgeschäft und Form nach modernem Verständnis voneinander lösbar und für sich selbständig denkbar sind[24], bilden sie gemeinsam eine Einheit, soweit es darum geht, privatautonomen Entscheidungen und Handlungen rechtsgeschäftliche Wirkungen zu verschaffen. Dieses Zusammenspiel ist kompromißfeindlich: Wird die Einheit nicht hergestellt, fehlt es also entweder an übereinstimmenden Willenserklärungen oder an der Form, kann es eigentlich insgesamt keine rechtsgeschäftlichen Wirkungen geben; das Rechtsgeschäft ist in vollem Umfange und ohne Einschränkung nichtig[25].

Schon Häsemeyer[26] hat zutreffend beklagt, daß § 566 BGB einen "bewußten Bruch mit dem Prinzip der Einheit von Rechtsgeschäft und Form" darstelle, der wegen rechtstechnischer Regelungsalternativen unnötig gewesen sei und korrigiert werden müsse. Diese Kritik ist berechtigt, weil Parallelen zu § 139 BGB, der Vorschrift, die abweichend vom Grundsatz der Gesamtnichtigkeit in bestimmten Fällen ausnahmsweise eine Restgültigkeit des nichtigen Rechtsgeschäft gewährt[27], nicht ersichtlich sind. § 139 BGB will dem erklärten Willen der Parteien in begrenzten Ausnahmefällen zu rechtsgeschäftlichen Teilwirkungen verhelfen; maßgeblicher Ansatzpunkt ist somit das privatautonom Gewollte, aber nicht formgerecht Erklärte. Auf den Parteiwillen nimmt hingegen § 566 BGB keinerlei Rücksicht: Diese Vorschrift will in erster Linie den zukünftigen Erwerber des Grundstücks, der in das Mietverhältnis gemäß § 571 BGB eintreten muß, schützen[28]. Der Mietvertrag bleibt deshalb mit dem Inhalt des § 566 Satz 2 BGB selbst dann wirksam, wenn die Parteien mit Sicherheit einen Vertrag mit unbestimmter Laufzeit nicht gewollt und nicht geschlossen haben würden[29]. Dieser grundlegende Unterschied macht § 139 BGB hier zwangsläufig unanwendbar[30].

Erstaunlicherweise wurde § 139 BGB in der Zeit kurz nach Inkrafttreten des BGB dennoch auf Fälle des § 566 BGB angewandt. So hatten etwa die

---

24 Vgl. dazu bereits oben II 1 (S. 28).
25 Dieses Prinzip der "Vollnichtigkeit" ist derart selbstverständlich, daß es kaum Erwähnung findet; es wird z.B. nur am Rande angesprochen von Larenz AT, § 23 I (S. 454): "..., daß die von den Parteien intendierten Rechtsfolgen des nichtigen Geschäfts in ihrer Gesamtheit nicht gelten ...".
26 Siehe Häsemeyer, S. 34.
27 Vgl. näher zur Motivation des Gesetzgebers: Motive I, S. 222, sowie die Interpretation bei Müko-Mayer-Maly § 139, Rz. 1.
28 Vgl. hierzu ausführlich nachfolgend Abschnitt C (S. 14 ff.).
29 Vgl. RGZ 86, 30, 33; BGB-RGRK-Gelhaar § 566, Rz.14; zur Unanwendbarkeit des § 139 BGB siehe auch StudK-BGB-Medicus 566, Anm. 5.
30 Heute einhellige Meinung: vgl. statt aller RG JW 1929, 318.

Oberlandesgerichte Braunschweig[31], Frankfurt[32] und Hamburg[33] noch argumentiert, entgegen § 566 Satz 2 BGB sei auf der Grundlage des § 139 BGB Gesamtnichtigkeit des Mietvertrages anzunehmen, wenn dies dem Parteiwillen entspreche. Offenbar wurde § 566 Satz 2 BGB als bloße Auslegungsrichtlinie angesehen und die Vorschrift in § 139 BGB als ihr gleichwertig erachtet. Diese Rechtsprechung war als offene Korrektur der als mißlich empfundenen Gesetzeslage unhaltbar und wurde deshalb von der Literatur[34] und den übergeordneten Gerichten einhellig verworfen[35]. Sie sei hier nur noch dafür angeführt, daß § 566 Satz 2 BGB schon sehr früh als Fremdkörper im System der Nichtigkeitslehre erkannt wurde.

Für die Unanwendbarkeit des § 139 spricht schließlich die Erwägung des Reichsgericht im Urteil vom 20.11.1914[36]: "Wenn der § 139 BGB neben dem § 566 Satz 2 BGB gelten würde, so würde die letztere Vorschrift wenig praktische Bedeutung haben, da bei mehrjährigen Grundstücksmietverträgen regelmäßig anzunehmen ist, daß sie auf unbestimmte Zeit nicht geschlossen sein würden. In den wenigen Fällen, in denen dies nicht klar zutage liegt, würde insofern eine unerfreuliche Rechtsunsicherheit eintreten, als die Pflicht zur sofortigen Räumung vom erst festzustellenden Umstand abhängen würde, ob jene Annahme gerechtfertigt ist. Das entspricht weder der Fassung noch dem Zwecke des Gesetzes...". Dem Widerspruch gegen das gleichrangige Nebeneinander der beiden Vorschriften ist im Ergebnis beizupflichten. § 566 Satz 2 BGB ist weder eine ergänzende Vorschrift noch Auslegungsregel[37], sondern die speziellere Norm, die die Nichtigkeitsfolge des § 125 BGB teilweise, die Anwendbarkeit des § 139 BGB ganz ausschließt.

III. Charakterisierende Inhaltsbeschreibung

Auf der Grundlage der vorstehenden Erwägungen läßt sich die Regelung in § 566 Satz 2 BGB wohl am treffendsten umschreiben als eine mit mehreren Nichtigkeitsdogmen brechende, den Inhalt des Mietvertrages durch störenden Eingriff in die Privatautonomie geltungserhaltend korrigierende und vom Parteiwillen losgelöste gesetzliche Fiktion sui generis, die einen Fremdkörper im System der Rechtsgeschäftslehre bildet und von der Rechtsprechung des-

---

31 OLG Braunschweig, Urteil vom 24.01.1908, in Rspr. d. OLG, Bd. 17, S. 11.
32 OLG Frankfurt, Urteil vom 11.02.1904 in Rspr. d. OLG, Bd. 9, S. 302.
33 OLG Hamburg, Urteil vom 23.12.1904 in Rspr. d. OLG, Bd. 10, S. 169.
34 Vgl. z.B. Keller, JW 1912, 104.
35 RG JW 1929, 318.
36 RGZ 86, 30, 34.
37 Siehe schon Planck's-Komm. § 566, Anm. 5.

halb gelegentlich in ihrer Bedeutung verkannt oder fehlinterpretiert wurde. Ob es dieser komplizierten und einzigartigen Vorschrift angesichts denkbarer anderer Regelungsalternativen überhaupt bedurft hat, ist eine sich aufdrängende Folgeüberlegung, auf die an anderer Stelle noch ausführlich einzugehen sein wird[38].

IV. Rechtsvergleichende Betrachtungen

Die Vorschrift in § 566 BGB ist nicht nur im deutschen Rechtssyseinzigartig; auch in ausländischen Rechtsordnungen findet sich nichts Vergleichbares.

Das zeigt zunächst der Vergleich mit dem übrigen deutschsprachigen Europa: Gemäß § 880 ABGB sind in Österreich Schuldverträge, darunter auch Mietverträge, unabhängig von ihrer Laufzeit grundsätzlich formfrei möglich[39]. In der Schweiz kann auch ein langjähriger Mietvertrag formlos geschlossen werden[40]; soll das Mietverhältnis allerdings gegen den Erwerber als Dritten wirken, muß es im Grundbuch vorgemerkt sein (vgl. Art. 260 des Schweizer Obligationenrechts).

Für Südeuropa soll das italienische Recht stehen. Dort bedarf der Mietvertrag, der länger als neun Jahre dauern soll, der Schriftform[41]. Das folgt u.a. aus Art. 1572 Codice Civile, wo es heißt: "Ein Miet- oder Pachtvertrag für eine längere Zeitdauer als neun Jahre ist ein über die gewöhnliche Verwaltung hinausgehendes Rechtsgeschäft"[42]. Diese Vorschrift ist dem § 566 BGB allenfalls auf den ersten Blick ähnlich: Zum einen ist bereits ein Mietverhältnis, das z.B. sechs oder sieben Jahre dauert und in Italien formlos geschlossen werden könnte, nach deutschem Recht bereits ein langfristiges, welches nur im Rahmen des § 566 BGB Verbindlichkeit hätte. Zum anderen sieht das Codice Civile von der inhaltlichen Neugestaltung des Mietverhältnisses mittels einer gesetzlichen Fiktion ab.

Auch das französiche Recht kennt keine Formvorschrift für langfristige Mietverträge[43]. Für die Grundstücksmiete geltende Beweiserschwerungen wie z.B. der Ausschluß des Zeugenbeweises bei Bestreiten des Vertragsabschlus-

---

38 Siehe dazu nachfolgend C II 3 (S. 47 f.).
39 Gem. § 33 Abs.1 MRG können Mietverträge allerdings "nur schriftlich gekündigt werden", vgl. hierzu Gschnitzer, S. 11.
40 Vgl. Nachweise bei Henrich, S. 155 (dort Fußnote 34).
41 Vgl. auch hierzu Henrich, a.a.O., im Zusammenhang mit der Formbedürftigkeit eines Mietvorvertrages.
42 Die Übersetzung ist entnommen aus: Italienisches Gesetzbuch (1942), bearbeitet von Becher, S. 305.
43 Vgl. dazu Ferid/Sonnenberger, 2 J 13 (S. 215).

ses (vgl. Art. 1715 Code Civil) machen freilich die Schriftform empfehlenswert.

Als Beispiel für nordeuropäische Länder sei Finnland herausgegriffen. Dort ist die Miete ebenfalls ein obligatorisches Schuldverhältnis und kein dinglicher Vertrag. Der Abschluß eines jeden, also auch eines langfristigen Mietvertrages ist nach finnischem Obligationenrecht formlos möglich[44]. Gleiches gilt im Ergebnis schließlich für das sowjetische Recht[45], das exemplarisch für osteuropäische Rechtsordnungen stehen soll.

Die genannten Rechtsvergleiche bestätigen: Sowohl der sachliche Inhalt als auch die Rechtstechnik des § 566 BGB sind etwas besonderes und einzigartig.

---

44 Siehe hierzu etwa Schlegelberger, S. 60.
45 Vgl. Ioffe, S. 233 (dort beschrieben für die Zeit vor der Perestroika); während Mietverträge über eine zum staatlichen Wohnungsfonds gehörende Wohnung in schriftlicher Form geschlossen werden, vgl. Art. 47, 51 Abs. 1 Wohnungsgesetzbuch der RSFSR, können Mietverträge über Wohnraum, der im persönlichen Eigentum von Bürgern Rußlands steht, formlos begründet werden; im übrigen ist die Rechtslage nach wie vor sehr unübersichtlich.

C. Die umstrittene ratio des § 566 BGB

Es entspricht einhelliger Ansicht in Rechtsprechung[1] und Literatur[2], daß § 566 BGB jedenfalls das Informationsinteresse des Grundstückserwerbers, der gemäß § 571 BGB in bestehende Mietverhältnisse eintreten muß, schützt[3]. Der Erwerber soll – zur Linderung der Folgen seiner gesetzlichen Eintrittspflicht – den Inhalt des Mietverhältnisses aus dem schriftlich Festgehaltenen sicher und vollständig erfahren können[4]. Ob und in welchem Umfang mit dieser Formvorschrift darüberhinaus noch andere Zwecke verfolgt werden, ist hingegen höchst umstritten[5]. Herrschende Meinung ist wohl noch, daß § 566 BGB ausschließlich den Erwerber schützt[6]. Die Diskussion leidet darunter, daß es nicht an durchdachter Kritik fehlt, viele Kritiker sich aber zurückhaltend und ohne Nachdruck äußern[7].

Diese Zurückhaltung ist kaum verständlich. Der Streit um die ratio des § 566 BGB ist nicht nur von akademischem Wert; er hat bedeutende Vorwirkung für zahlreiche praktische Rechtsfragen, die die Formvorschrift im Zusammenhang mit dem Abschluß langfristiger Mietverträge aufwirft. Die

---

1 Vgl. z.B. BGH LM Nr.1 zu § 566 = NJW 1954, 71.
2 Siehe statt vieler nur: Palandt-Putzo § 566, Rz.1.
3 Von wenigen wird allerdings in Frage gestellt, ob nicht 444 BGB (Auskunfts- und Unrkundenherausgabepflicht des Verkäufers) zum Schutz des Erwerbers ausgereicht hätte, vgl. z.B. Müko-Voelskow § 566, Rz. 3 m.w.N.; Leonhard, S. 141, führte für die angebliche Geringwertigkeit der Formvorschrift an: "Der Erwerber wird das Mietverhältnis regelmäßig durch den Besitz des Mieters erkennen können, von dem schriftlichen Vertrag wird er aber nicht leichter als von einem mündlichen erfahren"; Leonhard übersah, daß es um den genauen Inhalt des Mietverhältnisses, nicht um den Bestand als solchen geht.
4 Ähnlich z.B. Staudinger-Emmerich § 566, Rz. 2; siehe dort auch weitere Nachweise.
5 Vgl. einführend zum Streitstand etwa Esser/Weyers II, § 20 I 2 (S. 166) oder Bub/Treier-Heile, Kap. II, Rz. 727.
6 Vgl. z.B. Müko-Voelskow § 566, Rz. 4 m.w.N.; siehe insbesondere auch Brox, SchR BT, Rz. 158, Giese, DWW 1966, 7.
7 Beispielsweise seien erwähnt: Bub/Treier-Heile, Kap. II, Rz. 728, wollen "abwarten", ob sich "das z.T. geänderte Verständnis vom Zweck des § 566 BGB" durchsetzt; Larenz II/1, § 48 I (S. 217) formuliert zurückhaltend: "Zweifelhaft ist indessen, ob § 566 wirklich nur den Schutz des Grundstückserwerbers ... bezweckt"; bei Esser/Weyers II, § 20 I 2 (S. 167), findet sich die wohl ebenfalls zurückhaltende Anmerkung, daß "die Ergebnisse der h.M. ... nicht zweifelsfrei" seien; zahlreiche weitere Beispiele ließen sich hinzufügen; ohne Vorbehalte kritisiert hingegen Fikentscher, Rz. 784.

Wichtigsten seien kurz erwähnt: Es spricht zunächst umso mehr für die Ausweitung der Schriftform auf Mietvorverträge[8], je vielfältiger und je gewichtiger § 566 BGB über § 571 BGB hinaus Zwecke verfolgt. Für die Beantwortung der Frage, mit welcher Strenge Anforderungen an die Einhaltung der Schriftform zu stellen sind[9], wird es ferner unter anderem darauf ankommen, wer außer dem Grundstückserwerber zu schützen und wie groß dessen Schutzbedürftigkeit ist. Schließlich wird einer Vertagspartei, die sich auf Schriftformmängel beruft, umso eher Treuwidrigkeit vorgeworfen werden können, je mehr die Schriftform allein Parteiinteressen und je weniger sie dem Interesse der Allgemeinheit oder spezieller Dritter dient[10].

Die Konkretisierung der ratio des § 566 BGB ist somit der Schlüssel zu zahlreichen Problemlösungen, weshalb auf sie nachfolgend unter Einbeziehung der Schriftformzwecke im allgemeinen besonderen Wert gelegt wird.

I. Schriftformzwecke im allgemeinen

1) Die Motivation des Gesetzgebers

Die Form ist weder etwas Absolutes noch Selbstzweck, sondern bloßes Attribut des Rechtsgeschäfts und zweckbestimmt[11]. Was sich der Gesetzgeber im allgemeinen vom Formzwang erhoffte, und warum er für bestimmte Sachverhalte vom Grundsatz der Formfreiheit[12] abwich, ergibt sich deutlich aus des Gesetzesmaterialien[13]. Dort heißt es wortreich zum Für und Wider der Formbedürftigkeit:

"Die Notwendigkeit der Beobachtung einer Form ruft bei den Beteiligten eine geschäftsmäßige Stimmung hervor, weckt das juristische Bewußtsein, fordert zur besonnenen Überlegung heraus und gewährleistet die Ernstlichkeit der gefaßten Entschließung. Die beobachtete Form ferner stellt den rechtlichen Charakter der Handlung klar, dient, gleich dem Gepräge einer Münze, als Stempel des fertigen juristischen Willens und setzt die Vollendung des Rechtsakts außer Zweifel. Die beobachtete Form sichert endlich den Beweis des Rechtsgeschäfts, seinem Bestande und Inhalte nach für alle Zeit; sie führt

---

8 Vgl. dazu ausführlich unten D (S. 61 ff.).
9 Vgl. hierzu ausführlich Abschnitt E (S. 79 ff.).
10 Zur Treuwidrigkeit ausführlich unten F IX.
11 Ähnlich etwa Flume AT/II, § 15 1 (S. 245).
12 Anders als z.B. in Art. 11 des Schweizer Obligationenrechts oder § 883 des Österreichischen ABGB ist dieser Grundsatz erstaunlicherweise im BGB nicht ausdrücklich niedergelegt.
13 Vgl. Motive I, S. 179, Mugdan I, S. 451.

auch zur Verminderung oder doch zur Abkürzung und Vereinfachung der Prozesse...".

Warum der Gesetzgeber ungeachtet dieser Vorteile, wegen der noch das deutsche Recht des 19. Jahrhunderts die Form huldigte[14], es letztlich dennoch mit der Formfreiheit hielt, hat Heldrich[15] unter Berücksichtung der Motive[16] illustrativ wie folgt beschrieben: "Der Verkehr würde sehr erschwert werden; es besteht die Gefahr, daß geschäftsungewandte Personen durch geschäftsgewandte übers Ohr gehauen werden; die Vertragsformulare würden wie Pilze aus der Erde schießen...".

Faßt man die vom Gesetzgeber wortreich umschriebenen Formzwecke stichwortartig zusammen, ergibt sich vorläufig etwa folgender Zweckkatalog: Warnung der Parteien, Schutz vor Übereilung, Inhalts- und Abschlußklarheit sowie Beweissicherung im Interesse der Parteien und der Allgemeinheit.

2) Vielfalt, Katalogisierung und Beschreibung der Einzelzwecke

Bereits die Umschreibung des Gesetzgebers, die den Schutz spezieller Dritter und Kontrollfunktionen noch außer Acht läßt, offenbart grundsätzliche Vielfalt und Facettenreichtum. Während z.B. Palandt-Heinrichs[17] der Schriftform nur die vier Funktionen Warnung, Beratung, Beweis und Kontrolle beimißt[18], übertreffen sich andere mit weit umfangreicheren Unterscheidungen und Zweckkatalogen. So differenzieren schon Lehmann/Hübner[19] zwischen insgesamt sechs Formzwecken, nämlich dem Schutz vor Übereilung, dem Schaffen eines klaren und vollständigen Willensausdrucks, dem Trennen der Vorverhandlungen vom Geschäftsschluß, dem Sichern des Beweises und der Ermöglichung der Überwachung. Den umfangreichsten Zweckkatalog hat bisher Heldrich[20] erstellt; er nennt gleich acht Funktionen: Abschlußklarheit, Inhaltsklarheit, Beweissicherung, Übereilungsschutz, Erkennbarkeit für Dritte, fachmännische Beratung, Überwachung im Sinne des Gemeinschaftsinteresses, Erschwerung des Vertragsschlusses im Interesse der Gemeinschaft. Dem hinzufügen lassen sich die sog. Typisierungsfunktion[21], auch "channelling func-

---

14 Lehmann/Hübner, § 31 (S. 221).
15 Heldrich, AcP 147, 89, 95.
16 Vgl. Motive I, S. 180.
17 Palandt-Heinrichs § 125, Rz. 1.
18 Auch z.B. Medicus AT, Rz. 614 untergliedert in vier Zwecke, aber mit anderer Terminologie.
19 Lehmann/Hübner, § 31 (S. 221).
20 Vgl. Heldrich, AcP 147, 89, 91 ff.
21 Z.B. erwähnt von Henrich, S. 152.

tion" genannt[22], sowie die vom Gesetzgeber ausdrücklich angesprochene Entlastungsfunktion ("Sie (sc.: die Form) führt auch zur Verminderung oder doch zur Abkürzung und Vermeidung von Prozessen ..."[23]), so daß insgesamt wohl von zehn Zwecken, denen die Schriftform regelmäßig nützlich ist, ausgegangen werden kann. Die von Medicus[24] aufgeführte Funktion "Erleichterung der Aktenführung" wird so verstanden, daß es um Behörden- und/oder Gerichtsakten geht; dieses Verständnis zugrundegelegt hat sie neben der Beweiserleichterung und Entlastung keine nennenswerte eigenständige Bedeutung, weshalb sie nicht mehr besonders erwähnt werden soll.

Die Anzahl der Schriftformzwecke allein sagt freilich wenig aus. Bestimmte Zwecke können sich überlappen und gewichtiger sein als andere. Wer die Aufstellung einer Rangfolge versucht, kommt ohne nähere Inhaltsbestimmung der Einzelzwecke nicht aus.

Unter Abschlußklarheit versteht man die Klarheit darüber, daß der Vertrag zustandegekommen[25], oder, wie der Gesetzgeber es formuliert hat[26], der "Rechtsakt vollendet" ist. Sie beinhaltet hauptsächlich die Trennung des Rechtsgeschäfts von Vorverhandlungen, wie es etwa Lehmann/Hübner[27] umschreibt. Die Abschlußklarheit nimmt keine hervorragende Stellung innerhalb der Schriftformzwecke ein, weil spätestens die dem Abschluß nachfolgende beiderseitige Abwicklung des Rechtsgeschäfts Klarheit über die Vollendung des Rechtsakts und darüber verschafft, daß die Parteien die Stufe der Vorverhandlungen einverständlich überschritten haben.

Anders verhält es sich mit der Inhaltsklarheit, die Zweifel über den Inhalt des zustandegekommenen Rechtsgeschäfts vermeiden will[28]. Das Verhalten der Parteien nach Vertragsschluß muß nicht mit dem Vereinbarten übereinstimmen, ist als tatsächliche Handhabung allenfalls Indiz für der Auslegung interpretationsbedürftiger Vertragsklauseln[29]. Die Schriftform ist für die Inhaltsklarheit ferner deshalb wichtig, weil auch einfache Formen wie z.B. der Handschlag Klarheit über den Vertragsschluß als solchen herbeiführen, der Inhalt des Vertrages aber schriftlich am besten für alle Zeit festgehalten werden kann[30].

---

22 siehe Nachweise bei Henrich, a.a.O., dort. Fußnote 24a.
23 Vgl. Motive I, S. 179.
24 Medicus AT, Rz. 614.
25 Heldrich, AcP 147, 89, 91.
26 Motive I, S. 179.
27 Lehmann/Hübner § 31, (S. 200); vgl. auch Flume AT/II, § 15 III 1 (S. 263).
28 Vgl. z.B. Palandt-Heinrichs § 125, Rz. 1.
29 Siehe allgemein zur Bedeutung des Gesamtverhaltens der Parteien für die Auslegung von Verträgen: Müko-Mayer-Maly § 133, Rz. 44 f.
30 Zu diesem Unterschied vgl. etwa Henrich, S. 152 (s. dort. Fußnote 23).

Eng mit der Abschluß- und Inhaltsklarheit zusammen hängt die Beweissicherung (Beweisfunktion). Anhand des schriftlich in gehöriger Form Festgehaltenen lassen sich sowohl das Zustandekommen als auch der Inhalt eines Vertrages regelmäßig mit verhältnismäßig geringem Aufwand, d.h. ohne Zeugenvernehmung, darlegen und beweisen. Schon der Gesetzgeber hatte als wertvoll hervorgehoben, daß Formerfordernisse die Rechtspflege entlasten, weil sie z.b. Prozesse vereinfachen und verkürzen[31]. Im Zusammenspiel mit der Beweissicherung dienen somit auch die Abschluß- und Inhaltsklarheit nicht nur den Parteien, sondern nebenbei dem Interesse der Allgemeinheit. Freilich darf dies nicht zu der Ansicht verleiten, die Beweissicherung bilde keine eigenständige Formfunktion, sondern sei bloßer Annex zur Abschluß- und Inhaltsklarheit: Die römische Stipulation, bei der ein mündliches Schuldversprechen in einer bestimmten Frage- und Anwortform gegeben wurde[32], schuf zwar Klarheit über Abschluß und Inhalt des Vertrages; wenn nicht ausnahmsweise eine Urkunde erstellt wurde, war sie jedoch als Beweismittel untauglich[33].

Die Herstellung der Schriftform wird vom Rechtsverkehr überwiegend als beschwerlich und mühsam empfunden[34]. Mündliche Absprachen lassen sich leichter und schneller treffen. Gerade deshalb verschaffen die Mühen der Schriftform Bedenkzeit, innerhalb der sich die Parteien der Tragweite und Risiken ihres Handelns bewußter werden können. Die Form fordert schon deshalb zur Überlegung auf, weil sie "dem Abschluß Hindernisse bereitet"[35]. Schriftformzwang bezweckt damit in der Regel auch Übereilungsschutz (Warnfunktion)[36]. Dieser Gesichtspunkt gilt wohl auch in den meisten ausländischen Rechtsordnungen als Hauptzweck der Form[37].

Die Erkennbarkeit für Dritte, also z.B. die Erkennbarkeit des Inhalts eines Mietverhältnisses, in das der Grundstückserwerber gemäß § 571 BGB eintreten muß[38], stellt einen Sonderfall der Inhaltsklarheit dar. Der Inhalt des Rechtsgeschäfts soll sich zwar nicht unbedingt den Parteien oder der Allge-

---

31 Motive I, S. 179; Mugdan I, S. 451.
32 Ausführlicher beschrieben z.B. bei Kaser, S. 46, 188.
33 Siehe dazu Heldrich, AcP 147, 89, 91; in der späten römischen Republik ging man deshalb dazu über, den Stipulationsabschluß zur Sicherung des Beweises zu beurkunden, vgl. Kaser, S. 47.
34 Vgl. statt vieler: Enneccerus/Nipperdey § 155; dies war auch Hauptargument des Gesetzgebers für die Formfreiheit, vgl. Motive I, S. 180.
35 So ausgedrückt von Crome, BGB 1.Bd., S. 385.
36 So z.B. Palandt-Heinrichs § 125, Rz. 1; ausführlicher: AK-BGB-Hart § 125, Rz. 14 m.w.N.
37 Vgl. Nachweise bei Lorenz, AcP 156, 393 (s. dort.Fußnote 45).
38 Vgl. dazu ausführlich nachfolgend II 1.

meinheit anhand des schriftlich Niedergelegten offenbaren, jedoch einem besonders schutzwürdigen Dritten. Den vertragsschließenden Parteien werden somit Erschwernisse ohne Rücksicht darauf auferlegt, ob sie selbst oder zumindest die Öffentlichkeit davon profitieren[39]. Immer dann, wenn die Schriftform den Inhalt des Rechtsgeschäfts nicht nur speziellen Dritten, sondern auch den Parteien und der Allgemeinheit erkennbar machen will, ist die Erkennbarkeit für Dritte kein eigenständiger Formzweck, vielmehr nur eine Spielart der Abschluß- und Inhaltsklarheit.

Bei der fachmännischen Beratung (Beratungsfunktion) geht es um die Schwierigkeiten, die der richtige Abschluß eines Vertrages mit sich bringen kann. Heldrich[40] nennt in diesem Zusammenhang die Beurkundung nach § 313 BGB als Paradebeispiel: Der Gesetzgeber wollte dafür sorgen, daß die Parteien den Richter oder Notar zu Rate ziehen. Da Belehrung mit sachkundiger Beratung einhergeht[41], hängt die Beratungsfunktion eng mit der Warnfunktion zusammen.

Mit dem Terminus "Überwachung im Sinne des Gemeinschaftsinteresses" umschreibt Heldrich[42] die Funktion, die viel effektiver dadurch erfüllt werden kann, daß die Gültigkeit bestimmter Rechtsgeschäfte an eine behördliche Genehmigung geknüpft wird. Die einfache Schriftform leistet dazu nur einen bescheidenen Beitrag: Allenfalls bei Vertragsschlüssen, die von einem Richter oder Notar beurkundet werden, ist – je nach Überzeugungskraft der beurkundenden Person und der Einsichtigkeit der Parteien – Einflußnahme im Interesse der Allgemeinheit denkbar.

Immerhin erleichtert die schriftliche Fixierung des Vertragsinhalts die je nach Geschäftstyp mehr oder weniger erforderliche bzw. wünschenswerte Überwachung durch Behörden (mit dieser Zielsetzung gemeinhin Kontrollfunktion genannt[43]). Als markantestes Beispiel sei die Schriftform des § 34 GWB genannt, die wettbewerbswidrige Absprachen erkennbar machen soll[44]. Aber auch im Wohnraummietrecht tut soziale Kontrolle des Vertragsinhalts not, wenn und soweit etwa gegen überhöhte Mieten (vgl. § 302 a StGB, § 5 WiStrG) vorzugehen ist[45]. Sogar der BGH[46] spricht davon, daß die Schrift-

---

39 Vgl. zu diesem bemerkenswerten Phänomen bereits Schlemminger, NJW 1992, 2254.
40 Heldrich AcP 147, 89, 92.
41 Davon geht offenbar auch Palandt-Heinrichs § 125, Rz. 1, aus.
42 Heldrich, a.a.O. (siehe Fußnote 40).
43 Vgl. statt vieler nur Palandt-Heinrichs § 125 Rz. 1.
44 Ausführlich zur Kontrollfunktion dieser Norm: Immenga/Mestmäcker-Emmerich § 34, Rz. 9 f.; ursprünglich wurde der Formvorschrift auch Warn- und Beweisfunktion zugedacht, vgl. OLG Frankfurt NJW 1962, 870.
45 Darauf wird in Abschnitt C II 4 c) noch ausführlich einzugehen sein.
46 BGH NJW 1973, 1839.

form "ein ordnungsgemäßes (sc.: behördliches) Beanstandungsverfahren" gewährleistet. Die Bedeutung der Kontrollfunktion kann je nach Kontrollbedürftigkeit, die wiederum von wandelbaren Entwicklungen in der Wirtschaft (z.B. Marktsituation) und der Vertragspraxis abhängt, zu- oder abnehmen. Ihr wohnt damit ein dynamisches Element inne.

Zweck der Schriftform kann auch die Erschwerung des Vertragsschlusses im Interesse der Allgemeinheit sein. Ansatzpunkt für diese Funktion ist die Überlegung, daß bestimmte Verträge zwar nicht als nichtig, aber doch als wenig wünschenswert erachtet und deshalb mit den Mühen der Form belegt werden[47]. Ein solch halbherziger Eingriff in die Privatautonomie verdient freilich keine Zustimmung. Er wäre "weder Fisch noch Fleisch"; seine Wirkung hinge von Zufälligkeiten sowie der Hartnäckigkeit der Parteien ab. Für die Erschwerung des Vertragsschlusses ist somit kein Platz im System anerkannter Schriftformzwecke[48].

Nicht unerwähnt bleiben soll ferner die sog. Typisierungsfunktion. Sie beschreibt den Umstand, daß mit Formerfordernissen äußerlich zwischen zwei Geschäftstypen, nämlich dem formbedürftigen und dem formlosen Rechtsgeschäft unterschieden wird. Geht etwa nicht klar aus dem Inhalt des Vereinbarten hervor, ob er einem bestimmten formbedürftigen Rechtsgeschäft entspricht, so kann die tatsächliche Beobachtung der Formerfordernisse Zweifel beseitigen. Das gilt insbesondere für die Abgrenzung von Vertragstypen. Da der Grundsatz der Formfreiheit vorherrscht, macht die Form in der Regel die Besonderheit des Vertragswerks äußerlich erkennbar, "schreibt" ihm gleichsam die Besonderheit "auf die Stirn"[49].

Schließlich bedarf es kaum der Erläuterung, daß die Schriftform Prozesse vereinfacht, abkürzt oder gar ganz vermeidet und damit die streitige Rechtspflege entlastet. Es läßt sich im wesentlichen das zur Beweisfunktion Gesagte auch hier anführen. Zeugenvernehmungen zur Ermittlung des Inhalts mündlicher Absprachen sind mühsam und kosten Zeit; im übrigen kann der klare Wortlaut einer schriftlichen Vertragsklausel die Streitsucht der Parteien mindern. Methfessel[50] sieht – ebenso wie Medicus[51], der ausdrücklich von "Erleichterung der Aktenführung" spricht – die Form darüberhinaus offenbar auch als Mittel zur Entlastung der Behörden. In der Tat ist Behördentätigkeit nicht weniger Bestandteil der Allgemeinheit als Gerichtstätigkeit, weshalb

---

47 Vgl. dazu Heldrich, AcP 147, 89, 93.
48 Dieser Formzweck wird deshalb in der jüngeren Literatur mit Recht nicht beachtet.
49 Diese Umschreibung bietet sich in Anlehnung an die Lehre über die Offensichtlichkeit der Nichtigkeit von Verwaltungsakten, an, vgl. dazu etwa Meyer/Borgs § 44, Rz. 9.
50 Methfessel, Rz. 135.
51 Medicus AT, Rz. 614.

unter dem Gesichtspunkt des Öffentlichkeitsinteresses grundsätzlich nicht einzusehen ist, warum die Entlastung der Behörden nicht als Formzweck anerkannt werden sollte.

Die vorstehend beschriebenen Formzwecke, die allesamt für den Gesetzgeber bedeutsam sind[52], lassen sich darüberhinaus in zwei Hauptgruppen einordnen, namentlich in Zwecke im Dienste der Allgemeinheit und solchen, die dem Parteiinteresse dienen[53]. Der Formzweck "Erkennbarkeit für Dritte", um den es in § 566 BGB insbesondere geht, ließe sich freilich dann nicht zuordnen. Die Zweiteilung läßt außerdem außer Acht, daß bestimmte Zwecke sowohl der Allgemeinheit als auch dem Parteiinteresse dienen können und sollen, insbesondere neben dem Parteienschutz die Förderung des Rechtsfriedens und die Entlastung der Rechtspflege bezwecken. In der Sache treffender ist sonach folgende Vierteilung: 1. Zwecke, die nur oder weit überwiegend dem Parteiinteresse dienen (z.B. Übereilungsschutz und fachmännische Beratung); 2. Zwecke, die nur oder weit überwiegend im Allgemeininteresse liegen (z.B. Kontrollfunktion); 3. Zwecke, die zumindest annähernd gleichwertig sowohl dem Parteiinteresse als auch der Öffentlichkeit dienen (z.B. Beweissicherung); 4. Zwecke im ausschließlichen Interesse spezieller Dritter.

Je nach Geschäftstyp (z.B. Mietvertrag oder Bürgschaft?) und Einzelfall (z.B. Rechtslaien oder rechtskundige Parteien?) können dabei bestimmte Zwecke in den Vordergrund, andere zurücktreten. Deshalb sowie wegen der Vielfalt und Vielzahl der Formzwecke verbieten sich unspezifische, von der speziellen Formvorschrift losgelöste Betrachtungen. Die mit einer Formvorschrift verfolgten Zwecke können völlig disparat sein[54]; einzige Gemeinsamkeit zwischen zwei Formvorschriften kann ferner sein, daß die von ihnen geregelten Geschäftstypen jeweils der "Herrschaft des Formzwanges"[55] unterworfen wurden. Bei der Interpretation einer jeden Formvorschrift ist immer zu fragen, ob sie mehr den Schutz einer Partei, etwa vor Übereilung, oder das Interesse beider Parteien, etwa gerichtet auf Beweissicherung, möglicherweise auch hinsichtlich rechtskundiger Beratung, oder auch dem öffentlichen Interesse oder dem Interesse Dritter, gerichtet auf Klarstellung und Kundbarkeit des Vertragsinhalts, im Auge hat[56]. Ohne diese Einsicht muß jeder Interpreta-

---

52 So richtig Heldrich, AcP, 147, 89, 93.
53 AK-BGB-Hart § 125, Rz. 14, zweiteilt in die Gruppen "Schutz der am Rechtsgeschäft Beteiligten" und "Schutz der über den Rahmen des Rechtsgeschäfts hinausgehenden Interessen"; es bleibt jedoch unklar, wo der Rahmen des Rechtsgeschäfts enden soll.
54 So z.B. Emmerich-Sonnenschein § 566, Rz. 1.
55 So die Diktion des Gesetzgebers, vgl. Mugdan I, S. 451.
56 So fast wörtlich: Larenz AT, § 21 I (S. 408).

tion besonderer Schriftformzwänge, auch die des § 566 BGB, von vorneherein scheitern[57].

Die Einzelnormbetrachtung ist insbesondere auch bei der Gewichtigung verschiedener konkurrierender Formzwecke geboten. Es gibt beispielsweise keinen Grundatz, wonach Allgemeininteressen stets Vorrang von Parteiinteressen haben. Heldrich[58] hat zwar noch zur Stellung denkbarer Formzwecke formuliert: "Ausgangspunkt muß sein, daß heute das Gesamtinteresse gegenüber dem Einzelinteresse in den Vordergrund zu stellen ist". Es dürfte sich dabei aber um überkommenes nationalsozialistisches Gedankengut handeln, für das es nach heutigem Rechts- und Gesellschaftsverständnis keine Rechtfertigung mehr gibt. Ob eine Formvorschrift mehr die am Vertragsschluß Beteiligten oder vorrangig öffentliche Interessen im Auge hat, ist vielmehr jeweils für sie gesondert zu prüfen.

Für die nachfolgende Untersuchung der ratio des § 566 BGB im besonderen sind damit der Rahmen und die Grundlagen abgesteckt.

II. Die Schriftform des § 566 BGB im besonderen

1) Historische Interpretation

Die Schriftform des § 566 Satz 1 BGB ist nach dem Willen des Gesetzgebers gesetzliches Korrektiv zur Eintrittspflicht nach § 571 BGB[59]. Der Grundstückserwerber, auf den die Rechte und Pflichten des Mietvertrages übergehen, soll sich (zumindest) sicher und vollständig anhand des schriftlich Festgehaltenen darüber informieren können, was genau Gegenstand seiner ihm aufgenötigten Eintrittspflicht ist[60]. Wo dies wegen der Nichteinhaltung der gesetzlichen Schriftform scheitert, soll der Erwerber nicht allzu lang, sondern nur wie in einem auf unbestimmte Zeit geschlossenen Mietverhältnis gebunden sein, was auf sich zu nehmen ihm gerade noch zugemutet werden kann. Dieser Schriftformzweck ergibt sich klar aus den Motiven[61], wo es zum Informationsinteresse des Erwerbers unter anderem heißt:

"... ihm für die fehlende Möglichkeit, sich über den Umfang seiner Verpflichtung aus dem Grundbuche zu unterrichten, soweit wie möglich einen Ersatz zu schaffen. Ein solcher sei für die Mietverhältnisse ebenso wenig

---

57 Ebenfalls für die Einzelbetrachtung z.B. Medicus AT, Rz. 615.
58 Vgl. Heldrich AcP 147, 89, 93.
59 So interpretiert etwa von mir in NJW 1992, 2252.
60 Vgl. Palandt-Putzo § 566, Rz. 1a.
61 Siehe Mugdan II, S. 825.

entbehrlich wie die Eintragung für die sonstigen Grundstücksbelastungen, da es sich bei der Miete nicht selten um ein ungleich verwickelteres Rechtsverhältnis handele als bei jenen Belastungen ...".

Der Zusammenhang zwischen § 566 BGB und § 571 BGB ergibt sich auch aus der weiteren Gesetzgebungshistorie: Nach dem noch im 19. Jahrhundert vorherrschenden gemeinen Recht galt der Grundsatz "Kauf bricht Miete"[62] mit der Folge, daß der Mieter dem neuen Eigentümer ohne Besitzrecht gegenüberstand[63]. Heftig Kritik wurde daran geübt, daß die Redaktoren des ersten Entwurfs des BGB diesen Grundsatz übernehmen wollten. Die 2. Kommission hielt es deshalb mit dem Grundsatz "Kauf bricht nicht Miete", der schließlich in § 571 Abs. 1 BGB niedergeschrieben wurde. Erst mit Aufnahme des § 571 BGB wurde daraufhin § 566 BGB mitbedacht. Dies rechtfertigt die Prognose, daß § 566 BGB mit dem jetzigen Inhalt überhaupt nicht existieren würde, wenn es bei dem Grundsatz "Kauf bricht Miete" geblieben wäre.

Der vom Gesetzgeber bezweckte Erwerberschutz ist mit Recht nie bestritten worden. Denn beim Erwerb eines vermieteten Gebäudegrundstücks dürfte es – abgesehen von dessen Zustand – für den Erwerber kaum eine wichtigere Frage geben als die, was ihm der Mieter abverlangen und er selbst vom Mieter fordern kann[64]. § 566 BGB ist erklärtermaßen Grundbuchersatz und somit Folge der Einsicht, daß die verdinglichende Wirkung des § 571 BGB neben der Besitzübergabe an den Mieter weitere Publizität verlangt, weil die Besitzübergabe als solche über die Dauer des Mietverhältnisses nichts aussagt[65].

Seit jeher wird aus dieser Überlegung voreilig geschlossen, der Gesetzgeber habe mit § 566 BGB ausschließlich den Grundstückserwerber schützen wollen[66]. Besonders hervorgetan hatte sich dabei das Reichsgericht mit seinem Urteil vom 20.11.1914[67], in dem die Anwendbarkeit der Formvorschrift auf Mietvorverträge mit dem Argument verneint wurde, nur der Grundstückserwerber, der in Mietvorverträge nicht eintreten müsse, werde geschützt; ins-

---

62 Schon in der 2. Hälfte des 19. Jahrhunderts gab es Rechtsprechung, wonach der Mieter gegen den Grundsatz "Kauf bricht Miethe" vorgehen konnte, wenn "er das behauptete Pachtverhältnis durch einen authentischen oder mit sicherm Datum versehenen Akt und namentlich mit Ausschluß des Zeugenbeweises nachweisen" konnte, vgl. Archiv für das Civil- und Criminalrecht der königlich preußischen Rheinprovinzen, 1953, S. 292.
63 Dazu ausführlich: Larenz II/1, § 48 IV (S. 243).
64 Ähnlich Staudinger-Emmerich § 566 Rz. 37.
65 Vgl. Häsemeyer, S. 35.
66 Siehe etwa die Nachweise bei Müko-Voelskow § 566, Rz. 4.
67 RGZ 86, 30, 32.

besondere wolle § 566 BGB die Parteien nicht vor Übereilung schützen. Diesem Standpunkt schloß sich der BGH im wesentlichen kritiklos an[68].

Schon Häsemeyer[69] hat zutreffend erkannt, daß der Wille des Gesetzgebers bei sorgfältiger Interpretation der Motive nicht auf den Erwerberschutz reduziert werden darf. Wenn nämlich die verantwortliche Gesetzgebungskommission ausdrücklich darauf hinwies, "daß ein Grundstück durch langfristige Mietverträge unter Umständen stärker belastet werde als durch die Bestellung einer Grundgerechtigkeit, so daß sich auch deshalb die Schriftform rechtfertige"[70], so läßt sich dies nur so deuten, daß der Gesetzgeber das Formerfordernis auch auf Interessen der Vertragsbeteiligten, etwa den Schutz des Vermieters vor übereilter aber weitreichender Grundstücksbelastung außerhalb der Publizität des Grundbuchs, erstrecken wollte[71]. Bezweckt wurden Dritt- und Innenwirkung, also Doppelwirkung der Schriftform[72]. Die sich aufdrängende Frage, warum das Reichsgericht (und ihm folgend der BGH und die herrschende Meinung in der Literatur) dennoch nur den Erwerberschutz sah, beantwortet Häsemeyer[73] dahin, daß eine verdeckte Korrektur der nicht als sachgerecht empfundenen Vorschrift versucht worden sei[74]. Da sich für diese Deutung kein weiterer Anhaltspunkte als die Mißinterpretation der Motive anführen läßt, muß sie freilich als Spekulation dahingestellt bleiben.

Als Zwischenergebnis festhalten läßt sich zunächst, daß der Gesetzgeber entgegen der herrschenden Meinung nicht nur den Erwerber, sondern daneben auch die Vertragsschließenden (vor allem den Vermieter) vor übereilter, aber weitreichender Bindung schützen wollte[75]. Der Erwerberschutz war zwar alleiniger Anstoß, aber nicht alleiniger Zweck für die Schaffung des § 566 BGB.

2) Anwendbarkeit auf Untermietverträge

Prüfstein für die Richtigkeit der herrschenden Meinung, wonach Erwerberschutz ausschließlicher Zweck des § 566 BGB sein soll, ist unter anderem die

---

68 Vgl. z.B. BGH LM Nr. 1 zu § 566 BGB.
69 Vgl. Häsemeyer, S. 112 f.
70 Vgl. Protokolle II, S. 156.
71 Häsemeyer, S. 35, spricht in diesem Zusammenhang vom einem "Akt gesetzlicher Fürsorge".
72 So wohl auch Jauernig-Teichmann § 566, Anm. 1a.
73 Vgl. Häsemeyer, S. 113.
74 Häsemeyer benutzt die Deutung als Argument für seine Forderung nach einer "offenen Korrektur" des § 566 BGB, vgl. S. 289 ff.
75 So z.B. auch Sternel, Kap I, Rz. 191.

Anwendbarkeit der Schriftform auf Mietverträge ohne Beteiligung des Grundstückseigentümers (nachfolgend "Untermietverträge"). Wäre richtig, daß § 566 BGB über § 571 BGB hinaus keine Bedeutung hat, bedürften langfristige Untermietverträge folgerichtig nicht der gesetzlichen Schriftform; denn für den Untervermieter gibt es keinen Rechtsnachfolger, der kraft gesetzlicher Bestimmung in seine Rechtsposition eintritt und unter diesem Gesichtspunkt schützenswert wäre. Insbesondere gilt § 571 BGB nicht für Untermietverträge[76].

Dies sehend hat der BGH im Juni 1981[77] abweichend von seiner früheren Rechtsprechung[78] erstmals angenommen, daß " 566 BGB über § 571 BGB hinaus Bedeutung habe". Zur Formbedürftigkeit der langfristigen Unterverpachtung einer Tankstelle, die er letztlich bejahte, erwog der BGH unter anderem[79]:

"Der Wortlaut des § 566 BGB spricht dafür, daß diese Bestimmung auch für Untermiet- und Unterpachtverträge gilt. Die Bestimmungen des Mietrechts (§§ 535 ff. BGB) unterscheiden grundsätzlich nicht zwischen Miete und Untermiete, sondern gehen davon aus, daß der Untermietvertrag ein Mietvertrag mit den in den §§ 535 ff. BGB geregelten Rechten und Pflichten von Vermieter und Mieter ist (vgl. hierzu Senatsurteil BGHZ 71, 243, 250). Kann aber ein Untermietvertrag inhaltlich ausgestaltet werden wie ein Hauptmietvertrag, so liegt nahe, den Untermietvertrag auch den Formvorschriften des Mietrechts zu unterwerfen. Auch von der Interessenlage der Beteiligten her würde nicht einzusehen sein, daß zwar der Hauptmietvertrag (Hauptpachtvertrag) über ein Grundstück, welcher länger gelten soll als ein Jahr, der Schriftform bedarf, nicht aber ein in gleichem Zuge vom Hauptmieter (Hauptpächter) abgeschlossener Untermietvertrag (Unterpachtvertrag) gleichen Inhalts und gleicher Laufzeit ...".

Während sich die Argumentation mit dem uneingeschränkten Wortlaut der Vorschrift (§ 566 BGB spricht allgemein von "Mietverträgen" und nimmt solche nicht aus, an denen der Grundstückseigentümer nicht als Vermieter beteiligt ist) und die Gedanken des BGH zur Gesetzessystematik (mit Ausnahme der Regelungen in §§ 549 und 556 Abs. 3 BGB wurde für Untermietverträge kein Sondermietrecht geschaffen) wohl noch mit der Ansicht, § 566 BGB bezwecke nur den Erwerberschutz, in Einklang bringen ließe, setzt sich der BGH klar in Widerspruch zu seiner früheren Rechtsprechung und der des Reichsgerichts, soweit er ausdrücklich auf die "Interessenlage der Beteiligten"

---

76 Vgl. Nachweise bei Palandt-Putzo § 571, Rz. 2.
77 BGHZ 81, 46 ff.
78 Vgl. etwa BGH LM Nr. 1 zu § 566 BGB.
79 BGHZ 81, 46, 50 f.

abstellt. Würde nur Erwerberschutz bezweckt, käme es auf die Interessen der Parteien nicht an. So blieb dem BGH letztlich nur das offene, früherer Rechtsprechung widersprechende Bekenntnis, daß die Bedeutung des § 566 BGB über § 571 BGB hinausgehe. Worin genau die über § 571 BGB hinausgehende Bedeutung liegen soll, sagt der BGH jedoch leider nicht[80].

Danach spricht nicht nur die Gesetzgebungshistorie, sondern auch die zutreffend befürwortete Gleichbehandlung von Miet- und Untermietverträgen für die Zweckvielfalt der Formvorschrift in § 566 BGB[81].

3) Nichtbeachtung rechtstechnischer Regelungsalternativen

Es liegt nahe, auf eine über § 571 BGB hinausgehende Bedeutung des § 566 BGB auch deshalb zu schließen, weil zum Zwecke des Erwerberschutzes weniger weitreichende Mittel ausgereicht hätten[82]. So hätte etwa geregelt werden können, daß der formlose langfristige Mietvertrag zwar dem Dritterwerber gegenüber unwirksam sei, zwischen den Vertragsparteien aber volle Geltung behalte[83]. Dem würde etwa folgende Gesetzesformulierung entsprechen:

"Ein Mietvertrag über ein Grundstück, der für längere Zeit als für ein Jahr geschlossen wird, wirkt gegenüber dem Grundstückserwerber nur, wenn die schriftliche Form beobachtet ist".

Weit häufiger sind Stimmen, die in einem besonderen Kündigungsrecht des Erwerbers die Regelungsalternative sehen und aus deren Mißachtung durch den Gesetzgeber Rückschlüsse auf die ratio des § 566 BGB ziehen[84]. Dies liegt deshalb noch näher, weil in "unmittelbarer Nachbarschaft" zu § 566 BGB mit dem § 567 BGB eine ähnliche Vorschrift in das Mietrecht aufgenommen wurde. § 567 BGB bestimmt, daß ein Mietvertrag, der auf längere Zeit als 30 Jahre geschlossen ist, nach Ablauf der 30 Jahre von jeder Partei unter Einhaltung der gesetzlichen Frist gekündigt werden kann. Dementspre-

---

80 Das bemängelt zurecht Bub/Treier-Heile, Kap II, Rz. 727.
81 Im Ergebnis ebenso z.B.: Wolf/Eckert, Rz. 28; Bub/Treier-Heile, Kap II, Rz. 727.
82 Vgl. z.B. BGHZ 81, 46, 51; Häsemeyer, S. 35; u.v.a.
83 Das schlägt z.B. Heldrich, AcP 147, 89, 92, mit pauschalem Verweis auf "ausländische Rechte" vor.
84 So nunmehr wohl auch der BGH, a.a.O.: "Sollte nur der Grundstückserwerber vor nicht überschaubaren langfristigen Mietverpflichtungen geschützt werden, so hätte es genügt, ihm ein Kündigungsrecht zuzubilligen, die Parteien, die den Vertrag abgeschlossen haben, jedoch daran zu binden.

chend hätte der Gesetzgeber § 566 BGB etwa folgende Fassung geben können:

"Ein Mietvertrag über ein Grundstück, der für längere Zeit als ein Jahr geschlossen wird, kann vom Grundstückserwerber jederzeit unter Einhaltung der gesetzlichen Frist gekündigt werden, falls die Schriftform nicht beobachtet ist".

Die Mißachtung gesetzlicher Regelungsalternativen wird bei der Ermittlung der ratio des § 566 gemeinhin überbewertet. Wer davon spricht, das Gesetz hätte im Falle anderer Deutung "logischerweise bestimmen müssen"[85], daß der Mietvertrag nur gegenüber dem Erwerber wirkungslos sei, verkennt Entscheidungsspielräume des Gesetzgebers. Wer nach rechtspolitischen oder dogmatischen Zwängen sucht, wonach die bezweckte Drittwirkung auf das Innenverhältnis ausgedehnt werden mußte[86], stellt schon die falsche Frage.

Die hypothetische Betrachtung alternativer Instrumentarien darf nicht zur Bevormundung rechtsetzender Organe führen. Wenn sich der Gesetzgeber das Ziel gesetzt hatte, den Grundstückserwerber zu schützen, so konnte er unter mehreren in Betracht kommenden Regelungsmöglichkeiten, mit denen sich sein Ziel sicher erreichen läßt, unter Einbeziehung von Praktikabilitätserwägungen und sonstigen übergeordneten und nicht sachfremden Gesichtspunkten innerhalb seines Gestaltungsspielraums frei auswählen. Aus den Protokollen[87] ergibt sich, daß alternativ ein Kündigungsrecht des Erwerbers durchaus erwogen, ja sogar beantragt worden war, sich letztlich aber deshalb nicht durchsetzte, weil "das einheitliche Mietverhältnis im Falle des Eigentumswechsels nicht (sc.: zerissen)" werden sollte. Offenbar war dem Gesetzgeber wichtig, keine "verwickelten Rechtsverhältnisse" zu schaffen[88], weshalb er sich – Regelungsalternativen sehend – bewußt für eine gesetzliche Fiktion entschied, die bereits für die Vertragsschließenden und nicht nur für den Dritten Wirkung hat. Diese Entscheidung des Legislateurs ist hinzunehmen; sie darf jedenfalls nicht als Beschränkung des Formzwecks auf das Außenverhältnis (Verhältnis zum Erwerber) mißinterpretiert werden.

Nach alledem gibt die Mißachtung von Regelungsalternativen nichts für die Ansicht her, der Gesetzgeber habe § 566 BGB über § 571 BGB hinaus Bedeutung geben wollen[89].

---

85 So z.B. Heldrich, AcP, 147, 89, 92.
86 So etwa Häsemeyer, S. 35.
87 Protokolle II, S. 155.
88 Vgl. hierzu Müko-Voelskow § 566, Rz. 3.
89 Anders aber offenbar z.B.: Esser/Weyers II, § 20 I 2 (S. 166f.).

4) Der objektive Gesetzeszweck

a) Verselbständigungsmechanismen

Die historische Sinninterpretation, wie sie in 1) versucht wurde, ist lediglich eines von "mancherlei Hilfsmitteln zur Eruierung des Gesetzessinns"[90]. Verbindlich ist das Gesetz selbst und wichtiger als der Sinn, den der Gesetzgeber dem Gesetz geben wollte, ist der, den er dem Gesetz gegeben hat und den das Gesetz im Laufe der Zeit angenommen hat. Verbindlich ist die objektive ratio legis und nicht die des Legislateurs[91]. Anschaulicher als Radbruch[92], der das Gesetz mit einem Schiff vergleicht, "welches von den Schleppern aus dem Hafen gezogen wird und welches dann seine freie Fahrt aufnimmt", hat noch niemand das Phänomen umschrieben, daß ein Gesetz nach seiner Schaffung ein Eigenleben bzw. Selbständigkeit entwickelt, das/die zu erkunden es gilt.

Der Regelung in § 566 BGB ist eine gewisse Selbständigkeit bereits immanent. Alle gesetzlichen Formvorschriften sind in gewisser Weise gegenüber den ihnen zugrundegelegten Schutzzwecken verselbständigt, weil sie auch dann uneingeschränkte Geltung haben, wenn ihr Zweck auf andere Weise erreicht worden ist[93]. So soll auch die Fiktion des § 566 BGB in den häufigen Fällen gelten, in denen der Grundstückserwerber von einem formungültigen Mietvertrag im Einzelfall gleichwohl zuverlässige Kenntnis erlangt[94], etwa dann, wenn ihm zwar schriftlich Niedergelegtes, aber nicht den strengen Formerfordernissen des § 126 BGB Genügendes[95] präsentiert wird. Als Vorschrift, die über die Wirksamkeit eines Rechtsgeschäfts entscheidet, ist § 566 BGB einer teleologischen Reduktion[96] nicht zugänglich.

b) Die soziale und wirtschaftliche Bedeutung langfristiger Mietverträge

Nicht zuletzt wegen der beschriebenen Verselbständigungsmechanismen spielt für die Zweckinterpretation ein große Rolle, welche soziale und wirtschaftliche Bedeutung langfristige Mietverträge nach Schaffung des BGB an-

---

90 Vgl. Baumann, S. 109.
91 Zu dieser Unterscheidung ausführlich: Müko-Säcker, Einl. Rz. 122-130.
92 Zitiert bei Baumann, S. 110.
93 Vgl. hierzu Merz, AcP 163, 305, 315; BGHZ 53, 189, 194 für § 313 BGB.
94 Vgl. zu diesem Aspekt u.a.: Bub/Treier-Heile, Kap II, Rz. 728.
95 Vgl. ausführlich zu den Anforderungen im einzelnen Abschnitt E.
96 Der Anwendungsbereich eines Formzwangs kann auf die Sachverhalte tatsächlicher Schutzbedürftigkeit reduziert werden; ihre Entscheidungsfolgen beanspruchen vielmehr stets und generelle Geltung; vgl. allgemein zur "Teleologischen Reduktion" etwa Müko-Säcker, Einl., Rz. 128f.

genommen haben, oder konkreter gefragt: welche Zwecke würde der "moderne Gesetzgeber" § 566 BGB unter Berücksichtigung der sozialen und wirtschaftliche Bedeutung des Geschäftstyps "langfristiger Mietvertrag" zugrundelegen, wenn er diese Formvorschrift heute noch einmal schüfe[97]? Dieser hypothetischen Betrachtung wird nachfolgend der ihr gebührende breite Raum gewidmet.

Die Vorstellung des Gesetzgebers, mit der gesetzlichen Ausformung des Mietrechts in den § 535 ff. BGB schaffe er die Grundlage für eine interessenausgleichende Gestaltung langfristiger Mietverträge, wurde durch außergesetzliche Vertragsmechanismen schon bald nach Inkrafttreten des BGB zunichte gemacht. Namentlich die Abdingbarkeit der meisten zum Schutz des Mieters bestimmten gesetzlichen Vorschriften war Einfallstor für die Folgewirkungen der Industrialisierung[98]. Betroffen war vor allem das Wohnraummietrecht: Schon vor dem ersten Weltkrieg war die Wohnraumbeschaffung problematisch; mit steigendem Fortschritt der Industrialisierung wurde sie stetig dringlicher. Für die in die Großstädte strömenden Arbeitermassen stand kaum Wohnraum zu zumutbaren Bedingungen zur Verfügung, was katastrophale Notstände verursachte und insbesondere dazu führte, daß Arbeitskräfte massenweise in sog. Mietskasernen angesiedelt wurden[99]. Die durch das Verhältnis von Angebot und Nachfrage bestimmten Marktverhältnisse bewirkten somit schon kurze Zeit nach Inkrafttreten des BGB ein starkes Machtgefälle zwischen Vermieter und Mieter, das von den Stärkeren weidlich ausgenutzt wurde. Bereits zu Anfang des 20. Jahrhunderts entwarfen Vermieterverbände Mietvertragsformulare, die die Rechte der Mieter bis an die äußerste, gerade noch zulässige Grenze und häufig noch weit darüber hinaus beschränkten[100].

Als ein Beispiel unter vielen sei der im Jahre 1934 erstellte sog. Deutsche Einheitsmietvertrag, abgedruckt in Anhang 1, erwähnt[101]. Obwohl er auf eine Einigung zwischen dem Zentralverband deutscher Haus- und Grundbesitzervereine und dem Bund deutscher Mietvereine unter Vermittlung des Bundesjustizministeriums zurückgeht[102], weicht sein Inhalt in vielen Bestimmungen von den gesetzlichen Vorgaben zum Nachteil des Mieters ab[103]. Besonders verbreitet waren schon damals Vertragsklauseln, die Gewährleistungsansprüche des Mieters ausschließen, ihm Druckmittel wie die Rechte zur Zurückbe-

---

97 Eine ähnliche hypothetische Betrachtung stellt wohl Lorenz, AcP 156, 413, im Zusammenhang mit der Aufrechterhaltung formungültiger Verträge an.
98 Eingehend dazu etwa Staudinger-Emmerich, Vorb. zu §§ 535, 536, Rz. 1.
99 Ausführlicher dazu z.B. Müko-Voelskow, Einl. zu §§ 535 – 597, Rz. 2.
100 Staudinger-Emmerich, Vorb. zu §§ 535, 536, Rz. 3.
101 Abgedruckt auch noch bei Soergel-Mezger,(10. Aufl. 1967), vor § 535, Rz. 64.
102 Sein Zustandekommen ist näher geschildert bei Fikentscher, Rz. 784.
103 Vgl. auch Gitter § 1 (S. 3).

haltung und Aufrechnung beschneiden und zugunsten des Vermieters zusätzliche Kündigungsgründe schaffen[104]. Da in Ballungsgebieten auch Gewerberaum rar war, galten dort zwischen den Parteien von gewerblichen Mietverträgen vergleichbare Machtverhältnisse.

Der wahre und wesentliche Inhalt der meisten Verhältnisse ergab sich sonach nicht mehr aus den Vorgaben des Gesetzes in den §§ 535 ff. BGB, sondern aus dem vom Gesetz abweichend zum Nachteil des Mieters Vereinbarten. Die Vorstellung des Gesetzgebers, wonach die Geltung des gesetzlichen Inhalts die Regel sei und nur ausnahmsweise abweichende Rechte und Pflichten der Parteien im Mietvertrag vereinbart werden, kehrte sich um: Die Parteien schafften sich regelmäßig ihr eigenes Mietrecht und nur in seltenen Ausnahmefällen blieb es ohne Modifikationen bei der gesetzlichen Ausgestaltung.

In diese vom Gesetzgeber so nicht mitbedachte Markt-, Verhandlungs- und Kommunikationssituation eingebettet bekam das Schriftformerfordernis des § 566 BGB weit über den Erwerberschutz hinaus Bedeutung: Der Vermieter benötigte sie als Beweis dafür, daß zu seinem Vorteil in vielerlei Regelungspunkten ein anderes Mietrecht geschaffen wurde, als es die §§ 535 ff. BGB vorgeben. Deutlicher Beleg für die allgemein empfundene Notwendigkeit der Beweissicherung durch schriftliche Fixierung des Vertragsinhalts (aus Sicht des Vermieters) sind die Schlußklauseln in allen gängigen Formularmietverträgen[105], gemäß denen Änderungen und Ergänzungen des Mietvertrages nur schriftlich möglich sein sollen; mit der rechtsgeschäftlich bestimmten Schriftform (§ 127 BGB) sollte und soll sichergestellt werden, daß der Beweis eines bestimmten Inhalts des Mietverhältnisses später nicht durch die Behauptung mündlicher Absprachen erschwert wird[106]. Hingegen wird man nicht sagen können, der Vermieter habe in der Regel auch des Schutzes vor übereilter Bindung bedurft; in Zeiten, in denen er kraft wirtschaftlicher Übermacht Vertragsinhalte – auch die lange Laufzeit des Mietverhältnisses – diktieren kann, ja meist gerade deshalb an der Langfristigkeit interessiert ist, wäre eine

---

104 Z.T. ähnlich: Staudinger-Emmerich, Vorb. zu §§ 535, 536, Rz. 3.
105 Vgl. z.B. § 15 des Deutschen Einheitsmietvertrags 1934, Anhang 1, aber auch die Schlußkauseln in den anderen anhängenden Vertragsmustern.
106 Freilich soll nicht verkannt werden, daß die gewillkürte Schriftform neben der gesetzlichen eigenständige Bedeutung hat, vgl. dazu Bub/Treier-Heile, Kap II, Rz. 723; die Form des § 127 BGB wird aber zum Selbstschutz so oft vereinbart, daß nicht einzusehen ist, warum sie der Gesetzgeber nicht gleich zur Regel gemacht hat.

Warnung des Vermieters übertriebene Fürsorge[107], mit anderen Worten eine Fehleinschätzung der Kommunikationssituation[108].

Dem Mieter hingegen signalisierten die Mühen der Schriftform, daß er weitreichende Erklärungen abgibt, insbesondere auf gesetzlichen Mieterschutz verzichtet, zumindest aber fachmännische Beratung angeraten sein kann. Der nach der Notwendigkeit der schriftlichen Fixierung eines langfristigen Mietvertrages befragte (rechtsunkundige) Mieter wird darüber hinaus mit ziemlicher Sicherheit antworten: weil die Vielzahl der darin geregelten Einzelheiten (z.B. Modalitäten der Instandhaltung etc.) anders nicht festgehalten werden können[109]. Damit sieht der Mieter den Zweck der Schriftform auch in der Herstellung von Inhaltsklarheit[110]. Freilich enthalten auch Mietverträge, die auf unbestimmte oder kurze Zeit geschlossen werden, umfangreiche und detaillierte Regelungen, weshalb auch für sie gesetzliche Schriftform gefordert werden müßte[111], aber im Gesetz nicht vorgesehen ist.

Die durch Machtgefälle und umfangreiches, detailliertes Schriftwerk geprägte Situation herrscht vor allem in den Ballungsgebieten noch heute vor und spitzt sich dort – betrachtet man den Wohnungsmarkt – sogar immer mehr zu. Daran haben zahlreiche, nachträglich geschaffene Mieterschutzgesetze, die Grundlage des sog. sozialen Mietrechts bilden[112], nichts wesentliches geändert. Es gibt heute zwar viele nicht mehr zum Vorteil des Vermieters abdingbare Mieterschutzbestimmungen[113]; die Vertragspraxis konzentriert sich dafür umso mehr auf die noch beeinflußbaren Regelungsteile und die Formularverträge werden immer umfangreicher[114]. Geblieben ist ferner, daß Mietverträge bis an die äußerste zulässige Grenze (und nicht selten darüber hinaus) den Vermieter bevorteilen. Läßt man nicht unberücksichtigt, daß nach amtlichen Erhebungen zur Zeit etwa 13.5 Mio. Mietwohnungen (und

---

107 Ähnlich Henrich, S. 154 f.: er ist sogar der Meinung, daß niemand "ernsthaft behaupten" könne, der Vermieter müsse vor Übereilung (der Ausnutzung seiner Machtposition) geschützt werden.
108 Anders z.B. von Thur, DJZ 1916, 582, 583, der den Zweck des § 566 BGB auch darin sah, daß beide Parteien gewarnt werden.
109 Ähnlich Henrich, S. 154.
110 Zur Umschreibung des Begriffs vgl. oben C I 2.
111 In die gleiche Richtung argumentiert Müko-Voelskow, § 566, Rz. 4 (Fußnote 3) hinsichtlich der Beweisfunktion.
112 Beschrieben bei Staudinger-Emmerich, Vorb. zu §§ 535, 536, Rz. 12 ff.
113 Z.B. im Bereich des Kündigungsschutzes die §§ 556a und 564b BGB.
114 Siehe den Mustervertrag im Anhang 2; da eine Überprüfung nach dem AGB-Gesetz stattfindet, können Mieterrechte meist nicht pauschal ausgeschlossen werden, was die Schaffung differenzierender (und damit umfangreicherer) Klauseln erforderlich macht.

ebenso viele Wohnraummietverhältnisse) existieren[115] und deren Zahl ständig zunimmt[116], Wohnraum also als existenzieller Lebensmittelpunkt eine hervorragende soziale Stellung einnimmt[117], und geht man realistischerweise davon aus, daß dem Großteil der Mietverhältnisse vom Vermieter gestellte Mietvertragsformulare zugrundeliegen, lohnt ein kurze Betrachtung gängiger und weitverbreiteter Vertragswerke auch zur Ermittlung wünschenswerter Schriftformzwecke:

Im Bereich des Wohnraummietrechts sind am häufigsten Vertragsformulare verschiedener Haus- und Grundbesitzervereine, die aus losen Doppelbögen oder Vierfachbögen bestehen. Eine Muster findet sich im Anhang[118]. Den Formularen werden nur selten Anlagen beigefügt, wenn doch, dann meist Pläne zur Beschreibung des Mietgegenstands oder Übergabe- bzw. Bestandsprotokolle. Starkes Bedürfnis nach Inhaltsklarheit und Beweissicherung ergibt sich aus dem "Kleingedruckten"[119], das Umfang und Verteilung der Betriebskosten sowie Schönheitsreparaturen und die sonstige Haftung für den Zustand des Mietgegenstands (während und bei Beendigung der Mietzeit) regelt[120]. Nur selten wird das Vorformulierte individuell abgeändert oder ergänzt, was die Machtstellung des Wohnraumvermieters belegt[121]. Beweissicherungsinteresse und Streben nach Inhaltsklarheit sind beim Wohnraummietvertrag evident. Dagegen tritt die Warnfunktion in den Hintergrund: Die Verwendung der – sogar in jedem Schreibwarengeschäft erhältlichen – Mietvertragsformulare ist so alltäglich geworden, daß sie bei den Parteien kein besonderes Bewußtsein darüber weckt, ob der Vertrag auch mündlich geschlossen werden könne und die Schriftform als Warnung diene.

Für den Bereich gewerblicher Mieten, der von Mieterschutzgesetzen unberührt blieb, gilt ähnliches, allerdings mit anderen Schwerpunkten. Vor allem bei der Vermietung großer und hochwertiger Geschäfts-, Verwaltungs-, Betriebs- und Bürogebäuden sind umfangreiche, höchst komplizierte und in fast allen Punkten die gesetzlichen Vorgaben modifizierende Vertragswerke die Regel. Als instruktives Beispiel möge das Vertragsmuster im Anhang[122] die-

---

115 Vgl. Statistisches Jahrbuch 1990 für die BRD, S. 224.
116 Noch im Jahr 1986 gab es etwa 3 Mio. Wohnungen weniger, vgl. Statistisches Jahrbuch für die BRD 1986, S. 225.
117 Vgl. z.B. Heldrich, AcP 147, 89, 92: "Der Wohnungsmietvertrag schafft dem Mieter sein Heim"; siehe ferner Gernhuber Bd. 7, § 3A (S. 15).
118 Vgl. Anhang 2.
119 So der weitverbreitete Terminus für vorformulierte Vertragsklauseln.
120 Vgl. dazu die §§ 4, 11 u. 12 im Vertragsmuster Anhang 2.
121 Der Mietinteressent, der allzu sehr auf Änderungen und Ergänzungen drängt, dürfte etwaigen anderen Mietinteressenten gegenüber regelmäßig im Nachteil sein.
122 Siehe Anhang 3.

nen, das für die Vermietung eines noch nicht vollständig errichteten Gewerbepark gefertigt wurde. Anders als bei Wohnraummietverträgen sind im Bereich gewerblicher Mieten Vertragswerke ohne Anlagen, die wesentlicher Bestandteil des Mietvertrages werden sollen, selten. Häufig finden sich: Pläne und Zeichnungen, die das im Vertragstext nur verbal beschriebene Mietobjekt näher spezifizieren[123]; Betriebskostenaufstellungen[124]; Bau- und/oder Ausstattungsbeschreibung für den Fall, daß ein Mietgegenstand noch nicht vollständig errichtet ist und deshalb noch nicht "wie besichtigt" vermietet werden kann[125]; Bürgschaftsmuster als Vorgabe für die zu leistende Mietsicherheit[126]; Übergabe- bzw. Bestandsprotokolle, besonders im Falle der Verpachtung[127] sowie bei Einkaufszentren oder vergleichbaren Objekten sog. Konzeptbeschreibungen, die u.a. für die gegenseitige Abhängigkeit von Ladenmietern von großer Bedeutung sind[128].

Anders als bei Wohnraummietverträgen können die aus dem Mietvertrag resultierenden Zahlungsverpflichtungen des gewerblichen Mieters enorm sein. Nicht selten bleiben die Verpflichtungsvolumina in Gewerbemietverträgen kaum hinter denen aus Grundstückskaufverträgen zurück. Aus steuerlichen Gründen[129] oder zur Beseitigung bzw. Vermeidung von Liquiditätsengpässen[130] kann die Miete für den Gewerbetreibenden im Vergleich zum Grundstückseigentum die lukrativere Form des Grundbesitzes sein.

An Komplexität und Variantenreichtum (und damit als Beleg für Notwendigkeit von Beweissicherung, Warnung und Inhaltsklarheit) nicht zu übertreffen ist das sog. Immobilienleasing, eine Sonderform der gewerblichen Vermietung von Grundbesitz[131]. Für sie typisch ist die Beteiligung von gleich drei Vertragspartnern (dem Hersteller des Gebäudes, dem Leasinggeber und dem Leasingnehmer), wobei dem Leasinggeber eine Art "maßgeschneiderter Kreditierung" seiner Investition ermöglicht werden soll[132]. Soweit Immobilienleasingverträge nicht ohnehin der notariellen Beurkundung bedürfen, weil dem Leasingnehmer ein Ankaufsrecht oder eine Kaufoption eingeräumt wird,

---

123 Siehe Anhang 4.1.
124 Vgl. Anhang 4.2.
125 Siehe Anhang 4.3.
126 Siehe Anhang 4.4.
127 Vgl. Anhang 4.5.
128 Siehe Anhang 4.6.
129 Mietzahlungen können sofort als Betriebsausgabe abgesetzt werden, Anschaffungskosten müssen hingegen regelmäßig nur auf 50 Jahre abgeschrieben werden.
130 Prominentes Beispiel ist etwa das Lufthansa-Gebäude in Köln, das bekanntlich Ende 1992 verkauft und zugleich wieder langfristig angemietet wurde.
131 Vgl. dazu die Beschreibung bei Bub/Treier-Heile, Kap I, Rz. 46 ff.
132 Vgl. hierzu z.B. BGH NJW 1989, 1279ff.; Westphalen, Rz. 619 ff.

bedarf er als langfristiger Mietvertrag jedenfalls der Schriftform des § 566 BGB[133]. Die Abwicklung solch komplizierter Mietverhältnisse verlangt zunächst aus der Sicht der Vertragsparteien ein hohes Maß an Inhaltsklarheit sowie Beweisbarkeit und macht Warnung und fachmännische Beratung schon deshalb erforderlich, weil jährliche Mietzahlungen in Millionenhöhe keine Ausnahme sind.

Nach eingehender zeitgerechter Betrachtung der Parteiinteressen läßt sich als Zwischenergebnis zunächst zusammenfassen:

Bei Abschluß von langfristigen Wohnraummietverträgen ist den Parteien oder zumindest einer Partei regelmäßig sehr wichtig, daß der Inhalt des geschaffenen Mietrechts durch Einhaltung der Schriftform klar und vollständig zum Ausdruck kommt und sich durch Vorlage des schriftlich Festgehaltenen einfach beweisen läßt. Wer darüber hinaus der Schriftform Warnfunktion beimißt, schätzt freilich die Kommunikationssituation, die bei Abschluß des Wohnraummietvertrages heutzutage vorherrscht, falsch ein. Denn in der Praxis werden fast alle Wohnraummietverträge mit Vertragsformularen schriftlich geschlossen[134], ohne daß die Parteien großes Bewußtsein für die dem langfristigen Mietvertrag vom Gesetzgeber zugedachte Besonderheit des Geschäfts entwickeln. Außerdem hätte der "gewarnte" Wohnungsmieter in den wenigsten Fällen ohnehin keine Wahl, was Wolf[135] illustrativ und das Wesentliche der Kommunikationssituation treffend wie folgt beschreibt: "... Der Mieter ist auf den Wohnraum angewiesen und kann sich im Gegensatz zum Vermieter kaum ein längeres Zuwarten erlauben. Dies gilt vor allem im Falle der Knappheit von Wohnraum, die es dem Vermieter erleichtert, einen anderen Mieter zu finden, und die dem Mieter den Abschluß des Vertrages um so dringlicher erscheinen läßt...".

Bei Abschluß langfristiger gewerblicher Mietverträge kommt wegen hoher Verpflichtungsvolumina und komplizierten Vertragsgestaltungen ein starkes Bedürfnis nach Übereilungsschutz und sachkundiger Beratung (nicht nur durch Juristen, sondern auch durch Steuerexperten[136]) hinzu.

---

133 Siehe Bub/Treier-Heile, Kap I, Rz. 56.
134 Vgl. Müller, Rz. 618.
135 Wolf, S. 13.
136 Oft ist in der Diskussion nur von "juristischer Beratung" die Rede, vgl. z.B. Medicus AT, Rz. 614; die steuerlich Seite kann nicht weniger einschneidende Folgen für die Parteien haben.

c) (Inhalts-)Kontrolle durch die Öffentlichkeit

Weit mehr als am Anfang dieses Jahrhunderts kommt es im modernen Rechtsverkehr darauf an, daß bestimmte öffentliche Stellen genaue, vollständige und sichere Kenntnis von dem Inhalt eines Mietverhältnisses erlangen.

Soweit es um steuerlich motivierte mietrechtliche Vertragsgebilde geht, sind zunächst die Finanzämter betroffen. Auch insoweit läßt sich das Immobilienleasing als Paradebeispiel anführen: Nach der Rechtsprechung des Bundesfinanzhofs[137] sowie ihr nachfolgenden Ministerialerlassen[138] werden Immobilienleasingverträge nur dann steuerlich begünstigt, wenn das Leasingobjekt dem Leasinggeber als "wirtschaftliches Eigentum" zugerechnet werden kann, was wiederum eine genaue Auswertung des kompletten Vertragsinhalts erfordert. Das Finanzamt muß etwa anhand der vertraglichen Bestimmungen prüfen, ob das Leasingobjekt an seinem Standort auch von einem anderen Unternehmen genutzt werden könnte, ausschließlich auf die Bedürfnisse des Leasingnehmers zugeschnitten ist und wie die Grundmietzeit im Verhältnis zur betriebsgewöhnlichen Nutzungsdauer des Gebäudes steht[139]. Diese Prüfung (Kontrolle) läßt sich in der Regel nur mit richtigem Ergebnis bewältigen, wenn schriftlich Festgehaltenes vorgelegt wird, das zuverlässige, sichere und vollständige Kenntnis über den gesamten Vertragsinhalt vermittelt. Zurecht hatte schon Heldrich[140] angemerkt: "Sehr unerwünscht ist es, wenn sich die Parteien von der schriftlichen Fixierung wichtiger Verträge durch steuerrechtliche Bestimmungen abhalten lassen...".

Im Bereich der Wohnraummiete unterliegt die Mietpreishöhe staatlicher Kontrolle, die zum Schutz konkret oder potentiell Betroffener möglichst effektiv bewältigt werden muß. Während es den Staatsanwaltschaften um strafrechtlich relevanten Mietwucher geht (§ 302 a StGB)[141], ist es in den großen Städten meist Aufgabe der Ämter für Wohnungswesen, im Sinne des § 5 WiStG ordnungswidrigen Mietpreisüberhöhungen nachzugehen[142]. Beide Tatbestände setzen zu allererst eine unangemessen hohe Miete voraus, womit bereits der wesentliche Gegenstand der Kontrolle definiert ist. Stellt man einmal beiseite, daß der Zustand einer Wohnung sowie weitere regelmäßig nicht aus dem Mietvertrag ersichtliche Wohnmerkmale bei der Beurteilung eine Rolle spielen, ergibt sich die Unangemessenheit in erster Linie aus der

---

137 Vgl. etwa BFH NJW 1970, 1148.
138 Vgl. z.B. BStBl. I 1972, 188; BStBl. I 1971, 264.
139 Siehe hierzu Erlaß des Niedersächsischen Finanzministeriums, BB 1987, 1374.
140 Heldrich, AcP 147, 89, 97.
141 Ausführlich zu den Tatbestandsvoraussetzungen Sternel, Kap III, Rz. 47 ff.
142 Näheres zu § 5 WiStG findet sich etwa bei Schmidt/Futterer-Blank, WohnrSchG, B, Rz. 68 ff.

Wohnlage und dem Verhältnis zwischen Mietfläche und Mietpreis. Ziemlich sichere Anhaltspunkte für alle drei Größen finden sich im schriftlichen Mietvertrag, unterstellt, er enthält wahrheitsgemäße Angaben. Beurteilung und Beweis der Unangemessenheit wären jedoch regelmäßig ungleich schwieriger und aufwendiger, wenn die Staatsanwaltschaft bzw. Ordnungsbehörde nicht auf schriftlich Festgehaltenes zurückgreifen könnte, sondern sich stets mit Inaugenscheinnahmen und Zeugenvernehmungen weiterhelfen müßte.

So gesehen und mit heutigen Augen betrachtet bringt die Schriftform des § 566 BGB über § 571 BGB hinaus nicht zu vernachlässigende Vorteile für die Allgemeinheit.

d) Entlastung der streitigen Rechtspflege

Schon wegen des großen Bestands an Mietwohnungen (ca. 13,5 Mio. in der BRD[143]) ist nicht verwunderlich, daß die Zivilgerichte gerade im Bereich der Mietstreitigkeiten überlastet sind. Allein in Frankfurt am Main gibt es insgesamt 8 Amtsrichter und gleich 2 Berufungskammern beim Landgericht, die ausschließlich für Mietsachen zuständig sind[144]. Obwohl die Frankfurter Amtsrichter im Durchschnitt etwa 5.000 Mietstreitigkeiten jährlich erledigen, bildet sich Rückstau auch bei den Räumungsklagen, bei denen der Vermieter auf schnelle gerichtliche Hilfe besonders angewiesen ist[145]. Dabei handelt es sich nicht um eine regionale Besonderheit: Beispielsweise auch die Richter des Amtsgerichts Mannheim, denen Zivilsachen im allgemeinen zugewiesen sind, stellen fest, daß der weit überwiegende Teil ihrer Fälle Mietsachen sind[146] und zwischen Mietparteien besonders häufig gestritten wird.

Ergäbe sich der Inhalt des Mietverhältnisses nicht in den meisten Fällen sicher und vollständig aus dem schriftlichen Mietvertrag und müßte der Richter etwa immer erst Zeugen vernehmen, bevor er den wahren Inhalt des mündlich abgeschlossenen Mietvertrages als Grundlage seiner weiteren Entscheidungsfindung erkennen kann, bedürfte es kaum Phantasie zu der Annahme, daß sich Mietstreitigkeiten selbst bei beträchtlicher Erhöhung der Richterzahl nicht mehr ohne unzumutbare Verzögerungen bewältigen ließen. Für die Rechtspflege belastend sind auch Beweisschwierigkeiten, wie sie etwa Oswald[147] zutreffend beschreibt: "... kommt es vor allem zu Beweisschwierig-

---

143 Vgl. Statistisches Jahrbuch für die BRD 1990, S. 224.
144 Vgl. die Geschäftsverteilungspläne der Gerichte für 1993.
145 Die Angaben beruhen auf Auskünften von Frankfurter Mietrichtern sowie auf eigene Erfahrungen aus der anwaltlichen Praxis.
146 Die Angaben gründen auf einer Umfrage, die wegen eigener mietrechtlicher Prozeßtätigkeit in Mannheim möglich war.
147 Oswald, ZMR 1960, 198, 200.

keiten, denen der Richter so gut wie ohnmächtig gegenüber steht, dann in aller Regel werden Angehörige der Prozeßparteien als Zeugen aufgeboten, von denen die einen schwarz sagen, die anderen weiß ...". Gerade im Bereich des Wohnraummietrechts, wo es um den existenziellen Lebensmittelpunkt geht und die streitenden Parteien womöglich Tür an Tür leben, sind nicht lange Prozesse, sondern die schnelle Herstellung des Rechtsfriedens (soziale Befriedung) durch die Gerichte erstrebenswert, wofür die schriftliche Abfassung von langfristigen Mietverträgen in erheblichem Maße beiträgt. Nicht unterschätzt werden darf auch, daß die Beweiskraft des schriftlich Niedergelegten Prozesse vermeiden hilft, weil sich über den Inhalt angeblicher mündlicher Absprachen vor Gericht viel leichter und mit weniger Beweisrisiken streiten ließe als den Inhalt "schwarz auf weiß" niedergeschriebener unmißverständlicher Klauseln.

Die vorstehend beschriebene Entlastungs- und Befriedungsfunktion hat der Gesetzgeber der gesetzlichen Schriftform im allgemeinen zuerkannt, wenn er in den Motiven formuliert: "... Sie (sc.: die Form) führt auch zur Verminderung oder doch zur Abkürzung und Vereinfachung der Prozesse..."[148]. Es sind keine durchschlagenden Gründe ersichtlich, warum er sie nicht aus § 566 BGB beimessen wollte oder jedenfalls angesichts der Prozeßflut im Mietrecht beimessen würde, wenn er die ratio der Formvorschrift neu festlegen könnte.

5. Zeitgerechte Sinninterpretation

Als bisheriges Ergebnis der Sinninterpretation läßt sich festhalten, daß
– zwar die Mißachtung von Regelungsalternativen nichts aussagekräftiges für die Interpretation der Motivation des Gesetzgebers hergibt, aber
– aus der Gesetzgebungshistorie ersichtlich ist, daß der Gesetzgeber nicht nur den Erwerber, sondern auch den Vermieter (vor Übereilung) schützen wollte,
– die unter anderem aus dem Wortlaut und der Gesetzessystematik hergeleitete Anwendung der Formschrift auf Untermietverträge für die Zweckvielfalt spricht,
– aus der größtenteils hervorragenden sozialen und wirtschaftlichen Bedeutung langfristiger Mietverträge ein starkes Bedürfnis nach Beweissicherung, Inhaltsklarheit und Warnung durch Einhaltung der Schriftform hervorgeht,
– die Schriftform im Allgemeininteresse wichtig gewordene staatliche Kontrolle beträchtlich erleichtert und

---

148 Vgl. Motive I, S. 179.

– im Interesse der ohnehin überlasteten Gerichte Prozesse vermeidet, vereinfacht und/oder verkürzt und somit Rechtsfrieden fördert,
also § 566 BGB entgegen der herrschenden Meinung weit über § 571 BGB hinaus in vielfältiger Weise nennenswerte Bedeutung erlangt hat.

Dieser Sichtweise ließe sich allenfalls noch entgegenhalten, ein starkes Bedürfnis nach Inhaltsklarheit, Beweisbarkeit, Kontrolle und Entlastung der Rechtspflege bestehe in vergleichbarem Maße ebenso bei Mietverträgen mit unbestimmter Laufzeit, für die das Gesetz keinerlei Form fordere[149]. Die Gleichsetzung von lang- und kurzfristigen Mietverträgen überzeugt allerdings nicht: Zum einen haben die genannten Formzwecke bei Mietverträgen mit langer Laufzeit weitaus größere Bedeutung, weil das Schutzbedürfnis desjenigen, der sich kurzfristig aus einem Mietverhältnis lösen kann, in mancherlei Hinsicht geringer sein wird; so kann er z.B. den übereilten Vertragsschluß durch Kündigung korrigieren, sich unangemessen hohen Mieten durch Vertragsauflösung entziehen und auf gleiche Weise ihm lästigen angeblichen Pflichten, die nicht schriftlich festgehalten wurden, ohne streitige Auseinandersetzung entgehen. Zum anderen geht es darum, einer für langfristige Mietverträge bestehenden gesetzlichen Formvorschrift zeitgerechten Sinn mit Rücksicht auf den erklärten Willen des Gesetzgebers zu geben, nicht darum, das Gesetz um eine möglicherweise auch für kurzfristige Mietverträge wünschenswerte weitere Formvorschrift zu ergänzen.

Es bleibt somit dabei, daß § 566 nach zeitgerechter und an der Gesetzgebungsgeschichte orientierter Sinninterpretation in Annäherung an die Schriftform im allgemeinen (vgl. C I) viele und verschiedenartige Zwecke verfolgt[150]. Darauf wird insbesondere bei der Anwendbarkeit des § 566 BGB auf Mietvorverträge noch zurückzukommen sein.

---

149 So argumentiert offenbar Müko-Voelskow, § 566 Rz. 4 (Fußnote 3).
150 Im Ergebnis ähnlich z.B. Esser/Weyers II, § 20 I 2 (S. 167); wohl auch AK-BGB-Derleder § 566, Rz. 1.

D. Die Anwendbarkeit des § 566 BGB auf Mietvorverträge

Die Anwendbarkeit des § 566 BGB auf Mietvorverträge ist seit jeher umstritten[1]. Sie beschäftigte die Gerichte zwar nicht alltäglich[2]; wenn sie aber einmal Gegenstand höchstrichterlicher Entscheidung war, sahen sich sowohl das RG als auch der BGH stets zu grundlegenden Ausführungen angehalten. Schon deshalb lohnt zunächst die Analyse der Rechtsprechung.

I. Tendenzen in der Rechtsprechung; Diskussionsstand

Die Rechtsprechung läßt Kehrtwendungen und Widersprüche erkennen. Vermutlich nähert sie sich jetzt wieder dem, was bereits in den ersten Jahren nach Inkrafttreten des BGB herrschende Meinung war. Das zeigt folgende Entwicklung:

1. Die Rechtsprechung bis 1914

Die Gleichbehandlung von Miet- und Mietvorverträgen in Formfragen beschäftigte die Gerichte gleich zu Anfang des Jahrhunderts häufiger. Sie wurde damals befürwortet.

Mit Beschluß vom 02.03.1901 formulierte etwa das OLG Hamburg[3]: "... Da hiernach (sc.: nach § 566 BGB) die Zeitbestimmung des mündlichen Vertrages als solche ungültig ist, so kann auch das Versprechen, eine Urkunde ausstellen zu wollen, also das Versprechen, den Vertrag rechtsgültig schließen zu wollen, keine Klage erzeugen ...". Noch deutlicher für die Anwendbarkeit des § 566 auf Mietvorverträge plädierte z.B. das OLG Kiel in seinem

---

1 Vgl. z.B. Henrich, S. 153 ff., der einen Überblick über den Streitstand für die Zeit um 1960 gibt.
2 Im Vergleich zu richtigen Mietverträgen sind Mietvorverträge recht selten, wenngleich sie insbesondere bei der Vermietung noch nicht fertiggestellter Gebäude häufig Bedeutung haben.
3 Vgl. OLG Hamburg, Beschluß vom 2.3.1901 in: Die Rechtsprechung der OLG, 2. Bd. 1901/I, S. 482.

Urteil vom 23.07.1902[4]: " ... Ein Vorvertrag aber, durch welchen die Verpflichtung zum Abschluß eines der schriftlichen Form bedürfenden obligatorischen Vertrags übernommen wird, bedarf ebenfalls zur Rechtswirksamkeit der schriftlichen Form. Dies ist eine notwendige Folge der gesetzlichen Vorschrift der Schriftform für den Hauptvertrag. Die Zulassung von Vorverträgen ohne Schriftform zu den einem Formzwang unterliegenden Verträgen würde diesen Formzwang völlig wirkungslos machen. Wenn das BGB in § 566 vorschreibt, daß diejenigen, welche einen Mietvertrag auf längere Zeit als ein Jahr nur mündlich abgeschlossen haben, an ihre Willenserklärungen nur insoweit gebunden sind, daß der Vertrag als auf unbestimmte Zeit mit Ausschluß des Kündigungsrechts für die Dauer des ersten Jahres geschlossen gilt, so kann auch ein mündlicher Vorvertrag eine weitergehende Bindung des Willens der Vertragsschließenden nicht zur Folge haben. Eine solche Bindung würde aber eintreten, wenn der mündliche Vertrag zum Abschluß des schriftlichen Hauptvertrages verpflichtete. Der Vorvertrag bedarf also derselben Form wie der Hauptvertrag, wenn für diesen eine Form durch Gesetz vorgeschrieben ist...".

Die Gerichte sahen damals offenbar keinen Grund, für den Mietvorvertrag vom dem Grundsatz abzuweichen, daß Vorverträge in Formfragen keine Privilegierung erfahren sollen. Die beschriebene Rechtsprechung konnte seinerzeit als herrschende Meinung bezeichnet werden.

2. Die Rechtsprechung des Reichsgerichts

Das änderte sich schlagartig mit dem Urteil des RG vom 20.11.1914[5]. Das RG verneinte die Anwendbarkeit des § 566 im wesentlichen mit dem Argument, die Vorschrift verfolge über den § 571 BGB hinaus keine Zwecke, weshalb der Grundsatz, wonach der Vorvertrag derselben Form bedürfe wie der Hauptvertrag, (ausnahmsweise) nicht gelte. Außerdem "passe" die Rechtsfolge des § 566 Satz 2 BGB nicht auf einen "der Schriftform ermangelnden Vorvertrag", weil der Vorvertrag nur auf Abschluß des Hauptvertrages, also "nur vorübergehende, nicht mehrjährige Wirksamkeit" gerichtet sei und schon deshalb nicht "als auf ein Jahr abgeschlossen" gelten könne[6].

---

4 OLG Kiel, Urteil vom 23.7.1902, vgl. SeuffArchiv 58 Nr. 93; so ähnlich zitiert in: Die Rechtsprechung der OLG, 7. Bd. 1903/II, S. 19 f.
5 RGZ 86, 30 ff.
6 Vgl. RG a.a.O., S. 34 f.

Dem Standpunkt des RG begegnete zwar Kritik. Bedenken äußerte z.B. von Thur[7]; er kritisierte: "... Diese Entscheidung ist nicht unbedenklich. Denn mag auch die Rücksicht auf § 571 den Anstoß zur Einführung der Formvorschrift gegeben haben, so bietet doch diese Vorschrift, so wie sie im Gesetz steht, einen Schutz gegen Übereilung, welcher durch Zulässigkeit eines formlosen Vorvertrages wegfallen würde; der Verpächter wäre ... durch formlose Verabredung auf 30 Jahre gebunden. Das ist umso bedenklicher, als die Frage, ob eine Vorvertrag zu einem solchen geschlossen ist, oft zweifelhaft sein wird ...".

Seine Gegenmeinung vertrat ferner auch Leonhard[8] engagiert: Das Bedürfnis nach der Einhaltung der Form sei "hier das gleiche wie bei dem fertigen Mietvertrag"; § 566 BGB schütze auch vor Übereilung, weil der Erwerberschutz "weder der einzige gesetzgeberische Grund, noch überhaupt triftig" gewesen sei. Auch Oertmann[9] sprach sich für die Gleichbehandlung von Vor- und Hauptmietvertrag aus.

Ungeachtet dieser Kritik wurde die vom RG vertretene Ansicht gleichwohl ständige Rechtsprechung[10] und herrschende Meinung in der Literatur[11], wobei letztere vor allem das Argument, § 566 BGB schütze nur den Grundstückserwerber und verfolge darüber hinaus keine weiteren Zwecke, übernahm[12].

3) Die Rechtsprechung des BGH

a) Bestätigung des Reichsgerichts

Der BGH wich zunächst von der Rechtsprechung des RG weder im Ergebnis noch in der Begründung ab[13]. Vor allem betonte er in allen Entscheidungen, in denen es auf § 566 BGB ankam, immer wieder, daß die Formvorschrift (ausschließlich) "zum Schutz eines etwaigen Grundstückserwerbers geschaffen" worden sei, "um diesem die Möglichkeit zu geben, sich anhand der vom Veräußerer zu überreichenden Urkunden (§ 444 BGB) möglichst umfassend ... informieren zu können"[14].

---

7 V. Thur, DJZ 1916, 583f.
8 Leonhard, BesSchR, S. 142 f.
9 Oertmann, Bd.2, § 566, Anm. 2.
10 Vgl. etwa RG JW 1922, 285.
11 Vgl. statt vieler BGB-RGRK-Degg § 566, Anm. 1 (Aufl. 1928).
12 Vgl. z.B. Staudinger-Emmerich § 566, Rz. 8 (11. Aufl. 1955); Enneccerus- Lehmann § 127 II 6.
13 Vgl. z.B. BGH LM Nr. 1 zu § 566 BGB; BGH WM 1961, 1053 f.
14 So wörtlich BGH NJW 1975, 1653, 1654.

Dagegen kämpfte schon immer Larenz[15] an, der argumentierte, daß nichts zu der Annahme nötige, das Gesetz habe bei § 566 BGB, im Gegensatz zu anderen Formvorschriften, nicht auch das Klarheits- und Beweissicherungsinteresse der Vertragsparteien wenigstens mit schützen wollen; dann aber dürfe es mit § 566 BGB kaum vereinbar sein, daß eine mündlicher Vorvertrag auch insoweit verbindlich sein solle, als eine mehr als einjährige Vertragsdauer vereinbart worden sei. Ihm folgten weitere Stimmen in der Literatur[16]. Dieser Kritik hielt der BGH jedoch zunächst stand.

b) Kehrtwende mit der Entscheidung BGHZ 81, 46, 50 ff.?

Mit seinem Urteil vom 15.06.1981, das bereits im Zusammenhang mit der Ermittlung der ratio des § 566 BGB ausführlich behandelt wurde[17], hat der BGH erstmals anerkannt, daß "§ 566 BGB über § 571 BGB hinaus Bedeutung" habe. Zu diesem Anerkenntnis fühlte er sich offenbar deshalb genötigt, weil er die Anwendbarkeit des § 566 BGB auf einen Unterpachtvertrag zu prüfen hatte und diese nicht verneinen wollte. Dabei hätte es gar nicht fern gelegen, wenn der BGH in Anlehnung an seine Rechtsprechung zur Formfreiheit von Mietvorverträgen anders entschieden und argumentiert hätte, der angeblich allein bezweckte Erwerberschutz bleibe unberührt, da der Erwerber ja in einen Unterpachtvertrag nicht gemäß § 571 BGB eintreten müsse. Die Rechtsprechung, wonach § 566 BGB auf Mietvorverträge nicht anwendbar sein soll, widerspricht im übrigen offensichtlich der Behandlung des Jagdpachtvorvertrages, also eines anderen Gebrauchsüberlassungsvertrages, durch den BGH: Die Formvorschrift in § 11 Abs. 3 Satz 1 BJagdG soll sich auch auf den Vorvertrag zum Jagdpachtvertrag erstrecken, weil sie die Parteien vor übereilter Bindung warnen wolle[18].

Man wird abwarten müssen und darf gespannt sein, ob der BGH bei nächster Gelegenheit seine Rechtsprechung zur Formfreiheit von Mietvorverträgen der zur Formbedürftigkeit von langfristigen Untermietverträgen und von Jagdpachtvorverträgen anpaßt. Jedenfalls fühlten sich diejenigen, die schon immer für die Formbedürftigkeit des Mietvorvertrags eintraten, durch die Entscheidung BGHZ 81, 46 ff. bestätigt[19]. Andere Kritiker und Zweifler kamen hinzu[20]. Sie konnten allerdings bislang nichts daran ändern, daß die Nichtanwendbarkeit des § 566 BGB als derzeit herrschende Meinung anzuse-

---

15 Larenz II, § 48 I (S. 169).
16 Vgl. z.B. Häsemeyer, S. 112 ff.; Weimar, MDR 1961, 289f.
17 Vgl. oben C II 2 (S. 45 f.).
18 Vgl. z.B. BGH NJW 1973, 1839.
19 Vgl. z.B. Larenz II/1, § 48 I (S. 217), der jetzt von "verstärkten Zweifeln" spricht.
20 Z.B. Bub/Treier-Heile, Kap II, Rz. 728; Sternel, Kap I, Rz. 222.

hen ist[21]. Vor allem Heile[22], auf dessen Sondermeinung noch einzugehen sein wird[23], hat die Entscheidung des BGH zur Schriftform des Untermietvertrags zum Anlaß genommen, die hergebrachte Begründung der herrschenden Meinung durch neue Argumente abzulösen.

II. Kritische Bewertung

1) Die Formbedürftigkeit von Vorverträgen im allgemeinen

a) Die Relevanz der Formzwecke

Die in der Diskussion ausgetauschten Argumente haben allesamt zur Prämisse, daß bei der Frage, ob für den Mietvorvertrag die Form des Hauptvertrages gilt, auf den bzw. die Zweck(e) des § 566 BGB abgestellt wird. Diese Selbstverständlichkeit ist nicht unbedenklich. Die Frage der Formbedürftigkeit eines Vorvertrages war nämlich lange Zeit im Grundsatz umstritten und ist selbst heute noch in Details unklar[24].

Noch vor dem 2. Weltkrieg gingen die Meinungen zur grundsätzlichen Formbedürftigkeit weit auseinander. Vertreten wurde einerseits das Extrem, wonach die Selbständigkeit des Vorvertrages gegenüber dem Hauptvertrag zwangsläufig auch dazu führen müsse, daß die Form des Hauptvertrages nicht auf den Vorvertrag erstreckt werden dürfe[25]. Völlig konträr dazu plädierte andererseits eine Mindermeinung[26], Vorverträge müßten bis auf ganz besondere wenige Ausnahmen stets mit der Form des Hauptvertrages abgeschlossen werden. Freilich verschwanden solche Extremmeinungen im Laufe der Zeit und heute besteht jedenfalls allgemeine Einigkeit darüber, daß es jeweils auf den Zweck (die Zwecke) der Formvorschrift ankommt[27]. Damit hatte sich im Ergebnis die höchstrichterliche Rechtsprechung durchgesetzt[28], die ständig betonte, daß aus der Formbedürftigkeit des Hauptvertrages "nicht ohne weite-

---

21 Für die h.M. stehen z.B.: Wolf/Eckert, Rz. 28; Müko-Voelskow § 566, Rz. 11; Erman-Schopp § 566, Rz. 14; Soergel-Kummer 566, Rz. 11; Jauernig-Teichmann § 566, Anm. 2a.
22 Heile, S. 6 ff.
23 Siehe unten III (S. 63 f.).
24 Vgl. zu dieser Einschätzung etwa Henrich, S. 148 f.
25 Vgl. Staudinger-Riezler, Vorb. 21 vor § 145 (v. 1936).
26 Planck's-Komm. § 125, Anm. 5; Oertmann, Bd.1, § 125, Anm. 6.
27 Vgl. statt aller nur Erman-Hefermehl, vor § 145, Rz. 40 m.z.w.N.
28 Vgl. z.B. RGZ 169, 185, 189.

res" die Formbedürftigkeit des Vorvertrages "folge", sich dies vielmehr "jeweils nach Inhalt und Zweck der Formvorschrift (sc.: bestimme)"[29].

Offen gelassen blieb allerdings die, insbesondere für Grenz- und Zweifelsfälle, wie ihn der Mietvorvertrag und § 566 BGB bilden könnten, bedeutsame Frage, ob die mit dem Hauptvertrag synchrone Formbedürftigkeit des Vorvertrages die Regel, die Formfreiheit hingegen die Ausnahme darstellt (oder umgekehrt). Nicht in allen Details ist ferner geklärt, wie Inhalt und Zweck(e) der Formvorschrift beschaffen sein müssen, damit sie sich auch auf den Vorvertrag erstrecken. Beiden Fragen muß gerade im Zusammenhang mit der Formbedürftgkeit von Mietvorverträgen nachgegangen werden.

b) Das Verhältnis von Regel und Ausnahme

Zum Teil wird das Regel-/Ausnahmeverhältnis so gesehen, daß die Gleichbehandlung von Haupt- und Vorvertrag die Regel, die von der Behandlung des Hauptvertrages abweichende Formfreiheit des Vorvertrages die Ausnahme ist[30]. So formuliert z.B. Larenz[31]: "Ist für den Hauptvertrag eine Form vorgeschrieben, so bedarf regelmäßig schon der Vorvertrag ... der Wahrung der Form". Bei Palandt-Heinrichs[32] findet sich die Regel: "Der Vorvertrag zu einem formbedürftigen Rechtsgeschäft unterliegt grundsätzlich dem Formzwang". Wäre diese Sicht der Dinge richtig, würde sich für die weitere Prüfung der Formbedürftigkeit von Mietvorverträgen entscheidend die Frage stellen, ob – und wenn ja, welche – durchschlagenden Gründe es gibt, für § 566 BGB eine Ausnahme von dem Formzwang zuzulassen; im Zweifel bliebe es dann bei der Gleichbehandlung von Miethaupt- und Mietvorvertrag.

Ein Grundsatz, wonach der Formzwang für den Hauptvertrag regelmäßig auch für den Vorvertrag gelten soll, verträgt sich freilich nicht mit dem Prinzip der Formfreiheit, das innerhalb des Privatrechts schon deshalb eine hervorragende Stellung einnimmt, weil es den rechtsgeschäftlichen Kontakt in marktgerechter Weise erleichtert und ohne dieses Prinzip die ungehinderte Abwicklung des Massenverkehrs der modernen Zeit nicht mehr gewährleistet wäre[33]. Wenn das BGB davon ausgeht, daß Formzwang nur dann besteht, falls dies ausdrücklich angeordnet wird[34], und wenn es Vorverträge im Rahmen der Vertragsfreiheit als eigenständige Institution zuläßt, ohne für diese

---

29 So wörtlich etwa BGH LM Nr. 1 zu § 566 BGB.
30 Vgl. statt vieler etwa StudK-BGB-Lüderitz § 305, Anm. III 2; Hübner, Rz. 487; Eisenhardt, Rz. 97; offen läßt diese Frage Brox, SchR AT, Rz. 54.
31 Larenz I, § 7 I (S. 87).
32 Palandt-Heinrichs § 125, Rz. 9, mit Hinweis auf BGHZ 61, 48.
33 Vgl. dazu ausführlicher bei Müko-Förschler § 125, Rz. 1.
34 Vgl. z.B. Hübner, Rz. 476.

Vertragsform eine bestimmte Form vorzuschreiben[35], so ist schlechterdings verboten, die Erstreckung des Formzwangs des Hauptvertrages auf den Vorvertrag zur Regel zu erheben. Es macht insbesondere keinen Sinn, den Vorvertrag von einem Hauptvertrag zu sondern, wenn hinsichtlich der Voraussetzungen des Vertragsschlusses keinerlei Unterschied bestehen soll[36]. Aus der Eigenständigkeit des Vorvertrages und dem Prinzip der Formfreiheit folgt damit, daß der Vorvertrag grundsätzlich formfrei gültig sein muß[37].

Die der Form des Hauptvertrages synchrone Formbedürftigkeit des Vorvertrages ist sonach nicht die Regel, sondern die Ausnahme. Da Ausnahmen triftige Gründe erfordern, drängt sich für die vorliegende Untersuchung folgende Frage auf: Welche gewichtigen Gründe gibt es dafür, vom Grundsatz der Formfreiheit abweichend die Geltung des § 566 BGB auf Mietvorverträge zu erstrecken, die auf den Abschluß eines langfristigen Mietvertrages gerichtet sind?

c) Die den Formzwang (ausnahmsweise) rechtfertigenden Zwecke

Allgemein läßt sich unter Berücksichtigung des in b) aufgezeigten Regel-/Ausnahmesystems sagen, daß bestimmte Formzwecke als Rechtfertigung der Formbedürftigkeit von vorneherein nicht in Betracht kommen, weil sie – verglichen mit der Bedeutung der Formfreiheit für die Vertragsautonomie – allzu geringes Gewicht haben. Ansatzpunkt muß dabei sein, wann und warum die Formlosigkeit des Vorvertrages zu einer unerträglichen Umgehung der Form des Hauptvertrages werden könnte[38]. Nimmt man den in C I 2 erarbeiten Zweckkatalog[39], lassen sich viele Zwecke wegen ihrer relativen Geringwertigkeit vorab aussondern:

Das gilt zunächst für solche Formzwecke, die sich auch noch durch den späteren (formgerechten) Abschluß des Hauptvertrages erreichen lassen. In diesem Fall dürfte es nämlich kaum notwendig sein, auf doppelte bzw. zweifache Einhaltung der Form zu bestehen. Mit dem formwirksamen Abschluß des Hauptvertrages gerät der Vorvertrag regelmäßig in Vergessenheit; er wird Geschichte und allenfalls nur noch dann interessant, wenn auf ihn wegen Lückenhaftigkeit des Hauptvertrages zurückgegriffen werden muß.

---

35 Siehe z.B. zur Herleitung der Zulässigkeit aus der Privatautonomie Eisenhardt, Rz. 97.
36 Ähnlich wohl Flume, AT/II, § 33 (S. 614).
37 Im Ergebnis ebenso (aber ohne Begründung): Staudinger- Dilcher, Vorb. zu §§ 145 ff. , Rz. 43; Erman-Hefermehl, Vor § 145, Rz. 40; Müko-Kramer, Vor § 145, Rz. 38.
38 So wohl schon die Befürchtung von Mittelstein, Das Recht 1910, 267.
39 Vgl. oben C I 2 (S. 37 ff.).

aa) Inhaltsklarheit und Beweissicherung

Henrich[40] sieht diese Konstellation gegeben für die Formzwecke Inhaltsklarheit und Beweissicherung. Das mag auf den ersten Blick überzeugen: Wenn der Vorvertrag inhaltsgleich (mit Ergänzungen und Konkretisierungen) in einen Hauptvertrag umgesetzt wurde, ergibt sich für alle Zeit beweiskräftig aus letzterem, was Inhalt des Vertragsverhältnisses ist. Anders liegen die Dinge aber, falls im Hauptvertrag – etwa zunächst unbemerkt – von Bestimmungen des Vorvertrages abgewichen wird und deswegen Streit entsteht. In diesem Fall kommt es für die streitigen Punkte weiterhin auf den Inhalt des Vorvertrages und dessen Beweiskraft an. Eine ganz andere Frage ist freilich die, ob wegen dieses Sonderfalles denkbarer Beweisnot die Formzwecke Inhaltsklarheit und Beweissicherung allgemein zu einem rechtfertigenden Grund für die Erstreckung der Form des Hauptvertrages auf den Vorvertrag erhoben werden sollten. Dies wird angesichts der grundlegenden Bedeutung der Formfreiheit, von der abgewichen werden soll, wohl zu verneinen sein. Die herrschende Meinung[41] stellt sich nach alledem im Ergebnis zurecht auf den Standpunkt, daß die Beweisfunktion als Begründung für die Formbedürftigkeit eines Vorvertrages nicht ausreicht[42].

bb) Abschlußklarheit, Abgrenzung zu anderen Rechtsinstituten

Ähnliches könnte für die Abschlußklarheit[43] gelten. Ist erst einmal der Hauptvertrag formwirksam abgeschlossen, verschwenden die Beteiligten in der Regel keinen Gedanken mehr daran, ob der Vorvertrag wirksam zustandekam. Der spätere Abschluß überholt den früheren und macht diesen regelmäßig bedeutungslos[44].

Abschlußklarheit tut freilich not, wenn ein formgerechter Hauptvertrag noch nicht existiert und zu klären ist, mit welcher Verbindlichkeit die Parteien bislang kommuniziert haben. In diesem Fall ist zwischen zahlreichen

---

40 Vgl. Heinrich, S. 155.
41 Für sie steht etwa Erman-Hefermehl, Vor § 145, Rz. 40 (allerdings wie fast alle ohne Begründung).
42 A.A. ist Fikentscher, Rz. 784, der § 566 BGB auch auf den Mietvorvertrag anwenden will, weil dies wegen der Klarheit und der Beweissicherung im Interesse der Parteien liege; auch für Eisenhardt, Rz. 97, reicht die Beweisfunktion aus.
43 Vgl. oben C I 2 (S. 18).
44 Nach Staudinger-Dilcher, Vorb. zu §§ 145 ff., Rz. 44 wird der (ungültige) Vorvertrag durch (wirksamen) Abschluß des Hauptvertrages "gegenstandslos"; hingegen tritt keine Heilung ein, vgl. BGH DB 1961, 469, was z.B. Larenz I, § 7 I (S.88) anders sieht.

Kommunikationsstufen und Formen abzugrenzen, wobei die Schriftform hilfreiches Abgrenzungskriterium sein könnte:

Zu unterscheiden ist zunächst zwischen Vorvertrag und Vorverhandlungen. Aus letzterem folgen, anders als aus dem Vorvertrag, noch keine Vertragspflichten, sondern allenfalls beiderseitige Sorgfaltspflichten aus einem vertragsähnlichen Vertrauensverhältnis[45]. Etwaige Unklarheiten darüber, ob bereits das eine (ein Vorvertrag) oder noch das andere (unverbindliche Vorverhandlungen) vorliegt, würde die Formbedürftigkeit des Vorvertrages sicher beseitigen. Das scheint umso dringlicher, als im Zweifel nicht anzunehmen sein dürfte, daß ein Vorvertrag abgeschlossen werden sollte[46]. Das ergibt sich aus dem typischen Geschäftsverhalten der Parteien, das der BGH[47] treffend wie folgt umschreibt: "Vertragsverhandlungen, die zu einem endgültigen Abschluß führen sollen, sehen in der Regel erst dann eine rechtsgeschäftliche Bindung vor, wenn der in Aussicht genommene Vertrag nach Einigung über alle Einzelheiten abschlußreif ist. Die Annahme eines Vorvertrags ist daher nur gerechtfertigt, wenn besondere Umstände darauf schließen lassen, daß die Parteien sich – ausnahmsweise – schon binden wollten, bevor sie alle Vertragspunkte abschließend geregelt hatten ... ". So gesehen wäre die Schriftform also ein "besonderer Umstand" im Sinne der Abgrenzungsrechtsprechung, an dem die von normalen Geschäftsgebaren abweichende Existenz eines Vorvertrags festgemacht werden könnte. Die Schriftform hätte mit anderen Worten sinnvolle Unterscheidungs- bzw. Typisierungsfunktion.

Den gleichen Vorteil brächte die Schriftform, wenn es zwischen dem Vorvertrag und einer bloßen Absichtserklärung in Gestalt einer rechtlich nicht verbindlichen Fixierung der Verhandlungsposition einer Partei[48] abzugrenzen gälte. Mit der Schriftlichkeit käme zum Ausdruck, daß ein Verbindlichkeiten begründender Rechtsakt bereits vollendet ist, die mögliche Vollendung nicht erst vorbereitet wird. In gleichem Maße, wie die Schriftform zur besseren Unterscheidbarkeit beiträgt, erschwert sie allerdings diese, soweit zwischen Vor- und Hauptvertrag abzugrenzen und insbesondere zweifelhaft ist, ob die Sache nach den Vorstellungen der Parteien zum Abschluß des eigentlichen, auf den angestrebten Zweck selbst gerichteten Vertrags aus irgendeinem rechtlichen oder tatsächlichen Grund noch nicht reif erschien oder die Parteien bereits unmittelbar und endgültig den beabsichtigten wirtschaftlichen

---

45 Vgl. dazu Palandt-Heinrichs, Einf. vor § 145, Rz. 18.
46 Vgl. Müko-Kramer, Vor § 145, Rz. 35.
47 Siehe BGH NJW 1980, 1577, 1578.
48 So z.B. ein sog. Letter of Intent, vgl. Palandt-Heinrichs, Einf. vor § 145, Rz. 21 m.w.N.; Müko-Kramer, vor § 145, Rz. 34.

Erfolg herbeiführen wollten[49]. Hier fiele die Unterscheidung meist leichter, wenn sich zusätzlich aus der Form auf den Inhalt schließen ließe, nämlich dadurch, daß die Einhaltung der Schriftform für den Abschluß des Hauptvertrages spräche. Wegen des aufgezeigten Nachteils kann schon der Nutzen der Unterscheidungs- bzw. Typisierungsfunktion der Form des Vorvertrages bezweifelt werden.

Indes dürften die Sachverhalte, in denen die Wirkungen des Vorvertrages nicht von einem späteren formwirksamen Hauptvertrag abgelöst (und damit gegenstandslos) werden und in denen es deshalb auf die Klarheit des Abschlusses des Vorvertrags ankommt, ohnehin die eher seltene Ausnahme bleiben. Auch in der Herbeiführung von Abschlußklarheit wird man somit letztlich keinen Grund erblicken dürfen, der eine Abweichung vom hochrangigen Prinzip der Formfreiheit rechtfertigen könnte.

cc) Entlastung der Gerichte und Kontrolle durch Behörden

Nichts anderes läßt sich im Ergebnis für die Formzwecke Entlastung der Rechtspflege und Kontrolle des Vertragsinhalts durch die Behörden sagen. Prozesse, die Streitigkeiten aus bzw. um einen Vorvertrag zum Gegenstand haben, sind, im Verhältnis gesehen, nicht sehr häufig[50]. Es wirkt sich deshalb kaum entlastend aus, wenn das Gericht den Inhalt des Vorvertrages ohne aufwendige Zeugenvernehmung bereits aus dem schriftlich Fixierten sicher und vollständig ersehen kann. Für die Kontrolle des Vertragsinhalts durch Behörden ist überdies nicht der Vor-, sondern der spätere Hauptvertrag maßgeblicher Ansatzpunkt: So wird sich z.B. das Finanzamt wegen der steuerlichen Folgen einer Vertragsgestaltung an dem endgültigen und meist konkreteren Hauptvertrag orientieren, der insbesondere größeren Aufschluß über etwaige Umgehungstatbestände (vgl. § 42 AO: "Mißbrauch von rechtlichen Gestaltungsmöglichkeiten") vermittelt. Aber auch bei der Verfolgung von Wuchertatbeständen (z. B. Mietwucher, § 302 a StGB) kommt es in erster Linie auf den Inhalt des Hauptvertrages an, der Grundlage für die tatsächliche, möglicherweise beanstandungswürdige, "Ausbeutung" der unterlegenen Vertragspartei ist.

---

49 So die von vielen übernommene Abgrenzungsformel von Henrich, S. 115; vgl. Larenz I, § 7 I (S.86).
50 So ist z.B. im Jahrgang 1991 der ZMR nicht ein Urteil angeführt, das sich mit einem Mietvorvertrag beschäftigte.

dd) Übereilungsschutz

Durch den Abschluß eines Vorvertrages bindet sich mindestens eine Partei mittelbar dahin, daß sie den Abschluß des in Aussicht genommenen Hauptvertrages nicht mehr verweigern darf, wenn die andere Partei dies begehrt[51]. Damit hat sich der aus dem Vorvertrag Verpflichtete aber bereits unmittelbar seiner Entschließungsfreiheit begeben[52]. Unter Umständen weitreichende Risiken werden auf diese Weise auf den Vorvertrag vorverlagert; sie sind insbesondere nicht mehr dadurch rückgängig zu machen, daß beim späteren Abschluß des Hauptvertrages die Schriftform beachtet wird. Die, etwa durch fachmännische Beratung geschaffene, Einsicht des vorvertraglich Verpflichteten in die Tragweite des Geschäfts käme dann zu spät.

Mit der durch Formlosigkeit des Vorvertrags herbeigeführten Schutzlosigkeit des Verpflichteten wäre die für den Hauptvertrag einzuhaltende Schriftform damit im Ergebnis entwertet. Sie könnte vor allem zum Nachteil geschäftsunerfahrener Personen umgangen werden, was im Einzelfall Zustände hervorbringen kann, die von der Rechtsordnung als unerträglich empfunden (und verhindert) werden müssen[53]. Mit Recht entspricht es deshalb allgemeiner Ansicht, daß jedenfalls der Übereilungsschutz (die Warnfunktion) einen Formzweck darstellt, der die Übertragung von Formerfordernissen zum Hauptvertrag auf den Vorvertrag (und damit eine gesetzlich nicht fixierte Abweichung vom Grundsatz der Formfreiheit) rechtfertigt[54].

d) Zwischenergebnis: Die Dominanz des Übereilungsschutzes

Die Betrachtungen in 1) haben gezeigt, daß zwar zahlreiche der mit der Schriftform allgemein verfolgten Zwecke auch beim Vorvertrag nützlich und wünschenswert sein können. Insgesamt ist ihre Bedeutung dort aber so gering, daß sie eine (gesetzlich nicht ausdrücklich vorgeschriebene) Ausnahme vom Grundsatz der Formfreiheit nicht rechtfertigen. Etwas anderes gilt nur für den Übereilungsschutz (Warnung, fachmännische Beratung); immer dann, wenn der vorvertraglich Verpflichtete durch Umgehung des Formzwangs vor

---

51 Vgl. z.B. BGHZ 102, 384, 388.
52 Ähnlich wohl Larenz I, § 7 I (S. 85).
53 Diese Entrüstung läßt sich schon in der kurz nach der Jahrhundertwende ergangenen Rechtsprechung wiederfinden, vgl. z.B. OLG Hamburg (Beschluß vom 2.3.1901 in: Rspr. d. OLG, 2. Bd., 1901/I, S. 482) und OLG Kiel (SeuffArchiv 58 Nr. 93); vgl. hierzu aus der aktuellen Literatur etwa Eisenhardt, Rz. 97.
54 Vgl. statt vieler aus der Rechtsprechung: BGH NJW 1973, 1839; aus der Literatur: Erman-Hefermehl, Vor § 145, Rz. 40.

übereilter Bindung nicht geschützt wäre, erstrecken sich die für den Hauptvertrag geltenden Formvorschriften auch auf den Vorvertrag[55].

2) Die Formbedürftigkeit des Mietvorvertrags im besonderen

Die Betrachtungen zur Formbedürftigkeit von Vorverträgen im allgemeinen lassen sich auf den Mietvorvertrag im besonderen übertragen. Freilich sind dabei etwaige Besonderheiten des § 566 BGB, insbesondere die Ansicht des RG[56], die Rechtsfolge des § 566 Satz BGB passe gar nicht auf Mietvorverträge, zu beachten.

a) Der/die Formzwang rechtfertigende(n) Zweck(e) des § 566 BGB

Läge der Zweck der Vorschrift des § 566 BGB allein in der sicheren und vollständigen Information des Grundstückserwerbers, der gemäß § 571 BGB in das Mietverhältnis eintreten muß, hätte sie also nur Außen-, nicht aber Innenwirkung, würde dies nach dem in 1) gewonnen Ergebnis für die Erstreckung des Formzwangs auf den Mietvorvertrag nicht genügen. Daß § 566 BGB über § 571 BGB hinaus Bedeutung (vor allem auch Warnfunktion) hat, wurde freilich bereits ausführlich aufgezeigt[57].

Insbesondere wurde schon in C II 1) dargelegt, daß der Gesetzgeber der Formvorschrift in § 566 BGB Übereilungsschutz zudachte. Die Gesetzgebungsgeschichte[58] läßt daran keinen Zweifel. Die Schriftform wurde nämlich auch deshalb als gerechtfertigt erachtet, weil ein Grundstück durch einen langfristigen Mietvertrag weit mehr belastet werden könne wie durch dingliche, im Grundbuch eingetragene Nutzungsrechte. Stellt man allein auf die historische Interpretation ab, wäre es notwendig und gerechtfertigt, § 566 BGB auch auf Mietvorverträge anzuwenden.

Nichts anderes ergibt sich bei Betrachtung des objektiven (zeitgerechten) Gesetzeszwecks. Zwar mag bei Abschluß langfristiger Wohnraummietverträge die Kommunikationssituation so sein, daß die Schriftform de facto keine Warnfunktion mehr hat, weil fast alle Verträge wie selbstverständlich unter Zuhilfenahme weitverbreiteter Vertragsformulare geschlossen werden, ohne daß die Parteien nennenswertes Bewußtsein für die dem langfristigen Miet-

---

55 H.M., vgl. z.B. Müko-Kramer, vor § 145, Rz. 38; großzügiger offenbar Fikentscher, Rz. 784.
56 Vgl. RGZ 86, 30, 34 f.
57 Vgl. oben C (S. 35 ff.).
58 Protokolle II, S. 156.

vertrag vom Gesetzgeber zugedachte Besonderheit entwickeln[59]. Bei Abschluß von gewerblichen Mietverträgen mit langer Laufzeit besteht jedoch wegen meist hoher Verpflichtungsvolumina und komplizierten Vertragsgestaltungen regelmäßig starkes Bedüfnis nach Übereilungsschutz und fachmännischer, d.h. juristischer und/oder steuerlicher, Beratung[60].

Nach heutigem Normverständnis wäre § 566 BGB danach nur auf gewerbliche Mietvorverträge anwendbar. Da § 566 BGB nicht zwischen Wohnraum- und gewerblichen Mietverträgen differenziert und deshalb Gleichbehandlung im Interesse der Rechtsklarheit geboten ist, stellt sich folglich die Frage, ob der auf die Vermietung von Wohnraum gerichtete Vorvertrag das Schicksal langfristiger gewerblicher Mietvorverträge teilen soll (oder umgekehrt). Dies wird zu bejahen sein: Zwar ließe sich insoweit noch vertretbar argumentieren, das Prinzip der Formfreiheit sei dermaßen hochrangig, daß Sachverhaltsgruppen, bei denen sich das nicht rechtfertige, nicht ohne besondere Not einem Formzwang unterworfen werden dürften. Andererseits hat sich aber der Wille des Gesetzgebers, den Vermieter vor übereilten (hier obligatorischen) Grundstücksbelastungen zu schützen, ohne Einschränkung auf gewerbliche Mietverhältnisse im Gesetz "verewigt". Diese Wertung ist durch den modernen Rechtsverkehr nicht obsolet bzw. unhaltbar geworden, weshalb ihr weiterhin Verbindlichkeit zukommt. Im übrigen würde eine Formvorschrift, die entgegen ihrem Wortlaut im Bereich der Wohnraummiete keine Anwendung fände, einen nicht unerheblichen Teil der ihr gebührenden Aufmerksamkeit auch dort verlieren, wo Vernachlässigung nicht angebracht ist.

Für eine Priviligierung von Wohnraummietvorverträgen besteht somit kein Anlaß. Die Sinninterpretation spricht nach alledem für eine Erstreckung der Schriftform des § 566 BGB auf Mietvorverträge, und zwar ohne Differenzierung zwischen Wohnraum- und Gewerbemietverträgen[61].

b) Bedenken wegen der Rechtsfolge in § 566 Satz 2 BGB

Nach § 566 Satz 2 gilt der formunwirksame langfristige Mietvertrag als auf unbestimmte Zeit, mindestens aber für die Dauer von einem Jahr, geschlossen. Das RG[62] vertrat die Ansicht, daß diese "vorübergehende Wirksamkeit" nicht zum Mietvorvertrag passe. Dieses Argument scheint auf den ersten Blick einleuchtend: Mit Abschluß des Mietvorvertrages verpflichtet sich mindestens eine Partei, später einen Hauptvertrag abzuschließen. Diese Ver-

---

59 Vgl. dazu oben C II 4 b.) a.E.
60 Siehe dazu C II 4 b.)
61 Im Ergebnis z.B. ebenso: Fikentscher, Rz. 784.
62 Vgl. RGZ 86, 30, 34 f.

pflichtung als solche ist keine "vorübergehende", für die die Fiktion in § 566 Satz 2 BGB Sinn machen könnte.

Näher betrachtet verliert dieses Argument allerdings an Stichhaltigkeit. Aus dem Vorvertrag resultiert regelmäßig nicht nur die Pflicht, überhaupt einen Hauptvertrag abzuschließen, sondern darüber hinaus die Verpflichtung, in einen bestimmten, bereits vorgegebenen Inhalt des Hauptvertrages einzuwilligen[63]. So gesehen läßt sich die Fiktion des § 566 Satz 2 BGB sinnvoll in der Weise auf Mietvorverträge übertragen, daß die Verpflichtung zum Abschluß des Hauptvertrages als solche unberührt bleibt, diese Verpflichtung sich aber im Falle eines Formmangels nicht auf eine längerfristige Bindung erstreckt. Oder als Merkformel ausgedrückt: Der formunwirksame Mietvorvertrag verpflichtet lediglich zum Abschluß eines kurzfristigen Hauptmietvertrages.

Das RG verkennt im übrigen, daß § 566 BGB wegen der Selbständigkeit des Vorvertrages nicht direkt, sondern lediglich entsprechend bzw. analog angewandt werden soll. Die Analogie ist nicht darauf begrenzt, die Rechtsfolge der entsprechend anzuwendenden Norm ohne jede Modifikation zu übernehmen[64]. Andernfalls wäre beispielsweise nicht vorstellbar, wie die positive Vertragsverletzung aus einer analogen Anwendung des § 276 BGB, der selbst keine Anspruchsgrundlage enthält, hergeleitet werden könnte[65]. Die Analogie versteht sich vielmehr als die von einem geltenden Rechtssatz ausgehende Auffindung eines neuen Rechtssatzes, der sich – wertend betrachtet – aus der Ähnlichkeit rechtfertigt[66]. Innerhalb dieses Rahmens hält sich die entsprechende Anwendung des § 566 BGB dergestalt, daß aus einem formunwirksamen Mietvorvertrag keine Verpflichtung zum Abschluß eines langfristigen Hauptmietvertrags enstehen kann.

III. Der Lösungsansatz von Heile

Heile[67] nimmt die Änderung in der Rechtsprechung des BGH[68], wonach § 566 BGB über § 571 BGB hinaus Bedeutung habe, als Anlaß für eine Neubegründung der herrschenden Meinung. Da seine Ergebnisse denen dieser Abhandlung trotz ähnlicher Ansätze widersprechen, sei auf seine Argumentation besonders eingegangen.

---

63 Vgl. Staudinger-Dilcher, Vorb. zu §§ 145 ff., Rz. 42.
64 Zur Analogiefähigkeit von Formvorschriften: Köbl, DNotZ 1983, 207, 213.
65 Vgl. hierzu Baumann, S. 112.
66 Vgl. Nachweise bei Baumann, S. 112f.
67 Heile S.7 ff.
68 BGHZ 81, 46 ff.

Heile erkennt zunächst an, daß Erwerberschutz nicht der einzige Zweck des § 566 BGB sei. Kongruenz zu der hier vertretenen Auffassung besteht ferner in dem dogmatischen Ansatz, daß sich nach dem Zweck der Formvorschrift bestimmt, ob sie auch auf Mietvorverträge anzuwenden ist[69], und daß Warnfunktion der Norm deren Anwendbarkeit rechtfertigen würde[70]. Heile meint allerdings, gleich drei Argumente gegen die Formbedürftigkeit von Mietvorverträgen vorbringen zu können: Erstens soll sich den Motiven des Gesetzgebers nicht entnehmen lassen, daß auch Übereilungsschutz bezweckt sei, und der BGH[71] habe dies ebenfalls ausdrücklich verneint. Zweitens sei der Schutz des Vermieters vor Übereilung insbesondere bei Wohnraummietverhältnissen übertrieben und nicht zeitgerecht. Schließlich bleibe der Erwerberschutz Hauptzweck des § 566 BGB und etwaige weitergehende Schutzzwecke seien – wie das Wertungsgefüge des Mietrechts zeige – daneben eine zu vernachlässigender Annex[72].

Keines dieser Argumente überzeugt. Soweit Heile meint, der Gesetzgeber habe an Übereilungsschutz überhaupt nicht gedacht, verkennt er die Gesetzgebungsgeschichte. Die verantwortliche Gesetzgebungskommission nahm immerhin einen Antrag an, der darauf hinwies, daß ein Grundstück durch längerfristige Mietverträge unter Umständen stärker belastet werde als durch die Bestellung einer "Grundgerechtigkeit", so daß sich auch deshalb die Schriftform rechtfertige[73]. Dies läßt sich nur so deuten, daß der Gesetzgeber gerade auch den Vermieter vor übereilter und darüberhinaus weitreichender Belastung seines Grundstücks außerhalb der Publizität des Grundbuchs schützen wollte[74]. Dieser Gedanke ist heute noch aktuell, denn nach wie vor können langfristige Mietverträge eine größere Grundstücksbelastung darstellen, wie sie z.B. eine Grunddienstbarkeit, die ein Geh- und Fahrrecht über eine Freifläche begründet, jemals als Einschränkung seiner Dispostionsfreiheit für den Eigentümer mit sich bringen könnte.

Es mag zwar sein, daß ein Vermieter von Wohnraum, der wegen der Knappheit von Wohnungen den Inhalt des Mietvertrags weitgehend diktieren kann, eine derart starke Verhandlungsposition innehat, daß ihn vor Übereilung zu schützen als "weltfremd" erscheinen könnte[75]. Mehr als vor der langen Laufzeit müßte der Vermieter in diesem Falle wohl vor dem gesetzlichen Kündigungsschutz (vgl. § 564 b BGB) gewarnt werden, der oft die Auflösung

---

69 Heile S. 9.
70 Heile S. 10.
71 Vgl. BGH LM Nrn. 1 und 6 zu § 566 BGB.
72 Heile S. 9 ff.
73 Protokolle II, 156; vgl. auch oben S. 27.
74 So gedeutet z.B. auch von Häsemeyer, S. 35.
75 So wörtlich Heile, S. 11; in diese Richtung argumentiert auch Henrich, S. 154 f.

des Mietvertrags unabhängig von dessen Lang- oder Kurzfristigkeit unmöglich macht. Dies gilt freilich nicht für gewerbliche Mietverträge über Grundstücke und Räume, bei denen das langfristige Nutzungsrecht des Mieters schlimmstenfalls zur Unverkäuflichkeit bzw. unangemessenen Verwertbarkeit der Immobilie führen kann. Hier Übereilungsschutz zuzubilligen, widerspricht auch nicht dem Wertungsgefüge des Schuld- und Mietrechts im übrigen, wie Heile meint[76]. Zwar können langjährige Nutzungsverträge über bewegliche Sachen, z.B. im Rahmen des Leasings wertvoller Anlagen und Geräte, ebenfalls große wirtschaftliche Bedeutung haben, ohne daß sie der gesetzlichen Schriftform unterworfen wurden. Die Disposition über bewegliche Sachen ist vom Gesetzgeber aber grundlegend insoweit privilegiert worden, als sie außerhalb des Grundbuchs unter erleichterten Bedingungen vollziehen läßt, weshalb etwa beim Anlagenleasing der Vergleich mit der Belastung im Grundbuch, den der Gesetzgeber bei § 566 BGB für Immobilien angestellt hat, von vornherein nicht in Betracht kommt. Berücksichtigt man diese unterschiedliche Behandlung von unbeweglichen und beweglichen Sachen, dann stimmt die Warnung des Vermieters von Grundstücken und Räumen gerade mit dem Wertungsgefüge des Schuld- und Sachenrechts überein.

Schließlich ist unstimmig, wenn die Zwecke des § 566 BGB, die über § 571 BGB hinaus gehen, einerseits nach Ansicht des BGH[77] so gewichtig sein sollen, daß sie die Anwendung der Formvorschrift auf Untermietverträge rechtfertigen, andererseits jedoch dann, wenn es um die Anwendbarkeit auf Mietvorverträge geht, neben dem Erwerberschutz keine durchschlagende Bedeutung haben sollen. Heiles Argumentation ist deshalb vor allem inkonsequent.

IV. Zusammenfassendes Ergebnis

Die vorstehenden Betrachtungen haben gezeigt, daß zwar bei der Ausweitung des für den Hauptvertrag geltenden Formzwangs auf den Vorvertrag wegen der hervorragenden Bedeutung der Formfreiheit für die Privatautonomie im allgemeinen Zurückhaltung geboten ist, die Vorschrift in § 566 BGB im besonderen aber eine Ausnahme rechtfertigt, weil sie neben anderen Dingen auch Übereilungsschutz bezweckt und dieser Zweck nicht vernachlässigt werden darf. Die besondere Rechtsfolge in § 566 Satz 2 BGB, die fiktiv eine "vorübergehende Wirksamkeit" anordnet, steht der analogen Anwendung auf Mietvorverträge nicht entgegen, wenn die Formunwirksamkeit eines Miet-

---

76 Heile, S. 11.
77 Vgl. BGHZ 81, 46 ff.

vorvertrags dazu führt, daß aus ihm lediglich der Abschluß eines kurzfristigen ("vorübergehenden") Hauptmietvertrags gefordert werden kann.

Die herrschende Meinung, wonach § 566 BGB wegen angeblicher Zweckbeschränkung auf den Erwerberschutz nicht auf Mietvorverträge erstreckt werden dürfe und die keinen weiteren Grund für ihre Zurückhaltung zu nennen vermag, sollte danach ganz aufgegeben werden[78]. Die läßt sich insbesondere auch nicht mit den neuen Argumenten von Heile stützen.

---

[78] Ebenso wohl die in Fußn. 19 und 20 Genannten.

E. Anforderungen an die Schriftform

I. Divergenz zwischen Theorie und Praxis

1) Die Notwendigkeit strenger Anforderungen

Wie in Abschnitt C aufgezeigt[1], verfolgt § 566 BGB zahlreiche mehr oder weniger wichtige Aufgaben, insbesondere auch die allgemeinen Formzwecke Inhaltsklarheit, Beweissicherung, Übereilungsschutz, Kontrolle und Entlastung der Gerichte. Schon diese Zweckvielfalt legt nahe, an die Schriftform strenge Anforderungen zu stellen. Die Form muß alle ihre Aufgaben gleichermaßen zuverlässig erfüllen können. Nichts anderes ergäbe sich aber auch, wenn man den Zweck der Vorschrift allein in dem Schutz des Grundstückserwerbers sähe: Es muß gewährleistet sein, daß dieser sich anhand der ihm vorgelegte(n) Urkunde(n) vollständig und zuverlässig über den Inhalt des Mietverhältnisses, in das er mit allen Rechten und Pflichten eintreten soll, informieren kann. Die Schriftform darf deshalb keinesfalls allzu "locker" gehandhabt werden[2].

Die Schriftformstrenge ist keine Besonderheit des § 566 BGB; sie gilt vielmehr für die gesetzliche Schriftform (§ 126 BGB) überhaupt[3]. Ihr entspringt der schon vom RG[4] vertretene und vom BGH[5] bestätigte Grundsatz, daß zwischen mehreren Schriftstücken, die das Vertragswerk bilden sollen, durch körperliche Verbindung eine Urkundeneinheit herzustellen ist (Prinzip der Einheitlichkeit der Urkunde) und verbale Bezugnahmen zwischen diesen Schriftstücken ohne körperliche Beifügung derselben verboten sind (sog. Bezugnahmeverbot[6]).

2) Unbedachtsamkeiten des modernen Rechtsverkehrs

Die Notwendigkeit der Herstellung einer Urkundeneinheit wird vom modernen Rechtsverkehr oft nicht beachtet. Bemerkenswert ist beispielsweise, daß über Schreibwarengeschäfte noch heute lose ineinandergeschobene Doppelbögen als Vertragsfomulare ohne den Hinweis auf das Erfordernis einer festen körperlichen Verbindung oder eine entsprechende Empfehlung in großer

---

1 Vgl. C I (S. 35 ff.).
2 Allgemeine Ansicht: vgl. statt aller vieler nur Soergel-Kummer § 566, Rz. 1.
3 Vgl. Palandt-Heinrichs § 126, Rz. 1 ff.
4 Vgl. RGZ 57, 258; RGZ 131, 1.
5 BGHZ 40, 255.
6 Vgl. zur Terminologie etwa Sternel, Kap I, Rz. 199.

Stückzahl vertrieben werden. In der Vertragspraxis fällt ferner auf, daß nicht wenige der abgeschlossenen langfristigen Mietverträge aus einem entweder losen oder leicht lösbaren Bündel von Vertragsformularen, Plänen, Zusatzerklärungen, Aufstellungen und sonstigen Anlagen[7] besteht, d.h. aus mehreren Schriftstücken, von denen unbemerkt – weil ohne feste körperliche Verbindung – einzelne beliebig ausgetauscht werden könnten[8]. Ganz und gar nicht mit den zu stellenden strengen Anforderungen verträgt sich schließlich inhaltlich übereinstimmender Schriftverkehr, den Parteien zum Zwecke des Vertragsschlusses oder nachträglicher Änderungen/Ergänzungen in dem (Irr-) Glauben führen, sie hätten damit alles getan, um den Schriftformerfordernissen zu genügen[9].

Solch unbedachtes Verhalten, das wegen der weitreichenden Rechtsfolge des § 566 Satz 2 BGB erhebliche soziale und finanzielle Risiken in sich birgt, läßt sich nur mit der im modernen Rechtsverkehr offenbar weitverbreiteten laienhaften Vorstellung erklären, die Schriftform sei bereits ausreichend beachtet, wenn das Vereinbarte irgendwie schriftlich (nachlesbar) niedergelegt wird. Der Hinweis auf weitergehende Anforderungen löst dagegen Erstaunen und Unverständnis aus und wird mit dem Argument beantwortet, dann müsse ja der überwiegende Teil der existenten Verträge formunwirksam sein, was nicht sein könne[10]. Die beschriebene Reaktion ist Beleg dafür, daß Formstrenge oft im alltäglichen Umgang mit Mietverträgen eher als störend, übertrieben mühsam und als unnötige Förmelei empfunden wird.

Das Auseinanderklaffen von (strenger) Theorie und (lockerer) Praxis gibt Spielraum und Ansatzpunkt für offene Korrekturen der Formstrenge, scheut der Jurist doch den an eine strenge Interpretation gesetzlicher Formvorschriften leicht anknüpfbaren Vorwurf "ängstlicher Buchstabenjurisprudenz"[11]. Eine institutionalisierte Korrektur der strengen Form stellt die sog. Auflockerungsrechtsprechung des BGH[12] dar, die wohl in der Einsicht, ein Weniger an Formstrenge sei jedenfalls bei Abschluß von Nachtragsvereinbarungen zum Mietvertrag ein unabweisbares "praktisches Bedürfnis"[13], gründet. Mit seiner für bestimmte Geschäfte großzügigen Sichtweise verbreitet der BGH aber auch Rechtsunsicherheit, soweit die Langfristigkeit eines Mietverhältnisses

---

7 Vgl. z.B. hierzu die in Anhang 4 beigefügten Anlagenmuster.
8 Vgl. ausführlicher zu den Mißständen in der Praxis Schlemminger, NJW 1992, 2249.
9 Vgl. Nachweise bei Palandt-Heinrichs § 126, Rz. 12.
10 So die Erfahrung aus einigen Mietprozessen: AG Frankfurt Az.: 33 C 1182/90-67 und AG Frankfurt Az.: 33 C 1533/90-31 (jeweils unveröffentlicht).
11 So hat z.B. Lindemann,Das Recht 1913, 413, 419, die anfänglich weitherzige Auslegung des § 126 BGB durch das RG erklärt.
12 Vgl. z.B. NJW-RR 1988, 201.
13 Vgl. etwa für Verlängerungsverträge BGHZ 42, 333, 339.

unter Umständen allein davon abhängen soll, ob eine Vereinbarung als privilegierter Nachtrag oder als Teil eines ganz neuen Vertrags bzw. des Ursprungsvertrags anzusehen ist, den die Formstrenge mit vollem Gewicht trifft, oder soweit sich durch sie problematisiert, welche Auswirkungen die Formunwirksamkeit eines Nachtrags für das Vertragswerk insgesamt hat.

Formfehler bei der schriftlichen Abfassung des Vertragstexts und der Unterzeichnung sind verhältnismäßig selten[14]. Wegen ihrer hohen Fehleranfälligkeit steht die Herstellung der Urkundeneinheit im Mittelpunkt der Diskussion. Nachfolgend soll deshalb unter Betonung der besonderen und allgemeinen Zwecke des § 566 BGB kritisch überprüft werden, ob der vom BGH eingeschlagene Weg (grundsätzliche Notwendigkeit einer festen körperlichen Verbindung; Auflockerungen für Nachträge) der Richtige ist. Das bedingt die – auch von der Literatur[15] übernommene – Unterscheidung zwischen Nachträgen und dem übrigen Vertragswerk.

II. Terminologie der Vertragsbestandteile

In der Diskussion werden die Begriffe "(Vertrags-)Urkunde", "Schriftstück", "Zusatz" und "Nachtrag" häufig mit divergierendem Verständnis, z.B. auch synonym, gebraucht. Bei RGRK[16] wird beispielsweise abwechselnd von "Urkunde" und "Schriftstück" im gleichen Zusammenhang gesprochen. Aus den Ausführungen von Hefermehl[17] läßt sich – so ein weiteres Beispiel – nicht erkennen, ob ein loses Blatt oder ein loser Doppelbogen bereits ein eigenes "Schriftstück" oder nur einzelner Bestandteil eines solchen ist. Hart[18] verwendet sogar den Begriff "Einheitlichkeit des anzufertigenden Schriftstücks" als Synonym für die "Urkundeneinheit".

Derartige Unterschiede in der Terminologie führen zwangsläufig zu Unklarheiten und Mißverständnissen. Ihnen soll – die Untersuchung einleitend – zunächst mit eindeutigen Begriffsbestimmungen vorgebeugt werden:

Unter *Urkunde* ist nachfolgend der Inbegriff aller Einzelschriftstücke zu verstehen, die zusammengehörig in sich abgeschlossene schriftliche Erklä-

---

14 Gelegentlich kommt noch vor, daß Zusätze unter die den Vertragstext räumlich abschließenden Unterschriften aufgebracht, aber nicht erneut unterschrieben werden; vgl. zu dieser und ähnlichen Fehlerquellen: Palandt-Heinrichs § 126, Rz. 5.
15 Vgl. z.B. Erman-Schopp § 566, Rz. 5 f.
16 BGB-RGRK-Krüger/Nieland § 126, Rz. 7.
17 Soergel-Hefermehl § 126, Rz. 4.
18 AK-BGB-Hart § 126, Rz. 5.

rungen ("mit dem Gesichtssinn wahrnehmbare Gedankenäußerungen"[19]) der Parteien enthalten. Urkunden in diesem Sinne können sein: Die *Ursprungsurkunde* (zugleich auch *Haupturkunde* genannt[20]), die den hauptsächlichen Vertragstext beinhaltet und mit den Unterschriften der Parteien abschließt (der Begriff "*Ursprungs*urkunde" unterscheidet besser zu nachträglichen Abreden, der Terminus "*Haupt*urkunde" dagegen besser zu Nebenabreden); *Zusatzurkunden*, d.h. solche Urkunden, in denen gleichzeitig mit Abschluß des Hauptvertrages auf einem gesonderten Schriftstück zusätzliche Abreden schriftlich festgehalten und unterzeichnet werden (davon zu unterscheiden ist wiederum der bloße *Zusatz*: eine zusätzliche Anmerkung, die auf den Haupt- oder eine andere Urkunde aufgebracht ist); *Nachtragsurkunden*, in denen nachträglich ergänzende oder den Vertragsinhalt verändernde Vereinbarungen schriftlich fixiert und durch Unterzeichnung der Parteien bestätigt werden.

Ein *Schriftstück* kann dagegen weniger sein. Es setzt lediglich etwas Schriftliches voraus, weshalb es in einem losen, nicht unterzeichneten Blatt (z.B. aus einer beliebigen Seite der als Anlage beigefügten Allgemeinen Mietbedingungen oder einer einseitigen Skizze) bestehen kann.

Mit dem Begriff *Urkundeneinheit* (Einheitlichkeit der Urkunde) wird die Gesamtheit des schriftlich abgefaßten Vertragswerks umschrieben[21]. Wurde nur eine Urkunde errichtet, bildet diese zugleich auch die Einheit. Existieren hingegen mehrere zusammengehörige Urkunden, beispielsweise eine Haupturkunde und eine gleichzeitig errichtete Zusatzurkunde, stellt die Verbindung dieser Urkunden die Urkundeneinheit her. Entsprechendes gilt, wenn die Haupturkunde mit ihr zugehörigen anderen Schriftstücken zusammentrifft.

Zusätze unterscheiden sich von *Nachträgen* dadurch, daß sie gleichzeitig mit dem Abschluß des Hauptvertrags, etwa als Anlage zu diesem, erstellt werden. Diese Unterscheidung wird leider in der Praxis nicht immer eingehalten; dort finden sich oft mit der Überschrift "Zusatz Nr. ..." bezeichnete Urkunden, die erst Jahre nach Vertragsschluß errichtet wurden.

---

19 Vgl. ausführlich zum überwundenen Streit um die Definition des Begriffs "Urkunde": Siegel, AcP 111, 1, 5 ff.
20 So etwa von Larenz AT, § 21 I a 1 (S. 409); vgl. auch BGHZ 40, 255 ff.
21 Ähnlich wohl auch Sternel, Kap I, Rz. 199.

III. Anforderungen an die Einheitlichkeit der Haupt-/Ursprungsurkunde

1) Die (wenigen) Ansätze in § 126 BGB

§ 126 BGB verlangt die Herstellung einer schriftlich abgefaßten Urkunde sowie Unterzeichnung durch die Parteien. Dazu, wie die Urkunde aussehen muß, die aus mehreren Schriftstücken (z.B. mehreren Blättern) besteht, sagt die gesetzliche Bestimmung selbst wenig, weshalb an sie schon früh zahlreiche Streitfragen festgemacht wurden[22]. Ohne die klaren Vorgaben der Rechtsprechung[23], wonach die Unterschriften der Parteien den Urkundentext räumlich abschließen müssen, stünde noch nicht einmal fest, wo die Parteien "auf derselben Urkunde" (vgl. § 126 Abs. 2 BGB) unterzeichnen sollen. Noch weniger läßt sich dem Gesetz entnehmen, was es für die Herstellung der erforderlichen Urkundeneinheit[24] bedarf. Da im Singular von einer (einzigen) Urkunde die Rede und diese für den Rechtsverkehr bestimmt ist, scheint klar, daß die Zusammengehörigkeit mehrerer Schriftstücke und deren Bedeutung als Einheit irgendwie äußerlich ausreichend erkennbar sein muß.

Die Ausgestaltung der Erkennbarkeit im einzelnen blieb allerdings ganz der Rechtsprechung überlassen, die sich – der grundsätzlich Bedeutung Rechnung tragend – in regelmäßigen Abständen immer wieder berufenermaßen dieser Frage annahm. Ansatzpunkt der Untersuchung sind deshalb zunächst die Entwicklungen und Tendenzen in der Rechtsprechung.

2) Entwicklungen in der Rechtsprechung

a) Die Rechtsprechung des Reichsgerichts

In den Anfängen des BGB wurde dem RG zum Teil vorgeworfen, es habe sich immer dann, wenn es um die streitige Interpretation des § 126 BGB gegangen sei, "stets für die weniger strenge Ansicht entschieden"[25]. Zur Form der Bürgschaft hatte das RG[26] freilich schon die allgemeingültige Regel aufgestellt, daß eine Urkunde nur dann der gesetzlichen Schriftform genüge, wenn sie aus sich heraus den Inhalt der abgegebenen Erklärung erkennen lasse; eine Bezugnahme auf eine andere Urkunde sei nur zulässig, falls diese

---

22 Vgl. z.B. aus der Zeit kurz nach Inkrafttreten des BGB: Lindemann, Das Recht 1913, 413 ff.; Siegel, AcP 111, 1, 21 ff.
23 Vgl. BGHZ 113, 48, 51; RGZ 52, 277, 280.
24 Vgl. zu diesem Erfordernis z.B. Palandt-Heinrichs § 126, Rz. 4.
25 So wörtlich Lindemann, Das Recht 1913, 414.
26 Vgl. RGZ 57, 258; RGZ 76, 303.

als Anlage so beigefügt werde, daß beide Urkunden zusammen als Einheit erschienen. Das "Beifügen" wurde in späteren Entscheidungen[27] dahin erläutert, es müsse eine auf Dauer berechnete Verbindung der beiden Urkunden (z.B. durch Nähen, Heften oder Kleben) erfolgen. Der Rechtsprechung des RG wollten allerdings einige entnehmen, es genüge ein "örtliches Verhältnis", z.B. auch die Verwahrung in derselben Akte[28], bzw. die "Übersendung und Einfügung zu einem Aktenstück"[29].

Immer durchgehalten wurde die im Grundsatz strenge Rechtsprechung allerdings nicht. Von ihr abweichend entschied beispielsweise das RG mit Urteil vom 18.12.1923[30] zur Formwirksamkeit eines aus zwei losen Blättern bestehenden langfristigen Pachtvertrags, daß auch eine auf zwei getrennten Blättern niedergeschriebene Urkunde den Formerfordernissen entspreche, wenn auf jedem Blatt (verbal) auf das andere verwiesen sei, dadurch Zweifel an der Zusammengehörigkeit nicht entstehen könnten und die beiderseitigen Unterschriften den gesamten Vertragsinhalt deckten.

Die Rechtsprechung des RG läßt sich wohl dahin zusammenfassen[31], daß die körperliche Vereinigung mehrerer Schriftstücke die Regel, bei unzweifelhaft auf sonstige Weise äußerlich erkennbarer Zusammengehörigkeit aber eine Ausnahme zulässig sein sollte.

b) Die Rechtsprechung des Bundesgerichtshofs

Der BGH setzte die strenge Rechtsprechung des RG fort, indem er zusätzlich an die Beschaffenheit der körperlichen Verbindung besondere Anforderungen stellte[32]. Mit seiner Entscheidung vom 13.11.1963[33], deren Auslegung im Zusammenhang mit Auflockerungen bei Nachträgen noch Schwierigkeiten bereiten wird[34], hob der BGH als Regel hervor, daß es "außer der Bezugnahme im Inhalt der Haupturkunde auf die ergänzenden Urkunden noch einer körperlichen Beifügung dieser Urkunden zur Haupturkunde entsprechend dem Willen der Parteien" bedürfe, die "Einheit der Urkunde ... Wesensmerkmal der Schriftform" sei und eine "bloße gedankliche Verbindung" durch einfache

---

27 Vgl. etwa RGZ 131, 1 (zum Darlehen); RGZ 136, 422 (zur Grundschuldverpfändung); RGZ 148, 349 (zur Hypothekenverpfändung).
28 So z.B. Bockemühl, S. 14.
29 So wörtlich Enneccerus-Nipperdey § 155, Anm. 3.
30 Vgl. RG, Urteil vom 18.12.1923 in: JW 1924, 796f.
31 Weitere Rechtsprechungsnachweise finden sich etwa bei Ganschezian-Finck, ZMR 1973, 129.
32 Vgl. z.B. BGHZ 26, 142; BGH ZMR 1962, 177.
33 BGHZ 40, 255, 262 f.
34 Vgl. unten S. 104 ff.

verbale Bezugnahme in der Haupturkunde nicht ausreichend sei ("Bezugnahmeverbot"[35]). Die vom BGH aufgestellten Regeln sind noch heute fester Bestandteil der Schriftformdogmatik[36].

Vor allem hinsichtlich der an die "körperliche Beifügung" im einzelnen zu stellenden Anforderungen hat der BGH mit seinem Urteil vom 13.11.1963 Maßstäbe gesetzt: Nach seiner Ansicht[37] müssen die in der Haupturkunde in Bezug genommenen Urkunden mit dieser derart verbunden werden, "daß die Auflösung nur durch teilweise Substanzzerstörung möglich, wie dies beim Heften mit Faden oder Anleimen zutrifft, oder die Verbindung doch derart ist, daß sie die als dauernd gewollte Zusammengehörigkeit äußerlich erkennbar macht und ihre Lösung Gewaltanwendung erfordert, z.B. bei der Verbindung mittels Heftmaschine".

Ob und bei welcher Konstellation "geringere Anforderungen an die Erfüllung der Schriftform für die Bezugnahme auf andere Urkunden zu stellen sind", ließ der BGH bewußt offen. Weil der zu entscheidende Fall nichts dazu hergab, äußerte sich der BGH insbesondere nicht zu der Frage, ob und in welchen Fällen die Unterzeichnung der in der Haupturkunde in Bezug genommenen Urkunden durch die Parteien in ausreichendem Maße äußerliche Erkennbarkeit herbeiführen könnte. Diese bewußte Zurückhaltung war immerhin deutliches Signal dafür, daß Ausnahmen von der strengen Regel denkbar seien.

An der Grundhaltung des BGH hat sich bis heute nichts wesentliches geändert. Während sich der BGH in der Zeit nach 1963 in zahlreichen Entscheidungen intensiv und meist bejahend mit etwaigen Auflockerungen der Regel für Nachträge zum Hauptvertrag beschäftigte[38], ergab sich offenbar keine Gelegenheit zu einer die Rechtsprechung fortführenden Behandlung zulässiger Auflockerungen bei der Herstellung der Haupturkunde als solcher. Eine Neigung zur Abkehr von der geforderten "Festigkeit" der körperlichen Verbindung läßt sich möglicherweise aus dem Urteil vom 19.03.1969[39] erkennen, wo der BGH im Zusammenhang mit der Auflockerung bei Nachträgen anmerkte, daß "der moderne Geschäftsverkehr, der zur Arbeitsersparnis zusammengehörige Urkunden in einer gemeinsamen Mappe ablegt oder in Schnellheftern vereinigt, ... ein Heften mit Faden oder Anleimen kaum (sc.: kenne)". Auf jeden Fall ging der BGH schon soweit, daß er auf besonders fe-

---

35 Dieser Begriff hat sich eingebürgert, vgl. statt vieler Sternel, Kap I, Rz. 199.
36 Es gibt keine ausführliche Kommentierung des § 126 BGB, der die Entscheidung BGHZ 40, 255 ff. unerwähnt läßt.
37 Vgl. BGH a.a.O., S. 263 f.
38 Vgl. die Rechtsprechungsübersicht bei Schlemminger, NJW 1992, 2250 f.; ausführlich dazu auch unten E IV 2.
39 Vgl. BGHZ 52, 25, 29 f.

ste Verbindungen wie Heften mit Faden oder Nieten verzichtete und die weniger aufwendige (und weniger feste) Verbindung mit Heftklammern und Klebestreifen ausreichen ließ[40].

Gemessen an der Bedeutung der Schriftformerfordernisse für den Bestand formbedürftiger Rechtsgeschäfte hat die Rechtsprechung des BGH somit noch nicht ausreichend zur Rechtsklarheit und Rechtssicherheit beigetragen. Das macht sich nicht zuletzt bei den Entscheidungen untergeordneter Gerichte negativ bemerkbar.

c) Die Rechtsprechung der Arbeitsgerichte

Auch das BAG läßt letzte Klarheit über die an eine Urkundeneinheit zu stellenden Anforderungen vermissen. Im Jahre 1984 entschied es eher mißverständlich im Zusammenhang mit der Formwirksamkeit einer Wettbewerbsklausel[41], daß die Einheitlichkeit der Urkunde durch Zusammenheften, Numerieren der Blätter, Bezugnahme oder den eindeutigen Sinnzusammenhang des fortlaufenden Textes hergestellt werden könne. Dies deutete zunächst auf eine großzügige Haltung, weil mit dieser Äußerung auf Alternativen zur festen körperlichen Verbindung hingewiesen wurde. Umso widersprüchlicher ist, daß das BAG im Ergebnis dennoch unter Verweis auf die Entscheidung BGHZ 40, 255, 263, eine feste körperliche Verbindung dergestalt forderte, daß diese nur durch teilweise Substanzzerstörung oder mit Gewalt wieder gelöst werden konnte. Läßt sich daraus überhaupt auf den Standpunkt des BAG schließen, wird man wohl Kongruenz mit der Entscheidungspraxis des BGH feststellen müssen.

Tendenziell gleich ist etwa das Urteil des LAG Hamm vom 19.10. 1973[42] einzuordnen. Es ging ebenfalls um ein Wettbewerbsverbot, das zur Anlage des Arbeitsvertrags gemacht, aber nicht unterzeichnet und körperlich beigefügt wurde. Zur Begründung der Formunwirksamkeit führte das LAG an: "... Zwar wird dadurch zwischen dem Arbeitsvertrag und der Anlage mit Wettbewerbsverbot eine innere ("gedankliche") Verbindung hergestellt; es fehlt jedoch, was entscheidend ist, jegliche äußere ("körperliche") Verbindung ...".

---

40 Vgl. BGHZ 42, 333 ff.
41 Vgl. BAG NZA 1985, 429.
42 LAG Hamm, Urteil vom 19.10.1973 in: DB 1974, S. 1532.

d) Die Rechtsprechung der Oberlandesgerichte

In der Vergangenheit erregte das OLG Kiel mit seinem Urteil vom 19.02.1914[43] Aufmerksamkeit. Es hatte über die Wirksamkeit eines privatschriftlich zwischen dem preußischen Eisenbahnfiskus und einem Grundstückseigentümer geschlossenen Grundstückskaufvertrags zu entscheiden und dabei die Formfrage gleich in doppelter Hinsicht zu prüfen: Einmal ging es um die Einhaltung der Form des § 313 BGB, zum anderen um die Formalien des § 176 FGG; Streitpunkt war, ob der dem Protokoll in Bezug genommene, aber nicht als Anlage beigefügte Kaufvertrag wirksam war. Das OLG sah zwar die Voraussetzungen des § 176 FGG nicht erfüllt, weil diese Vorschrift in ihrem Absatz 2 eine Beifügung als Anlage vorsehe; im übrigen schreibe aber das Gesetz (die materielle Formvorschrift) entsprechendes nicht vor, weshalb genüge, wenn sich aus den "bezugnehmenden Worten des Protokolls" klar ersehen lassen, "welche Schrift gemeint ist" und "Über den Gegenstand der Beurkundung keine Zweifel aufkommen" könnten. Offenbar sollte also die klare verbale bzw. gedankliche Bezugnahme regelmäßig zur Herstellung der Urkundeneinheit ausreichend sein.

Mit einer ebenfalls großzügigen Entscheidung hat sich in neuerer Zeit unter den Oberlandesgerichten das OLG Düsseldorf[44] hervorgetan. Es mußte über folgenden Fall urteilen: Die Mietvertragsparteien hatten ihren Willen gleich in drei verschiedenen Urkunden erklärt, die körperlich nicht fest miteinander verbunden waren. Das OLG Düsseldorf räumte zwar ein, daß grundsätzlich am Prinzip der Einheitlichkeit der Urkunde, wie es vom BGH beschrieben sei, festgehalten werden müsse; eine Ausnahme sei aber dort zulässig, wo mehrere Urkunden wechselseitig und eindeutig aufeinander bezogen seien. Dahinter steht der vom OLG Düsseldorf ausdrücklich ausgesprochene Gedanke, daß eine wechselseitige und eindeutige gedankliche Bezugnahme mehrerer Urkunden nicht weniger sicher zusammenhalte, als wenn sie körperlich geheftet wären.

e) Die Rechtsprechung der Amts- und Landgerichte

Die mit Mietsachen zuhauf beschäftigten Tatsachengerichte sind sich in der Beurteilung der Formfrage uneinig und unsicher, was große Rechtsunsicherheit herbeiführt. Das ist umso mißlicher, als das Amtsgericht in Räumungsstreitigkeiten, bei denen Schriftformmängel eine große Rolle spielen können,

---

43 OLG Kiel, Urteil vom 19.2.1914 in: DNotZ 1915, S. 197 ff.
44 OLG Düsseldorf, Urteil vom 9.2.1989 in: MDR 1989, 641.

erste und zugleich vorletzte, das Landgericht letzte Instanz war (vgl. § 23 Nr. 2 a GVG a. F.). Mit Inkrafttreten des neuen Rechtspflegeentlastungsgesetzes vom 11.01.1993[45] wurde jetzt durch eine Änderung des § 23 GVG wieder eine streitwertabhängige Zuständigkeit der Landgerichte eingeführt, die sich möglicherweise positiv auf die Einheitlichkeit der Entscheidungspraxis auswirkt, jedoch auf die Herausgabe von Gewerberaum begrenzt ist. Im Rhein-Main-Gebiet[46] ist der Streitstand zur Zeit etwa folgender:

Das AG Frankfurt[47] entschied in Anlehnung an BGHZ 40, 255, mit zwei Urteilen vom 03.07. und 24.08.1990, das eine ergangen für einen aus lose ineinandergeschobenen Doppelbögen, das andere aus losen Blättern bestehenden Mietvertrag, daß die dauernde Zusammengehörigkeit nur durch feste körperliche Verbindung nach außen dokumentiert werden könne. Eines der beiden Urteile wurde allerdings vom LG Frankfurt[48] deshalb aufgehoben, weil das Zusammenheften mit Faden oder Leim den ungeschulten Rechtsverkehr überfordere und die Einheitlichkeit der Urkunde bereits mit Numerierung der Blätter und fortlaufendem Urkundentext ausreichend dokumentiert sei.

Noch weniger strenge Anforderungen stellt offenbar das LG Hanau. Mit Urteil vom 13.08.1991[49] vertrat es den großzügigen Standpunkt, daß der Schriftform der § 566, 126 BGB auch dann in vollem Umfang entsprochen sei, wenn in einem von beiden Parteien unterzeichneten Mietvertrag verbal bzw. gedanklich auf Anlagen Bezug genommen werde, die ihrerseits fortlaufend numeriert und jeweils gesondert von beiden Parteien unterzeichnet seien. Weil dadurch die Zusammengehörigkeit nach außen ausreichend erkennbar sei, bestehe kein Anlaß, eine körperliche Verbindung der einzelnen Blätter bzw. Anlagen zu fordern.

f) Ursachen der Rechtsunsicherheit

Die beschriebene Rechtsprechung ist augenscheinlich durch unterschiedliche Interpretationen der in BGHZ 40, 255 ff., festgehaltenen Vorgaben geprägt. Das gilt nicht weniger für das Meinungsbild im Schrifttum. Während die einen – dem BGH scheinbar Gehorsam leistend – die Notwendigkeit einer fe-

---

45 Vgl. BGBl 1993 I, S. 50 ff.
46 Dieses Gebiet soll exemplarisch herausgegriffen sein; die Ausdehnung der Untersuchung auf andere Gerichte würde den Rahmen der Bearbeitung sprengen und vermutlich keine anderen Ergebnisse bringen.
47 AG Frankfurt, Urteil vom 3.7.90, Az.: 33 C 1182/90-67 und AG Frankfurt, Urteil vom 24.8.1990, Az.: 33 C 1533/90-31; beide unveröffentlicht.
48 LG Frankfurt, Az.: 2/11 S 388/90; vgl. auch LG Frankfurt in: DWW 1992, 84.
49 LG Hanau, Urteil vom 13.8.1991, Az.: 2 S 164/91.

sten körperlichen Verbindung sehen[50], lassen andere ohne weiteres klare verbale Bezugnahmen oder äußerlich erkennbare Umstände wie fortlaufende Numerierung und fortlaufenden Text genügen[51]. Überschattet wird dieses Dilemma schließlich dadurch, daß bei nicht wenigen Gerichtsentscheidungen der Eindruck verbleibt, daß die Formvorschrift des § 126 BGB nicht "formell aufgefaßt und ausgelegt" wurde, sondern die Vermeidung eines als unbillig empfundenen Ergebnisses im Vordergrund stand[52].

Die dem starken Bedürfnis nach Rechtssicherheit widerstrebende Uneinheitlichkeit ist beklagenswert. Insbesondere ist mißlich, daß der Erfolg der – gar nicht seltenen – auf Schriftformmängel gestützten Räumungsklagen, deren Instanzenzug bisher beim Landgericht endete, von regionalen und meist noch nicht einmal vorhersehbaren Besonderheiten und innerhalb eines Gerichts manchmal sogar vom Geschäftsverteilungsplan abhängt. Schon deshalb muß über klare Vorgaben gründlich nachgedacht werden.

3) Historische Interpretationsvorgaben

a) Verweis auf die Privaturkunde der ZPO

Zu den Vorstellungen des Gesetzgebers über die Erfordernisse der gesetzlichen Schriftform heißt es in den Motiven[53] lediglich:

"Zur Erfüllung der vom Gesetze vorgeschriebenen einfachen Schriftform wird im Wesentlichen mehr nicht erfordert, als daß das aufzunehmende Schriftstück den Voraussetzungen einer nach § 381 der ZPO (sc.: gemeint ist der heutige § 416 ZPO) voll beweisenden Privaturkunde entspricht. Dabei steht nur die Gültigkeit des dieser Form unterworfenen Rechtsgeschäftes in Frage. Welche Beweiskraft einer den aufgestellten Anforderungen im einzelnen Falle nicht entsprechenden Urkunde zukommt, bleibt dahingestellt ...".

Daß der Gesetzgeber auf die Beweisurkunde der ZPO verwies, sich aber gleichzeitig wieder von ihrer Beweiskraft distanzierte, scheint sonderbar. Vermutlich kam es ihm lediglich auf die Klarstellung an, daß es in § 126 BGB ausschließlich um die Formwirksamkeit geht, diese Vorschrift aber über die Beweistauglichkeit eines Schriftstücks im Zivilprozeß nichts aussagt. Die

---

50 Z.B. aus der Literatur: AK-BGB-Hart § 126, Rz. 5; Staudinger-Dilcher § 126, Rz. 10, äußert sich zwar kritisch, deutet die Entscheidung BGHZ 40, 255, 263, aber dahin, daß strenge "Beifügungserfordernisse" gelten.
51 So wohl auch Staudinger-Dilcher § 126 Rz.9.
52 Dies vermutete für die Rechtsprechung des RG schon Lindemann, Das Recht 1913, 419.
53 Vgl. Motive I, S. 184 f.

Parallele wurde also nur zu den Tatbestandsvoraussetzungen und nicht zur Rechtsfolge gezogen.

Der Verweis auf § 416 ZPO bringt keine neuen Erkenntnisse über die an eine Urkundeneinheit zu stellenden Anforderungen. Dort wird die "Urkunde" allgemein als "Verkörperung einer Gedankenäußerung in Schriftzeichen" definiert[54]. Näheres über die Beschaffenheit der Verbindung zwischen mehreren Schriftstücken bleibt jedoch dahingestellt. Dabei stellt sich die Frage bei § 416 ZPO nicht weniger als bei § 126 BGB: Zwar kann das Gericht gemäß § 419 ZPO im Falle erkennbarer "äußerer Mängel" der Urkunde nach freier Überzeugung entscheiden, ob und inwieweit die gesetzlichen Beweisregeln gelten sollen. Dieser Spielraum besteht aber nicht für Formmängel[55]. Das Gericht muß sich also vor Anwendung des § 416 ZPO von der ordnungsgemäßen Beschaffenheit der Privaturkunde, insbesondere der Urkundeneinheit, überzeugen.

b) Abgrenzung zur öffentlichen Beurkundung

In den Motiven findet sich ferner ein Hinweis, wonach die "öffentliche Beurkundung nicht in den Bereich der Regelung (sc.: gemeint ist der Bereich der gesetzlich vorgeschriebenen Schriftform)" hineingezogen werden dürfe; für ein "Vorgehen in diese Richtung liege" grundsätzlich kein "Bedürfnis" vor[56].

Daraus könnte man schließen, der Gesetzgeber habe sich im Rahmen des § 126 BGB völlig vom Recht der öffentlichen Beurkundung distanziert mit der Folge, daß die dort an die Herstellung der Urkundeneinheit zu stellenden Anforderungen bei der einfachen Schriftform gerade nicht gelten sollen. Diese Sichtweise wäre aber voreilig. Als einziger Grund für die Ausklammerung der öffentlichen Beurkundung ergibt sich aus den Motiven: Das "dem Gebiete der freiwilligen Gerichtsbarkeit angehörende Beurkundungswesen" sollte "dem Landesrechte" verbleiben, in das sich der Gesetzgeber nur in wenigen, dann aber ausdrücklich geregelten, Ausnahmefällen einmischen wollte.

Danach wird sich aus den Motiven nicht herleiten lassen, es sei hinsichtlich der Herstellung einer einheitlichen Urkunde streng zwischen der einfachen Schriftform und der öffentlichen Beurkundung zu differenzieren. Auch im übrigen gibt die historische Interpretation für Einzelheiten der Schriftform wenig her.

---

54 Vgl. z.B. Thomas/Putzo, Vorb. § 415, Anm. 1.
55 Vgl. Thomas/Putzo § 419, Anm. 1 a.E.
56 Motive I, S. 186.

4) Die einfache Schriftform im System der Formzwänge

Die einfache Schriftform ist im Vergleich zur öffentlichen Beglaubigung (§ 129 BGB) und notariellen Beurkundung (§ 128 BGB) die mildere Form bzw. ein Weniger. Das ergibt sich bereits aus der Vorschrift in § 126 Abs. 3 BGB, wonach die notarielle Beurkundung ausdrücklich die schriftliche Form substituiert. Auch die öffentliche Beglaubigung soll "ein Mehr" als die einfache Schriftform sein und diese deshalb ersetzen[57]. Die relative Minderwertigkeit der einfachen Schriftform kommt nicht zuletzt auch darin zum Ausdruck, daß für ihre Beachtung – anders als für die Beglaubigungs- oder Beurkundungstätigkeit – nicht notwendigerweise Kosten anfallen[58]. Aus diesem Rangverhältnis könnte möglicherweise – was anhand der Motive nicht gelang (vgl. oben 3) – der generelle Schluß gefolgert werden, die "schwächere" Form sei in jeder Hinsicht auch mit schwächeren Anforderungen an ihre Wahrung verbunden; deshalb dürfe vor allem auch die äußere Erscheinung einer der einfachen Schriftform unterliegenden Urkunde deutlich hinter dem zurückbleiben, was beispielsweise bei der notariellen Beurkundung verlangt werde.

Die Stärke der öffentlichen Beglaubigung macht freilich aus, daß sie über die Schriftform hinaus die Sicherheit gibt, daß der Namensträger auch selbst die Unterschrift geleistet hat[59]. Die notarielle Beurkundung ist deshalb "schärfer" als die einfache Schriftform, weil mit ihr allen Beteiligten fachmännischer Rat für das Rechtsgeschäft im ganzen aufgenötigt wird[60]. Dafür sorgen umfassende, auf die Identität der Beteiligten, die Voraussetzungen und den Inhalt des Rechtsgeschäfts bezogene Prüfungs- und Belehrungspflichten wie etwa die in §§ 10 ff. und 17 ff. BeurkG.

Die aufgezeigten Vorteile der stärkeren Form haben mit der äußeren Gestaltung der Urkundeneinheit jedoch nichts zu tun: Die öffentliche Beglaubigung gibt der die Urkunde abschließenden Unterschrift bessere Qualität, macht aber eine Privaturkunde nicht zu einer beweiskräftigeren öffentlichen Urkunde[61]; mit anderen Worten ändert sie an der Urkundenqualität im Rangsystem der ZPO nichts, so daß nicht einzusehen ist, warum für die äußerliche Gestaltung der mit einfacher Schriftform hergestellten Urkunde weniger strenge Anforderungen zu stellen sein sollen wie an die Herstellung einer öffentlich Beglaubigten. Die notarielle Beurkundung steigert zwar die Urkundenqualität, weil eine öffentliche Urkunde mit der qualitativ hochwertigeren

---

57 Siehe z.B. Baumann, S. 242.
58 Angemerkt auch von Häsemeyer, JuS 1980, 1, 3.
59 Vgl. statt aller nur Palandt-Heinrichs § 129, Rz. 1.
60 Vgl. Häsemeyer, a.a.O.
61 Öffentliche Urkunde im Sinne des § 415 ZPO wird lediglich der Beglaubigungsvermerk.

Beweiswirkung des § 415 ZPO entsteht[62]; diese Qualitätssteigerung gründet aber nicht in der äußerlichen Gestalt der errichteten Urkunde, sondern ausschließlich in dem Umstand, daß eine Amtsperson durch fachmännische Prüfung und Belehrung fördernd mitgewirkt hat[63]. Diese an die Amtsperson geknüpfte Qualitätsförderung allein reicht nicht aus, um mit einer auf Schematisierung beruhenden generalisierenden Betrachtungsweise an die äußere Gestaltung von notariell und nicht amtlich errichteten Urkunden verschieden hohe Anforderungen zu stellen.

Grundsätzliche Gleichbehandlung ist vielmehr auch deshalb geboten, weil erst die Auslegung der besonderen Formvorschrift, die die Beachtung einer bestimmten Geschäftsform vorschreibt, also hier des § 566 BGB, Aufschluß darüber geben kann, was der Gesetzgeber sich erhoffte und auf welche Weise es erreicht werden kann. Darüber läßt sich anhand der Auswahl eines der ihm zur Verfügung stehenden (wenigen) Formtypen allein noch nichts Konkretes sagen. So leuchtet z.B. nicht ohne weiteres ein, daß ein Testament, das weitreichende Folgen hat, eigenhändig geschrieben werden kann und nicht der notariellen Beurkundung bedarf. Statt Generalisierung und Gewichtung nach der Rangstellung des Formtyps im System der Geschäftsformen ist stets auf die vom Gesetzgeber mit der jeweiligen Formvorschrift konkret verfolgten Zweck abzustellen[64].

Aus der Stellung und Bedeutung der einfachen Schriftform im Gefüge des Formsystems läßt sich danach kaum etwas für die zu behandelnde Streitfrage herleiten. Sie verbietet jedenfalls keine vergleichende Betrachtung der äußeren Gestaltung öffentlicher Urkunden.

5) Parallelen zu § 44 BeurkG

a) Die notarielle Handhabung

Nach § 44 BeurkG gelten strenge Anforderungen. Sie verlangen für die Herstellung einer formgerechten notariellen Urkunde, die aus mehreren Blättern besteht, eine feste körperliche Verbindung durch Schnurheftung. Da § 44

---

62 Thomas/Putzo § 415, Anm. 1.
63 A. A. Staudinger-Dilcher § 126, Rz. 10, der bei der Herstellung einer öffentlichen Urkunde auch eine Gewähr für bessere Herstellungstechnik sieht; darauf wird bei der notariellen Handhabung noch einzugehen sein (S. 85).
64 So wohl auch Larenz AT, § 21 I (S. 408), aber in anderem Zusammenhang; anders wohl Häsemeyer, JuS 1980, 1, 3f., der eine Steigerung der Formzwänge in "typisierenden Stufen" erkennen will, was sich aber nicht unbedingt auch auf die äußere Gestaltung beziehen muß.

BeurkG nur eine Sollvorschrift darstellt, ist die Schnurheftung zwar keine gesetzlich zwingende Voraussetzung für die Wirksamkeit der Beurkundung[65]. De facto verbindlich wird sie allerdings über § 29 der Dienstordnung für Notare, wonach jede Urkunde, die mehr als einen Bogen und mehr als ein Blatt umfaßt, ohne Ausnahme zu heften ist. Wollte man diese Praxis als allgemeingültig ansehen und auf die gesetzliche Schriftform unter Berücksichtigung mechanisch-physischer Verbindungsmöglichkeiten des außernotariellen Rechtsverkehrs übertragen, zwänge sich die Schlußfolgerung auf, daß alle Blätter, Bögen und Anlagen, die als wesentliche Bestandteile die Mietvertragsurkunde bilden sollen, zur Wahrung der Schriftform stets z.b. mit einer Heftmaschine zu einer festen körperlichen Einheit zusammengefügt werden müssen. Diese Überlegung findet sich auch in der Entscheidung BGHZ 40, 255, wieder, wenngleich der BGH abschwächend anmerkte, § 28 Abs. 2 der Dienstordnung für Notare habe freilich keine Außenwirkung[66].

b) Übertragbarkeit auf den allgemeinen Rechtsverkehr

Dilcher[67] bestreitet die Vergleichbarkeit der notariellen mit der gewöhnlichen Urkunde und argumentiert, Privaturkunden hätten gegenüber öffentlichen Urkunden deshalb einen geringeren Beweiswert, weil sie geringeren Herstellungsanforderungen unterlägen, und diese nicht allein an der herstellenden Person, sondern auch an der Herstellungstechnik zu bemessen seien.

An dieser Argumentation mag richtig sein, daß der Notar geschäftsmäßig auf die Herstellung der Urkundeneinheit durch die ihm vorgeschriebene feste mechanisch-physische Verbindung eingerichtet ist[68]. Ihm ist in der Regel auch bewußter, daß die Schriftform nicht nur ein schriftliches Abfassen der Erklärungen, sondern darüberhinaus auch noch die Beachtung weiterer Äußerlichkeiten (äußerliche Erkennbarkeit der Zusammengehörigkeit von Schriftstücken) erforderlich ist. Damit endet aber seine Überlegenheit; insbesondere sind die technischen Verfahren zur Herstellung der festen körperlichen Einheit allgemein zugänglich, bedenkt man etwa, daß sich die meisten Vertragsbestandteile mit einer in fast jedem Haushalt vorhandenen Heftmaschine zusammenfügen lassen.

Die entscheidende Frage ist: Was macht die öffentliche Urkunde zur "besseren" (beweiskräftigeren, vgl. § 415 ZPO) Urkunde, ist es nur die be-

---

65 Vgl. z.B. Mecke-Lerch § 44, Rz. 1.
66 Siehe BGHZ 40, 255, 264.
67 Staudinger-Dilcher § 126, Rz. 10.
68 Er besitzt teuere Nietmaschinen; die Herstellung einer Schnurbindung gehört zur Ausbildung von Notariatsangestellten, etc.

sondere Glaubwürdigkeit der herstellenden Person oder auch das äußerlich sichtbare Produkt der Herstellung? Sie läßt sich nur mit den Beweisregeln der §§ 415 ff. ZPO beantworten:

Privaturkunden haben gegenüber öffentlichen Urkunden deshalb geringeren Beweiswert, weil sie geringeren Herstellungsanforderungen unterliegen. Diese allgemeine Aussage unterscheidet zunächst nicht zwischen der herstellenden Person und der Herstellungstechnik. Während die öffentliche Urkunde vollen Beweis für den gesamten beurkundeten Vorgang erbringt (§ 415 ZPO), beweist die Privaturkunde nur, daß die unterschriebenen Erklärungen von den Unterzeichnenden abgegeben wurden (§ 416 ZPO). Beide Formen bieten keine Gewähr für die inhaltliche Richtigkeit der Erklärungen[69]. Ihnen ist ebenfalls gemein, daß sie die tatsächliche Abgabe der Erklärungen beweisen. Die Beweiskraft der öffentlichen Urkunde geht nur insofern weiter, als sie überdies den Ort und die Zeit der Erklärungsabgabe sowie die Anwesenheit der Urkundsperson umfaßt[70]. Zwar liefert sie auch Beweis für die Vollständigkeit der Wiedergabe des geäußerten rechtsgeschäftlichen Willens[71], wobei Gegenbeweis der unrichtigen Beurkundung zulässig bleibt (vgl. § 415 Abs. 2 ZPO); der dadurch gegenüber der Privaturkunde erzielte Vorteil muß aber nicht sonderlich groß sein, da letztere die Vermutung der Vollständigkeit und Richtigkeit des Wiedergegebenen hat[72] und diese Vermutung umso stärker sein wird, je deutlicher die Zusammengehörigkeit/Einheit einer Urkunde auch äußerlich sichtbar ist[73]

Die Bewertung der Vorteile einer öffentlichen Urkunde gegenüber einer Privaturkunde zeigt, daß das personale und nicht das technische Moment überwiegt. Ort, Datum und sonstige Begleitumstände der Urkundenerrichtung werden viel seltener streitig als der Inhalt und Vollständigkeit der urkundlich abgegebenen Erklärungen, für die auch die Privaturkunde wegen der Vermutungsregel nicht ohne Bedeutung ist. Der wahre Gewinn der notariellen Beurkundung liegt vielmehr in dem Rat und der Belehrung des Notars in inhaltlichen Fragen, hingegen nicht in der optisch auffälligen Herstellungstechnik. Der Notar bietet zwar eine zusätzliche Gewähr für die Feststellung der Zusammengehörigkeit der Urkunde. Dieser Funktion läßt sich aber nicht ent-

---

69 Thomas/Putzo § 415, Anm. 2 a.E.
70 Vgl. dazu etwa BGHSt 26, 47.
71 Vgl. Reithmann, DNotZ 1973, 152, 154.
72 Vgl. z.B. Baumbach/Lauterbach-Hartmann, § 416, Anm. 2 C.
73 Was freilich im Wege freier Beweiswürdigung gem. § 286 ZPO zu ermitteln ist.

nehmen, daß es für die Gültigkeit anderer Urkunden nicht auf die feste äußerliche Verbindung ankommt[74].

Danach hat die Schnurheftung des Notars Vorbildwirkung für die gesetzliche Schriftform, was nicht heißt, daß nicht im Detail an die Art der mechanisch-physischen Verbindung den Möglichkeiten des Rechtsverkehrs entsprechend geringere Anforderungen gestellt werden können.

6) Parallelen zu anderen öffentlichen Schriftstücken

Noch über die Beweiswirkung einer notariellen Urkunde hinaus gehen öffentliche Urkunden, die gem. § 417 ZPO vollen Beweis ihres Inhalts begründen, z.B. Gerichtsurteile[75]. Für sie wird ebenfalls ein feste körperliche Verbindung verlangt[76]. Die strenge Handhabung bezweckt die notwendige Sicherung von öffentlichen Urkunden gegen Fälschung und Zerstörung[77].

Dieses Sicherungsbedürfnis ist hier ganz besonders dringlich (weil z.B. aus einem Gerichtsurteil vollstreckt werden kann). Im Ansatz läßt sich die Zweckbestimmung aber auch auf § 566 BGB übertragen: Dort hat insbesondere der Grundstückserwerber ein schützenswertes Interesse daran, daß er unverfälschte (nicht manipulierte) Vertragsunterlagen einsehen kann. So betrachtet zeigt die Handhabung von amtlichen Schriftstücken im Sinne des § 417 ZPO allgemein auf, wie sich Manipulationsschutz bei allen Urkunden, bei denen es darauf ankommt, möglichst sicher erreichen läßt. Dies läßt eine feste körperliche Verbindung auch bei Mietvertragsurkunden wünschenswert erscheinen.

---

74 Andeutungen in diese Richtung finden sich wohl bei BGHZ 40, 255, 264: Der BGH beschreibt die Schnurheftung des Notars und sagt gerade nicht, daß dieser Vergleich für die Herstellung der Mietvertragsurkunde belanglos sei.
75 Vgl. weitere Beispiele bei Thomas/Putzo § 417, Anm. 1.
76 Vgl. für vollstreckbare amtliche Schriftstücke, die aus mehreren Blättern bestehen, etwa Runderlaß des Ministers für Justiz vom 20.07.1981 in: JMBl 1981, 361.
77 Vgl. z.B. Runderlaß des Ministers der Justiz vom 04.04.1986 in: JMBl 1986, 261.

7) Die Formstrenge im Spannungsfeld zwischen den Möglichkeiten des modernen Rechtsverkehrs, effektiver Zweckbewältigung und Rechtsklarheit

a) Konfliktbeschreibung: Vom Wert und Unwert der Schriftform

Ein Formzwang wird wesen- und zwecklos, wenn er nicht streng gehandhabt, d.h. formell aufgefaßt und ausgelegt wird[78]. Nur so kann für alle Fälle gewährleistet sein, daß den Beteiligten und/oder schutzbedüftigen Dritten und/oder der Öffentlichkeit die mit der jeweiligen Form bezweckte Wohltat zugute kommt. Die strenge Einhaltung der vorgeschriebenen Form kann auch sonst in vielerlei nützlich und förderlich sein: Sie ist wirksame Hilfe zur Ausübung von Selbstverantwortung, gleicht typische Unterschiede in der Geschäftsgewandtheit der Parteien aus und vermeidet nachfolgenden Streit[79]. Damit liegt der Wert der Form auch im Schutz der Privatautonomie. Nicht zuletzt deshalb ist die Formstrenge bei der Abwägung, ob in einer vom Gesetz nicht eindeutig entschiedenen Streitfrage eher ein strenger oder ein großzügiger Standpunkt eingenommen werden sollte, hochzuhalten.

Andererseits beseitigen Formzwänge nicht nur Fehlerquellen, sie schaffen, wie die Unsicherheiten bei der Herstellung der Urkundeneinheit zeigen, auch welche und sind schon deshalb nicht ausnahmslos nützlich. Häsemeyers übertriebene Kritik[80] geht sogar so weit, daß er Formzwängen "zerstörerische Relevanz" beimißt, wobei er auf die Häufigkeit von Formfehlern abstellt. Mehr schaden als nutzen kann die Form auch dann, wenn sie den Rechtsverkehr überfordert und damit auf die Bedingungen und Möglichkeiten privatautonomer Entscheidungen keine Rücksicht nimmt. Diese Erwägung klingt in mehreren Entscheidungen des BGH[81] an, in denen ausdrücklich von allgemeinen Gepflogenheiten des "modernen Rechtsverkehrs" die Rede ist. Weil die Form privatautonome Interessenverwirklichung behindert, besteht eine ständige Spannung zwischen dem normativen Formgebot und dem privatautonomen Rechtsgeschäft[82].

Wert und Unwert der Form, insbesondere deren Nutzen und Schaden für die Privatautonomie[83], vor allem aber auch deren Verwirklichbarkeit im Rechtsverkehr, sind nach alledem unter Berücksichtigung der besondere Zwecke der jeweiligen Formvorschrift in ein angemessenes Verhältnis zuein-

---

78 So schon Lindemann, Das Recht 1913, 419.
79 Vgl. Häsemeyer, JuS 1980, 1f.
80 Häsemeyer, a.a.O.
81 Siehe z.B. BGHZ 42, 333, 339; BGHZ 52, 25, 29 f.
82 Vgl. hierzu Häsemeyer, JuS 1980, 2.
83 Es bedarf wohl ausführlicher Untersuchung der alltäglichen Vertragspraxis, um das Verhältnis von Nutzen und Schaden genauer bestimmen zu können.

ander zu setzen, wenn es um die Bestimmung von Formanforderungen im einzelnen geht. Dabei darf auch die Rechtsklarheit nicht zu kurz kommen. Denn die bestgemeinten Formerfordernisse nützen nichts, wenn sie vom Rechtsverkehr nicht verstanden und risikolos verwendet werden können[84]. Wo allzu großer Raum für Interpretation, Abweichungen und Modifikationen bleibt, wird sich Rechtsunsicherheit breit machen, wie sie bereits bei der Darstellung der aktuellen Rechtsprechung[85] beschrieben und beklagt wurde. Diese allgemeinen Vorgaben beanspruchen auch für die Schriftform des § 566 BGB Geltung.

b) Gefahren für den Rechtsverkehr

Nach einhelliger Ansicht dient § 566 BGB insbesondere dem Informationsinteresse des gemäß § 571 BGB in das Mietverhältnis eintretenden Grundstückserwerbers[86]. Wenn er schon eintreten muß, was nach früherem Rechtsverständnis nicht selbstverständlich war[87], so kann er wenigstens verlangen, daß er möglichst sicher, zuverlässig und eindeutig aus der Vertragsurkunde den gesamten wesentlichen Inhalt des Mietverhältnisses (den Gegenstand seiner Eintrittspflicht) erfahren kann (Korrelatsfunktion[88]). Diese Funktion beinhaltet als wesentlichen Bestandteil auch den Schutz des Erwerbers vor bewußten und versehentlichen Manipulationen der Urkunde, und, wo solche nicht verhindert werden können, vor der Unbemerkbarkeit derartiger Eingriffe. Dem Erwerber nützt nämlich nichts, wenn ihm ein Vertragsexemplar mit einem bestimmten Inhalt vorgelegt wird, sich aber später auf die Behauptung des Mieters herausstellt, daß der Vertragstext nachträglich – z.B. durch Wegnahme von Anlagen und Austausch von Seiten – verfälscht wurde. Dem wäre der Erwerber weit hilfloser ausgesetzt wie der Veräußerer, weil dieser am Vertragsschluß mitgewirkt hatte und deshalb nachträgliche Manipulationen viel leichter erkennen könnte. Die Schriftform des § 566 BGB geht somit weiter als die Beweissicherung im Interesse der (am Vertragsschluß) Beteiligten, die wegen ihrer Kenntnis der Vertragsgeschichte weniger schutzbedürftig sind.

Die Schriftform, die den Zwecken des § 566 BGB gerecht werden will, muß danach Manipulationen der Urkunde möglichst sicher verhindern oder wenigstens erkennbar machen. Die Mietvertragsurkunde, die aus losen Blättern, Bögen und/oder Anlagen besteht, deren einzige Verbindung eine ge-

---

84 Dazu ausführlich Häsemeyer, S. 209 ff.
85 Vgl. oben S. 84 ff.
86 Vgl. Nachweise oben S. 43.
87 Vgl. hierzu oben S. 44.
88 Vgl. näher Schlemminger, NJW 1992, 2253.

dankliche bzw. verbale ist, wäre daran gemessen in hohem Maße unzuverlässig. Die Bestandteile könnten jederzeit ohne große Schwierigkeiten – und ohne daß es für den (in besonderem Maße verkörpert durch den Erwerber) Rechtsverkehr im Zweifel erkennbar wäre – ausgetauscht werden. Es mag sein, daß die feste körperliche Verbindung keinen absoluten Schutz gegen gegen Manipulation oder sonstige betrügerische Machenschaften bietet; sie schafft aber zum einen eine Hemmschwelle und stellt zum anderen in den meisten Fällen sicher, daß die Manipulation sichtbare Spuren der Gewaltanwendung bzw. der Substanzzerstörung hinterläßt und der Erwerber diesen nachgehen kann.

Anders verhält es sich mit der Verbindung durch einfache verbale Bezugnahme und der durch fortlaufende Numerierung und durchgehenden Text äußerlich erkennbaren Zusammengehörigkeit. Selbst dann, wenn ausnahmsweise sämtliche Schriftstücke (Seiten, Blätter und Anlagen) die Unterschriften bzw. Namenskürzel der Mietparteien trügen, bestünde keine ausreichende Sicherheit. Das gälte vor allem für die Vollständigkeit der Unterlagen: Im Einzelfall könnte nicht sicher ausgeschlossen werden, daß wesentliche Bestandteile (z.B. ein Lageplan, eine Grundrißzeichnung oder eine auf ein gesondertes Blatt aufgebrachte Zusatzerklärung) willentlich oder nur versehentlich nicht in Bezug genommen wurden und deshalb dem gutgläubigen Erwerber im entscheidenden Augenblick – der Kaufentscheidung – verborgen blieben. Ganz erheblich zuverlässiger würde der Erwerber informiert, wenn er darauf vertrauen könnte, daß nur das zu einer festen körperlichen Einheit Zusammengefügte zählt bzw. überraschende Bestandteile außerhalb dieser Einheit die Kündigungsmöglichkeit des § 566 Abs. 2 BGB eröffnete.

Selbst ohne Manipulationsabsicht wären die Unsicherheiten ohne feste körperliche Verbindung nicht gebannt. Die Vermietung einschließlich der Mietvertragsverwaltung ist für viele eine Massengeschäft geworden. Überflüssige Unklarheiten könnten ohne bösen Willen vor allem bei der Vermietung größerer Objekte entstehen, wo für die Überlassung von Räumen an zahlreiche verschiedene Mieter ein- und dasselbe, aus losen Blättern oder Doppelbögen mit diversen Anlagen kombinierte Mietvertragsformular benutzt wird, das die Hausverwaltung mit ein- und derselben Schreibmaschine ausfüllt bzw. ergänzt. Werden in einem solchen Fall die vielzähligen, optisch nicht zu unterscheidenden Vertragsformulare durcheinandergebracht, könnte sich die Beweisrichtung der jeweiligen Urkunde erheblich ändern, ohne daß dies infolge äußerlicher Erkennbarkeit ohne weiteres merkbar würde. Der mittlere Doppelbogen des Formulars X wäre dann nämlich z.B. dem äußeren Doppelbogen des Formulars Y zugeordnet, die Anlage Z des Vertrags Y etwa fälschlicherweise dem Formular X. Zwar mag es in einem solchen Fall noch gelingen, richtige Zuordnungen wieder dadurch herzustellen, daß man nach

Sinn- und Textzusammenhängen forscht und Anhaltspunkte findet, anhand derer sich bestimmte Anlagen in einer Urkunde als Fremdkörper erweisen. Derartiger – den Massenverkehr störender – Aufwand und die gleichwohl trotz dieses Aufwands verbleibenden Restrisiken falscher Zuordnung oder Unvollständigkeit des jeweiligen Vertragswerks wären dem Grundstückserwerber aber letztlich nicht zumutbar, wenn man sie an dem von § 566 BGB garantierten Schutz mißt. Das übersieht z.B. das OLG Düsseldorf, wenn es die Ansicht vertritt, die wechselseitige und eindeutige verbale Bezugnahme halte mehrere Schriftstücke nicht weniger sicher zusammen als die körperliche Heftung[89]. Die gedankliche Bezugnahme kann gar nicht so sicher sein, daß sie stets alle Zweifel über die Zusammengehörigkeit oder Vollständigkeit beseitigt.

Der Erwerber könnte sich den Schutz der Form möglicherweise auf Umwegen auch dadurch holen, daß er sich die Vollständigkeit der vorgelegten Urkunde vom Veräußerer vertraglich gewährleisten läßt. Dies könnte etwa mit folgender Vereinbarung geschehen:

"Der Verkäufer versichert, das der als Anlage ... beigefügte Mietvertrag den Inhalt des Mietverhältnisses vollständig und richtig wiedergibt, insbesondere keine weiteren schriftlichen oder mündlichen Abreden mit dem Mieter getroffen wurden".

Würde der Erwerber in einem solchen Fall Nachteile dadurch erleiden, daß sich nachträglich Unzulänglichkeiten der ihm vorgelegten Mietvertragsurkunde herausstellen, könnte er sich voraussichtlich am Verkäufer gem. §§ 434, 440, 320 ff. BGB schadlos halten[90]. Die Schaffung einer solchen Regreßmöglichkeit erfordert aber fachmännischen Weitblick, der nicht immer zur Verfügung steht[91]. Selbst wenn er ausnahmsweise vorhanden ist, bleibt fraglich, ob die Verhandlungsposition des Erwerbers so stark ist, daß er eine Abweichung von dem beim Grundstückskauf üblichen Gewährleistungsausschluß[92], überhaupt erreichen kann. Von einer die Zwecke des § 566 BGB unterstützenden Praxis bei Abschluß von Grundstückskaufverträgen darf deshalb nicht ausgegangen werden.

Wegen der aufgezeigten Gefahren bleibt nach alledem ein erhebliches Bedürfnis nach fester körperlicher Verbindung der Bestandteile einer Mietvertragsurkunde.

---

89 Vgl. OLG Düsseldorf in: MDR 1989, 641.
90 Nach h.M. sind Besitzrechte Dritter, die der Erwerber gem. § 571 BGB übernehmen muß, Rechtsmängel; vgl. z.B. BGH NJW 1991, 2700 m.w.N.
91 Formularbücher, wie z.B. das weitverbreitete von Arnold/Mecke, an denen sich die Praxis orientieren könnte, enthalten derartige Klauseln nicht.
92 Jedenfalls bei nicht neu errichteten Gebäuden ist der Gewährleistungsausschluß die Regel; der Kaufpreis ist meist entsprechend kalkuliert.

c) Überforderung des Rechtsverkehrs

Die sich aus den Gefahren für den Rechtsverkehr ergebende Forderung einer festen mechanisch-physischen Verbindung zwischen allen Schriftstücken (Blättern, Anlagen) sowie deren Nutzen müssen in einem angemessenen Verhältnis zu den Möglichkeiten des Rechtsverkehrs und den von ihr verursachten Verkehrserschwernissen stehen. Eine Überforderung des (privaten) Rechtsverkehrs würde wohl aus den in a) aufgezeigten Gründen mehr Schaden als Vorteile bringen. § Maßstab müssen dabei die Möglichkeiten des am Rechtsverkehr Teilnehmenden sein, der weder personell noch technisch besonders ausgestattet ist, dem also weder juristischer Rat noch die im Notariat für die Herstellung von Urkunden üblicherweise bereitgestellten technischen Geräte und Hilfsmittel zur Verfügung stehen. Denn der Abschluß von Mietverträgen soll alltägliches Geschäft bleiben und schon aus Gründen der Kostenersparnis, die durch etwaige Regreßansprüche bei falscher Beratung kaum aufgewogen wird, nicht zu einer Domäne werden, in der sich vorwiegend Juristen oder sonstige professionell mit Vertragsabschlüssen betraute Personen wie erfahrene Hausverwalter gegen Entlohnung tummeln und Unerfahrene verdrängen[93]. Da es wenigstens um die Erkennbarkeit von Urkundenmanipulationen geht, muß freilich auch darauf Wert gelegt werden, eine körperliche Verbindung zu schaffen, die Spuren der Gewaltanwendung oder Substanzzerstörung zurückläßt.

Betrachtet sei zunächst das "Abheften in Schnellheftern" bzw. "Vereinigen in einer Mappe", das der BGH als bevorzugte Praxis des modernen Rechtsverkehrs erkannt haben will[94]. In dieser Verbindungsform, die der Zusammengehörigkeit von Schrifstücken Ausdruck verleihen soll, wird allgemein keine Überforderung des Rechtsverkehrs gesehen[95]. Es bedarf allerdings keiner Gewaltanwendung oder Substanzzerstörung – und hinterläßt auch keine entsprechenden sichtbaren Spuren – , einen Hefter zu öffnen[96]. Von Gewaltanwendung kann schon deshalb keine Rede sein, weil Hefter und Mappen gerade darauf eingerichtet sind, daß eingeheftete Blätter ohne Überwindung von Widerständen und Substanzzerstörung wieder entfernt werden können[97]. Die Ablage in Heftern oder Mappen mag damit zwar Ordnung in die Verwal-

---

93 Ähnlich wohl Häsemeyer, JuS 1980, 1, 3f.
94 BGH NJW 1969, 1063f.
95 Vgl. z.B. Ganschezian-Finck, ZMR 1973, 130.
96 Ganschezian-Finck, a.a.O. sieht den "geringfügigen körperlichen Aufwand", der mit dem Öffnen verbunden ist, bereits als "Gewaltanwendung" an; das kann nicht richtig, weil dann jeder körperlicher Aufwand "Gewalt" wäre.
97 Das räumt sogar Ganschezian-Finck, a.a.O., ein.

tung von Unterlagen schaffen; sie schützt als solche aber nicht in einem der Bedeutung des § 566 BGB gerecht werdenden Maße[98].

Dem BGH[99] und den Befürwortern seiner Auflockerungsrechtsprechung[100] ist zuzugeben, daß der übliche Geschäftsverkehr heutzutage ein Heften mit Faden und Leimen nicht mehr kennt. Diese beiden Verbindungsformen sollten deshalb den Mietvertragsparteien ebensowenig aufgenötigt werden wie die mit besonderem technischen Gerät (Nietmaschine) hergestellte Schnurheftung des Notars bzw. der Gerichte und anderer öffentlicher Stellen. Sie wurden auch von moderneren Herstellungstechniken überholt, z.b. von der amerikanischen Spiralbindung, für deren Fertigung es besonderer technischer Geräte bedarf und von der wegen der Möglichkeit gewaltlosen "Aufdrehens" der Spirale fraglich wäre, ob Sie Manipulationen ausreichend erschweren würde. Die Verbindung der Vertragsurkunde mit Klebstoff oder Klebestreifen, wie sie Ganschezian-Finck[101] vor 20 Jahren als noch gebräuchlich ansah, ist heutzutage in der Praxis selten aufzufinden, weshalb sie ebenfalls ausscheiden sollte.

Praktischen Gepflogenheiten entspricht aber das Zusammenheften von Schriftstücken mittels einer Heftmaschine. Solche wenig aufwendigen und billigen Geräte finden sich inzwischen in fast allen Haushalten. Es mag zwar Fälle geben, in denen Mietvertragswerke so umfangreich sind, daß sich die mechanisch-physische Verbindung nicht mehr mit einer normalen Heftmaschine bewerkstelligen läßt; dann handelt es sich aber ohnehin meist um fachmännisch von Juristen betreute, komplizierte Verträge, denen der Fachmann auch in der Herstellungstechnik mit seinen Möglichkeiten gewachsen sein sollte. Die Regel sind hingegen etwa acht-seitige Vertragstexte[102], denen einige wenige Anlagen beigefügt werden müssen. Dazu reicht selbst die kleinste Heftmaschine sicher aus.

Problematisch könnte noch sein, ob die Auflösung der Heftung überhaupt sichtbare Spuren der Gewaltanwendung oder Substanzzerstörung hinterließe. Zwar sind inzwischen sogar kleine Bürogeräte erhältlich und weit verbreitet, mit denen sich Heftklammern leicht entfernen lassen. Aber selbst bei sorgfältigster Vorgehensweise verbleiben zumindest die Einstichlöcher, die allenfalls mit ganz besonderer Geschicklichkeit durch nachträgliches neues Klammern wieder völlig verdeckt werden können. Auf Ablichtungen erschei-

---

98 Im Ergebnis wohl ebenso unter Betonung strenger Einhaltung gesetzlicher Formvorschriften Roquette, ZMR 1970, 33, 35.
99 Z.B. BGHZ 42, 333, 339.
100 Z.B. Siegelmann, ZMR 1967, 129; Müller, JR 1970, 86 ff.
101 Ganschezian-Finck, ZMR 1973, 130.
102 Diesen Umfang haben die meisten der im Schreibwarenhandel erhältlichen Formulare.

nen die Einstichlöcher als kleine schwarze Punkte und auch die Plazierung der Einstiche sorgt dafür, daß beispielsweise der Austausch von Blättern nur schwer verborgen werden kann.

Somit ist die Klammerung mit Heftmaschinen ein technisches Instrumentarium, das dem Rechtsverkehr zugemutet werden kann, ihn insbesondere nicht überfordert, und das die besonderen Zwecke des § 566 BGB weitgehend erfüllen kann. Sie sollte deshalb dem modernen Rechtsverkehr grundsätzlich auch abverlangt werden[103].

8) Die Ursprungs-/Haupturkunde als Rechtfertigung für Auflockerungen bei Nachträgen

Der BGH sieht in Schriftformauflockerungen bei Nachträgen unter anderem deshalb keine allzu großen Gefahren für den Erwerber, weil dieser infolge der verbalen Bezugnahme im Nachtrag auf die Existenz und Bedeutung des Hauptvertrages ausreichend hingewiesen werde. Das ergibt sich etwa aus den Ausführungen im Urteil vom 19.03.1969[104], wo es am Ende heißt: "... Ein Erwerber, dem die von der Klägerin abgeschlossenen Mietverträge vorgelegt werden, kann nicht im Zweifel darüber sein, daß er, um zu erfahren, welches Mietgrundstück durch den Verlängerungsvertrag vom ... gemeint ist, auf den Vertrag vom ... zurückgreifen muß...". Offenbar sieht der BGH die berechtigten Interessen des Erwerbers darin gewahrt, daß im Nachtrag auf den Hauptvertrag hingewiesen wird und dieser zuverlässige Auskunft über den Inhalt des Mietverhältnisses gibt. Da zuverlässige Auskunft nur von einem formgerechten Hauptvertrag erwartet werden darf, dürfte die feste körperliche Verbindung der Ursprungsurkunde als Grundlage und Rechtfertigung für die Auflockerungsrechtsprechung anzusehen sein.

Jede Auflockerung beim Hauptvertrag selbst würde so betrachtet zugleich die Auflockerung bei Nachträgen, die überwiegend befürwortet wird[105], in Frage stellen. Die Aufrechterhaltung der Auflockerungsrechtsprechung spräche somit ebenfalls für Formstrenge bei der Herstellung der Ursprungsurkunde.

---

[103] Anders wohl Häsemeyer, JuS 1980, 4, der offenbar jede feste Verbindung für eine Überforderung des Rechtsverkehrs hält und nur dem Notar zumuten will (es ist unklar, ob Häsemeyer diese zu Nachträgen gemachte Aussage generalisierend, also auch die Haupturkunde umfassend, gemacht hat).
[104] BGHZ 52, 25, 30.
[105] Vgl. dazu unten IV 7 a.E.

9) Formnichtigkeit als Sanktion; Billigkeitserwägungen

Formnichtigkeit, die im Mangel ausreichender körperlicher Verbindung der Urkundenteile gründet, kann als zu unbillig oder gar als Sanktionierung einer Partei empfundenen Ergebnissen führen, vor allem dann, wenn der Formmangel von Geschäftsgewandten zum Nachteil geschäftsunerfahrener Personen geltend gemacht wird. Wegen des zum Teil sorglosen Umgangs der Praxis mit der Schriftform[106] dürften diese Fälle nicht selten sein. Die infolge häufiger und als unbillig angesehener Formnichtigkeit dem Rechtsverkehr aufgebürdete Belastung muß bewältigt werden, weil auch sie zu einer unangemessenen Überforderung im aufgezeigten Sinne führen kann.

Eine Art der Bewältigung wäre das Zurückschrauben von Formanforderungen, etwa die Aufgabe des Bezugnahmeverbots auch für die Ursprungsurkunde. Sie würde mitleiderregende Fälle seltener machen und den zum Teil sorglosen Gepflogenheiten der Praxis besser entsprechen. In der Tat muß angenommen werden, daß vor allem die Rechtsprechung gelegentlich geringe Anforderungen an die Herstellung der Urkundeneinheit stellt, weil es unbillige Ergebnisse zu vermeiden gilt[107]. Das ist sehr bedenklich: Ob die vorgeschriebene Form eingehalten ist oder nicht, richtet sich strikt nach den Formzwecken und kann nicht von Billigkeitserwägungen abhängen[108]. Die Form ist eingehalten oder nicht, woran nichts ändern darf, ob im Einzelfall eine Partei schwere Nachteile durch die Formnichtigkeit erleidet. Die Bestimmung von Formanforderungen im einzelnen ist deshalb der falsche Platz für Billigkeitserwägungen; für sie ist immer noch und nur Raum bei der Prüfung, ob die Geltendmachung eines Formmangels treuwidrig ist oder der formnichtige Vertrag aus anderen Gründen aufrechterhalten bleiben soll. Würde die Billigkeit bei der Formstrenge Einzug halten, wäre dem Rechtsverkehr im übrigen kein Gefallen getan, da sie die unzutreffende und wegen unterschiedlicher Handhabung der Billigkeit in Einzelfällen verunsichernde und zu Desorientierung führende Vorstellung nährte, die Formanforderungen seien letztlich nicht ernst zu nehmen.

Billigkeitserwägungen und die Befürchtung, bei allzu strengen Anforderungen an die Form würden Parteien in unzumutbarer Weise sanktioniert, bleiben nach alledem an dieser Stelle unerheblich.

---

106 Vgl. hierzu näher Schlemminger, NJW 1992, 2249.
107 Vgl. dazu die Nachweise auf S. 78 f.
108 Ebenso Häsemeyer, JuS 1980, 2.

10) Zwischenergebnis: Die Unzulässigkeit von Auflockerungen bei der Herstellung der Ursprungs-/Haupturkunde

Die am Formzweck und den Belangen des privatautonomen Rechtsverkehrs orientierte Prüfung hat ergeben, das dem modernen Geschäftsverkehr eine (wünschenswerte) feste – zumindest durch Klammern mit einer Heftmaschine herzustellende – mechanisch-physische Verbindung zwischen sämtlichen wesentlichen Schriftstücken, die Ursprungsurkunde bilden sollen, aufgebürdet werden kann und deshalb verlangt werden sollte, weil die bloße gedankliche Bezugnahme zwischen Schriftstücken zweckorientierte Effizienz der mit § 566 BGB vorgeschriebenen Schriftform nicht immer ausreichend gewährleisten würde. Von dieser Formstrenge erfaßt werden freilich nur solche Vereinbarungen, die für das Mietverhältnis wesentlich sind und langfristige Bedeutung haben[109]. Sie gilt nicht nur für einzelne Seiten, Blätter und Anlagen, die nicht unterschrieben sind, sondern auch für verschiedene für sich selbständige Urkunden, die erst als Einheit die Mietvertragsurkunde bilden[110].

IV. Auflockerungen bei Nachträgen

1. Die Wechselwirkung zwischen Nutzen und Schaden der Form

Geschäftsformen beseitigen nicht nur Fehlerquellen, sie schaffen auch ihrerseits neue. Das gilt vor allem dann, wenn der Gesetzgeber dem Rechtsverkehr zuviel zugemutet hat[111]. Werden die Bedingungen und Möglichkeiten der Umsetzung privatautonomer Entscheidungen gegenüber dem Formzwang vernachlässigt, so kann es dazu kommen, daß die Form letztlich mehr schadet als nutzt. Schon geringe Nachlässigkeiten können dabei großen Schaden stiften: Jeder kleine Formfehler kann zur Gesamtnichtigkeit des langfristigen Mietvertrags im Sinne der Rechtsfolge des § 566 Satz 2 BGB führen[112]. Von den Beteiligten des Rechtsverkehrs wird deshalb verlangt, daß sie sich der Formgebundenheit ihres Verhaltens stets und auch in als weniger wichtig empfundenen Dingen bewußt sind, und daß sie ihr entsprechend selbst dann verfahren, wenn sie dies als hinderlich, übertrieben oder nicht zeitgemäß erachten.

---

109 Hierzu gibt es umfangreiche, im wesentlichen unstreitige Kasuistik, vgl. z.B. Palandt-Putzo § 566, Rz. 10 f., die nicht Gegenstand dieser Abhandlung sein soll.
110 A.A. OLG Düsseldorf MDR 1989, 641.
111 Ähnlich kritisch wohl auch Häsemeyer, JuS 1980, 1.
112 Vgl. zur Schädlichkeit formloser Nachträge BGHZ 50, 39.

Machen sich auch die Parteien bei Abschluß des Ursprungs-/Hauptvertrags meist (mehr oder weniger präzise) Gedanken über Wirksamkeitserfordernisse[113], so wird mit dem Zustandekommen von Nachtragsvereinbarungen erheblich sorgloser umgegangen. Neben fehlendem Formbewußtsein mag ein Grund hierfür sein, daß die bisherige Abwicklung des Mietvertrags harmonisch und problemlos war und anfängliches Mißtrauen, das zur Vorsicht auch in Formdingen anhielt, inzwischen überwunden wurde. Es verwundert deshalb nicht, daß gerade der Abschluß von Nachträgen häufig Fehlerquelle ist und sich dazu Kataloge abschreckender Beispiele bilden lassen[114]. Zerstörerische Relevanz[115] haben erfahrungsgemäß vor allem mündliche Abreden, mit denen die Parteien nachträglich den Mietzins erhöhen oder herabsetzen oder mit denen andere bzw. zusätzliche Pflichten der Parteien nicht nur vorübergehend (sondern langfristig) begründet oder suspendiert werden[116].

Am schadenstiftenden Charakter der Form ändert in diesen Fällen auch nichts, daß bestimmte Nachtragsgeschäfte wie z.B. die Erteilung von Einzelerlaubnissen oder die Auferlegung auf kurze Zeit befristeter zusätzlicher Pflichten nach allgemeiner Ansicht[117] von den Formerfordernissen ausgenommen sind, weil sie entweder von untergeordneter Bedeutung (d.h. unwesentliche Nebenabreden) sind[118] oder sich nicht langfristig auswirken und deshalb Interessen des Grundstückserwerbers nicht berühren[119]. Je länger ein Mietverhältnis dauert, desto vielzähliger sind nachträgliche Abreden, die den Mietvertrag an geänderte Verhältnisse anpassen, und desto größer ist die Wahrscheinlichkeit, daß der Nachtrag der gesetzlichen Schriftform unterliegt und wegen seiner Formlosigkeit zur Gesamtnichtigkeit des Mietvertrags führt. Überdies wird der Begriff "unwesentliche Nebenabrede" sehr eng ausgelegt; er umschreibt lediglich die Erläuterung oder Auslegung einer bereits schriftlich fixierten Vertragsklausel[120]. Bei Nachträgen, die Rechte und

---

113 Etwa, weil sie sich der Begründung einer Dauerrechtsbeziehung und deren weitreichenden Folgen bewußt sind oder den Abschluß als etwas besonderes, nicht alltägliches betrachten.
114 Vgl. z.B. die von Ganschezian-Finck, ZMR 1973, 129 f., zitierte Rechtsprechung; die Fehleranfälligkeit von Nachträgen ist nicht nur für langfristige Mietverträge, sondern für alle formbedürftigen Rechtsgeschäfte problematisch, vgl. dazu Palandt- Heinrichs § 125, Rz. 8.
115 So wörtlich Häsemeyer, JuS 1980, 1.
116 Ähnlich Müller, JR 1970, 87, mit weiteren Beispielen.
117 Vgl. statt vieler nur die Nachweise bei Palandt-Putzo § 566, Rz. 10 f.
118 Vgl. hierzu Wolf/Eckert Rz. 34 m.N.
119 Vgl. Nachweise bei Schlemminger, NJW 1992, S. 2250.
120 So z.B. BGH NJW 1954, 426.

Pflichten der Parteien inhaltlich mit wirtschaftlicher Relevanz neu gestalten, wird demnach von Unwesentlichkeit keine Rede sein können[121].

Wo die Wirksamkeit wegen eines kleinen Formfehlers beim Nachtrag insgesamt beseitigt wird, kommen Zweifel am Nutzen der Form leicht auf. Es ist nur schwer einzusehen, wie die Form in solchen Fällen entsprechend ihrem Sinn und Wesen den Rechtsverkehr noch fördert bzw. den Beteiligten wirksam bei der selbstverantwortlichen Umsetzung privatautonomer Entscheidungen hilft. Außerdem drängt sich die Frage auf, ob die Rechtsfolge noch in einem angemessenen Verhältnis zu den angestrebten Formzwecken steht. Dem so umschriebenen Unbehagen des Rechtsanwenders wird meist mit der Bemerkung Ausdruck verliehen, den praktischen Bedürfnissen des Rechtsverkehrs sei gebührend Rechnung zu tragen[122].

Die besondere Situation bei Abschluß von Nachträgen zu Mietverträgen war jedenfalls für die Rechtsprechung willkommener Anlaß für Auflockerungen der Schriftform[123]. Einen größer angelegten Versuch der Zustandsbeschreibung und Kritik hat zuletzt Müller[124] vor über 20 Jahren unternommen. Inzwischen sind zahlreiche höchstrichterliche Entscheidungen hinzugekommen, die neues Anschauungsmaterial bieten und genug Anlaß für ein erneutes Aufgreifen der Problematik geben.

2. Die sog. Auflockerungsrechtsprechung

Mit Urteil vom 13.11.1963 stellte der BGH[125] in Übereinstimmung mit der Rechtsprechung des RG[126] klar, daß die bloße (verbale) Bezugnahme des Änderungsvertrags auf den Hauptvertrag regelmäßig nicht ausreiche. Diese Klarstellung widersprach praktischen Bedürfnissen und Gepflogenheiten[127]. Sie ließ allerdings Spielraum für Abschwächungen in bestimmten Fällen, weshalb der BGH in der Folgezeit die aufgestellten Formerfordernisse schrittweise wieder einschränken konnte, ohne sich dabei selbst zu widersprechen.

---

121 Ausführlich dazu Müller, JR 1970, 86 f.
122 So z.B. sinngemäß BGHZ 42, 333, 339.
123 Ein erster Überblick über die Entscheidungspraxis des BGH findet sich etwa bei Schlemminger, NJW 1992, 2250 f.; vgl. auch zur älteren Rechtsprechung Siegelmann, ZMR 1967, 129 f.
124 Müller, JR 1970, 86 ff.
125 BGHZ 40, 255.
126 Vgl. z.B. RGZ 131, 1; RGZ 136, 422.
127 So auch die Wertung von Ganschezian-Finck, ZMR 1973, 129.

Gegenstand solcher Auflockerungen wurden Änderungsverträge zwischen den Parteien des Hauptvertrags oder deren Gesamtrechtsnachfolgern. Zunächst hielt der BGH bei einem Verlängerungsvertrag eine feste körperliche Verbindung beider Verträge für entbehrlich, wenn der Verlängerungsvertrag die wesentlichen Geschäftsbestandteile eines Mietvertrags enthält[128]. Sodann wurde auch auf dieses Erfordernis verzichtet, soweit sich aus dem Verlängerungsvertrag nur eindeutig ergab, um welchen Hauptvertrag es sich handelte[129]. Damit griff der BGH Überlegungen auf, die bereits das RG[130] angestellt hatte: Der Schutz des Grundstückserwerbers verlange keine strengeren Anforderungen als eben die Bezugnahme auf den Hauptvertrag[131]. Diesen Gedanken übertrug der BGH kurze Zeit später auch auf andere Änderungsverträge, z.B. auf Nachträge, mit denen der Mietzins erhöht werden sollte[132]. Auf diese Weise war der entscheidende Schritt bereits früh getan; alle nachfolgenden höchstrichterlichen Entscheidungen beschäftigten sich im wesentlichen nur noch mit Detailfragen, z.B. mit der Problematik, wie deutlich eine gedankliche Bezugnahme zwischen den Urkunden sein müsse[133] oder wie ein Nachtrag zu einem (alten) Vertrag von einem ganz neuen Vertrag abzugrenzen sei[134].

Schon lange kann deshalb als im Grundsatz gefestigte Rechtsprechung gelten, daß eine feste körperliche Verbindung zwischen Haupt- und Änderungsvertrag praktisch niemals erforderlich ist, wenn beide Verträge von denselben Parteien oder ihren Gesamtrechtsnachfolgern geschlossen werden. Wechselt hingegen die Person des Vermieters oder Mieters, ist die Handhabung etwas strenger, da zumindest der wesentliche Vertragsinhalt noch einmal schriftlich niedergelegt werden muß[135]. Dafür dürfte nach jüngeren Äußerungen des BGH[136], die auch bei nachgeordneten Gerichten Zustimmung finden[137], neuerdings indessen genügen, daß die Nachtragsurkunde auf den ursprünglichen Vertrag Bezug nimmt und deutlich zum Ausdruck kommt, es

---

128 Siehe BGH ZMR 1964, 304 und BGH NJW 1968, 1229.
129 Vgl. BGH MDR 1969, 568; vgl. auch die Übersicht über die Rechtsprechung bei Roquette, ZMR 1970, 33.
130 RG HRR 1931, Nr. 403.
131 So argumentierte z.B. auch das LG Hamburg, MDR 1967, 496.
132 Siehe etwa BGH MDR 1969, 1002.
133 Vgl. hierzu z.B. BGH NJW-RR 1988, 201.
134 BGH NJW 1992, 2283.
135 Ähnlich wurde der aktuelle Stand der Rechtsprechung bereits 1973 resümiert, vgl. Ganschezian-Finck, ZMR 1973, 130, unter Hinweis auf die insoweit nicht aufgegebene Entscheidung BGHZ 40, 255.
136 Vgl. z.B. BGH NJW-RR 1988, 201; BGH ZMR 1992, 292.
137 Siehe etwa LG Berlin ZMR 1988, 465.

solle unter Einbeziehung des Nachtrags bei dem verbleiben, was früher bereits formgültig niedergelegt war. An die Deutlichkeit der Bezugnahme stellt die Rechtsprechung freilich wiederum strenge Anforderungen: Es soll nicht ausreichen, daß im Nachtrag nur von einem "bisher bestehenden Mietvertrag" ohne Angabe des Vertragsdatums, des Mietobjekts und der früheren Vertragsparteien die Rede ist[138].

Nach alledem hat sich die Rechtsprechung unter Aufrechterhaltung eines Restbestands deutlich von der mit der Entscheidung BGHZ 40, 255, noch hochgehaltenen Formstrenge entfernt. Der Meinungsumschwung läßt sich wohl am ehesten mit der Befürchtung erklären, der moderne Rechtsverkehr werde andernfalls überfordert. In diese Richtung deutet jedenfalls das Bekenntnis in BGHZ 42, 333, 339, wonach die Bejahung der Formgültigkeit von Verlängerungsverträgen einem "praktischen Bedürfnis" entspreche.

3. Abkehr von der Einheitlichkeit der Urkunde

So sehr die Auflockerungen als Abkehr von unerträglichem Formalismus[139] begrüßt wurden, so eigenartig und bedenklich scheint ihre Begründung in dogmatischer Hinsicht. Die Vorschrift des § 566 BGB sei darauf zugeschnitten, dem Erwerber die Unterrichtung über den langfristigen Vertragsinhalt zu erleichtern. Deshalb müsse die Formgültigkeit von Verlängerungsverträgen dann bejaht werden, wenn die Beweisfunktion des § 566 BGB nicht beeinträchtigt sei, weil sich der Erwerber auch ohne körperliche Verbindung der Schriftstücke einen umfassenden Überblick über die ihn erwartenden vertraglichen Rechte und Pflichten verschaffen könne[140].

Diese Großzügigkeit bedeutet eine weitreichende Ausnahme von der Regel des § 126 BGB, die eigentlich uneingeschränkte Geltung verlangt. Abgewichen wird in concreto von der Einheitlichkeit der Urkunde, einem wichtigen Wesensmerkmal der gesetzlichen Schriftform. Überall dort, wo die Einheit der Form nicht gewahrt ist, fehlt es an einem wesentlichen Merkmal der Schriftform, und dann ist eben die Schriftform insgesamt nicht gewahrt[141]. So gesehen wird mit der Auflockerungsrechtsprechung das Prinzip der Einheitlichkeit der Vertragsurkunde teilweise ganz aufgegeben. Bedenklich ist ferner, daß die Art und Weise, wie die gesetzliche Schriftform zu erfüllen ist, von den Motiven der Formvorschrift abhängen soll, obwohl der BGH an an-

---

138 Vgl. OLG Düsseldorf DWW 1991, 51; zustimmend Sternel MietR akt. Rz. 24 a.E.
139 Vgl. BGH ZMR 1969, 236.
140 So zuletzt LG Berlin ZMR 1988, 465, 466.
141 Ebenso kritisch z.B. Roquette, ZMR 1970, 34.

derer Stelle[142] ausdrücklich erklärt hat, der mit der Form verfolgte Zweck sei bloßes Motiv des Gesetzgebers und nicht ungeschriebenes Tatbestandsmerkmal. Außerdem kann es eigentlich nicht darauf ankommen, ob die Aufspaltung des Vertragsinhalts erst durch den Nachtrag erfolgt oder schon bei Abschluß des Ursprungsvertrags[143].

Dogmatisch unbedenklicher dürfte nach alledem das uneingeschränkte Festhalten an der Urkundeneinheit, d.h. der körperlichen Verbindung zwischen mehreren Urkunden, gewesen sein[144]. Unbillige bzw. unbefriedigende Ergebnisse hätten dann unter Umständen mit Hilfskonstruktionen wie Treu und Glauben, bei denen es wegen nicht mehr überschaubaren Fallmaterials auf dogmatische Schärfe nicht mehr in dem Maße ankommt[145], korrigiert werden können. Soll sie kein Fremdkörper im System der Schriftform bleiben, muß für sie jedenfalls eine tragfähige dogmatische Grundlage gefunden werden.

4. Rechtliche Eigenständigkeit des Nachtrags

Schon aus dem Wortlaut des § 305 BGB ergibt sich, daß der Änderungsvertrag gegenüber dem Ursprungsvertrag als selbständiger Vertrag anzusehen ist. Dort ist nämlich davon die Rede, daß es sowohl für die Begründung als auch für die Änderung des Inhalts eines Schuldverhältnisses (jeweils) eines Vertrags bedarf. Der Abänderungsvertrag ändert nicht den ursprünglichen Vertrag als solchen, sondern lediglich das durch den Ursprungsvertrag begründete Schuldverhältnis[146]. Er hat zum ursprünglichen Vertrag nur die Beziehung, daß er das im übrigen identisch fortbestehende Schuldverhältnis inhaltlich gestaltet, das bereits vom Ursprungsvertrag begründet und inhaltlich bestimmt ist.

Aus dieser rechtlichen Selbständigkeit des Nachtrags zum Ursprungsvertrag wird vereinzelt geschlossen, sie müsse auch im Zusammenhang mit der Schriftform durchschlagen[147]. Da es sich um zwei eigenständige "Verträge" handele, müsse folgerichtig davon ausgegangen werden, daß sie auch in zwei selbständigen, körperlich nicht miteinander verbundenen Urkunden niedergelegt werden könnten.

---

142 Vgl. BGHZ 16, 334.
143 Ähnlich offenbar Roquette, ZMR 1970, 35.
144 Konsequent vertreten z.B. von Giese, DWW 1966, 9.
145 Dazu ausführlich in Abschnitt E.
146 Vgl. statt vieler nur Palandt-Heinrichs § 305, Rz. 3 m.w.N.
147 Vgl. vor allem Müller, JR 1970, 89, der z.B. von AK-BGB-Derleder § 566, Rz. 4, kritiklos zitiert wird.

Diese Argumentation ist bedenklich. § 566 BGB spricht von einem einzigen Mietvertrag und meint damit die Gesamtheit aller Vereinbarungen, die den wesentlichen Inhalt des Mietverhältnisses bestimmen. Da der Erwerber über den Mietvertrag informiert werden soll, läuft die Verselbständigung der Vertragsteile dem unstreitigen Gesetzeszweck zuwider. Müller[148] erkennt dies und versucht zu argumentieren, der Erwerberschutz reduziere sich auf Informationen über das Zustandekommen eines Mietverhältnisses; der Erwerber solle hingegen nicht von der aufwendigen Last befreit werden, den Weiterbestand des Vertrages im Ganzen oder in den einzelnen Regelungspunkten festzustellen. Für eine derartige Einschränkung des Gesetzeszwecks spricht indes wenig. Das Zustandekommen eines Mietverhältnisses ließe sich meist bereits anhand der losen ersten Seite einer Vertrags erkennen. Der Erwerber muß aber gemäß § 571 BGB in *alle* Rechte und Pflichten aus dem Mietvertrag eintreten, weshalb sich sein berechtigtes und somit schutzwürdiges Informationsinteresse auch auf *sämtliche* Regelungspunkte erstreckt. Der Abänderungsvertrag könnte dem Schuldverhältnis einen völlig neuen Inhalt geben; deshalb nützt es dem Erwerber unter Umständen wenig, wenn ihm zwar der Ursprungsvertrag als feste körperliche Einheit vorgelegt wird, diesem jedoch weder richtig noch vollständig entnommen werden kann, was den Erwerber erwartet.

Somit kann die rechtliche Einordnung des Nachtrags als eigenständiger Vertrag im Sinne des § 305 BGB den Verzicht auf die Urkundeneinheit nicht rechtfertigen.

5. Erreichen des Gesetzeszwecks ohne körperliche Verbindung

Zur Begründung des Verzichts auf die Einheit zwischen Hauptvertrag und Nachtrag wird meist angeführt, der Erwerber könne sich auch ohne körperliche Verbindung der Urkunden einen umfassenden Überblick über das Vertragsverhältnis verschaffen[149]. Schon der Begründungsansatz ist zweifelhaft: Der BGH[150] hat selbst betont, der Gesetzeszweck sei bloßes Motiv, nicht aber ungeschriebenes Tatbestandsmerkmal der Formvorschrift. Dann kann es aber nicht entscheidend darauf ankommen, ob der Gesetzeszweck nicht auch auf andere Weise als durch Einhaltung der Form erreicht wird. Ungeachtet dieser grundsätzlichen Bedenken soll nachfolgend gleichwohl näher geprüft werden,

---

148 Müller, JR 1970, 89.
149 Zuletzt LG Berlin ZMR 1988, 466 f.
150 Vgl. z.B. BGHZ 16, 334.

ob zweckorientierte Überlegungen eine Privilegierung von Nachträgen rechtfertigen könnten.

Eingegangen sei zunächst auf die über § 571 BGB hinausgehenden Schriftformzwecke, die auch den Interessen der ursprünglichen Vertragsparteien dienen (z.b. Klarstellung und Beweis). Da beiden Parteien ja auch die Änderungsurkunde zur Verfügung steht, darf angenommen werden, daß z.b. im Falle der rechtlichen Relevanz einer Vertragsänderung im Zusammenhang mit einem Streit zwischen den Parteien die Änderungsurkunde wohl von derjenigen Partei in den Streit zur Klarstellung oder als Beweis eingeführt wird, die aus der Vertragsänderung eine für sich günstige rechtliche Konsequenz ableitet[151]. Einer festen körperlichen Verbindung bedarf es hierzu also meist nicht. Die Formzwecke Klarheit und Beweissicherung ließen sich folglich auch mit einer bloßen gedanklichen Bezugnahme zwischen den Urkunden verwirklichen.

Gleiches wird sich freilich für den Erwerberschutz nicht sagen lassen. Gibt es neben der ursprünglichen Vertragsurkunde noch eine weitere Urkunde, von der der Erwerber nichts weiß, weil sie weder auf der ursprünglichen Urkunde niedergeschrieben noch mit dieser körperlich verbunden ist, besteht die Gefahr, daß der Erwerber über den Inhalt des von ihm zu übernehmenden Vertragsinhalts unrichtig und/oder unvollständig informiert wird. Dies gilt umso mehr, als der Erwerber an die ihm vorgelegte Ursprungsurkunde mit einem besonderen Vertrauen herangehen kann: Rechtsprechung[152] und Literatur[153] haben stets betont, daß die über einen Vertrag aufgenommene (einheitliche) Urkunde die Vermutung der Richtigkeit und Vollständigkeit für sich habe. Wegen dieser Vermutungsregel darf der Erwerber körperlich selbständige Nachtragsurkunden, die ihm nicht bekannt sind und auch nicht bekannt sein müssen, ganz außer Acht lassen. Diesen wichtigen Aspekt übersieht die Rechtsprechung[154], wenn sie für Auflockerungen bei Nachträgen anführt, der Erwerber könne sich auch ohne körperliche Verbindung zwischen mehreren Urkunden einen umfassenden Überblick verschaffen.

6. Berichtigende Rechtsfortbildung

Mangels geeigneter dogmatischer Ansätze läßt sich der Verzicht auf die Urkundeneinheit zwischen Hauptvertrag und Nachtrag allenfalls mit Recht-

---

151 Vgl. zu dieser Annahme Müller, JR 1970, 89.
152 Vgl. etwa BGH NJW 1980, 1680.
153 Siehe nur statt vieler MüKo-Förschler § 125, Rz. 25.
154 Z.B. LG Berlin ZMR 1988, 465, 466.

fortbildung rechtfertigen. Rechtsfortbildung contra legem ist zwar grundsätzlich wegen der Bindung an Gesetz und Recht (Art. 20 Abs.3 GG) ausgeschlossen[155]. Sie ist aber ausnahmsweise möglich, wenn und soweit die gesetzliche Regelung in ihren Auswirkungen mit der Gesamtrechtsordnung nicht mehr in Einklang steht[156]. Für sie muß es auf jeden Fall ein unabweisbares und dringendes Bedürfnis geben.

Die gesetzliche Notwendigkeit der Herstellung einer Urkundeneinheit zwischen Hauptvertrag und Nachtrag wird vom Rechtsverkehr seit jeher in den allermeisten Fällen mißachtet oder vernachlässigt. Die Gründe hierfür liegen auf der Hand: Der Abänderungsvertrag enthält nur die abgeänderten bzw. ergänzten Punkte. Die früheren Vereinbarungen, die bereits in einer Urkunde festgehalten sind, sollen bestehen bleiben und werden infolgedessen in dem Änderungsvertrag nicht mehr besonders erwähnt. Das Bewußtsein, daß mit dem Nachtrag nicht nur der inhaltliche, sondern zugleich auch der formale Bestand des Vertrags tangiert wird, ist in den seltensten Fällen vorhanden[157]. Wo die Form doch ausnahmsweise bedacht wird, wird Mehraufwand vom Rechtsverkehr als überflüssig oder übertrieben empfunden, z.B. weil sich im Laufe des Mietverhältnisses eine "echte Partnerschaft" zwischen den Parteien herausgebildet[158] oder sich der einfache verbale Verweis als Übung stillschweigender Modifizierung eingespielt hat[159]. Roquette[160] übertrieb deshalb nicht, als er von der Herstellung der Urkundeneinheit zwischen Hauptvertrag und Nachtrag aus der Praxis mit der Feststellung berichtete: "... Das geschieht natürlich niemals ...". Nach alledem würde eine berichtigende Rechtsfortbildung den zeitgemäßen Gepflogenheiten und Bedürfnissen des Rechtsverkehrs sehr entsprechen.

Rücksichtnahme auf eingespielte Praktiken allein vermag freilich Richterrecht, das sich dem Gesetz widersetzt, nicht zu legitimieren. Rechtsfortbildung rechtfertigen könnte allerdings folgender Gesichtspunkt: Der mitbezweckte Schutz der ursprünglichen Parteien (Klarheit, Beweissicherung etc.) würde in das Gegenteil, nämlich von Nützlichkeit in größte Schädlichkeit, umschlagen, wenn Nachträge, die in großer Zahl bereits aus geringem Anlaß und meist formlos abgeschlossen werden, den Bestand des langfristigen Mietverhältnisses insgesamt in Frage stellen. Die wegen des hohen Aufkommens von Mietverträgen alltägliche Umsetzung privatautonomer Entschei-

---

155 Vgl. hierzu BVerfGE 65, 194.
156 Siehe die Nachweise bei Palandt-Heinrichs Einleitung, Rz. 49.
157 Selbst juristisch betreute Abschlüsse sind oft formnichtig, was auch mangelndes Problembewußtsein unter Juristen belegt.
158 So wörtlich Weimar, ZMR 1969, Nr. 8.
159 Formulierung in Anlehnung an Müller, JR 1970, 86.
160 ZMR 1973, 33.

dungen würde regelmäßig an der Strenge der Form scheitern, die den größten Teil der Teilnehmer am (Massen-)Rechtsverkehr erkennbar und anerkanntermaßen überfordert und daran mit der Gesamtnichtigkeit auch noch Sanktionen knüpft. Das übergeordnete Prinzip, wonach die Formen den Parteien dienen sollen, nicht hingegen die Parteien der Formvorschrift, würde mit allzu konsequenter Formstrenge angegriffen. Diese Überlegungen rechtfertigen eine Rechtsfortbildung contra legem letztlich wohl doch[161]; zu ihr sollte man sich aber offen bekennen und klarstellen, daß für einen Ausnahmefall von einer zwingenden gesetzlichen Vorschrift abgewichen wird.

7. Anforderungen an die Deutlichkeit verbaler Bezugnahmen

Die Entscheidung für die Entbehrlichkeit einer festen körperlichen Verbindung zwischen den Urkunden wirft die Frage auf, welche Anforderungen an eine ausreichende verbale (gedankliche) Bezugnahme zu stellen sind. Die Bandbreite der Möglichkeiten ist insoweit groß. Ein Extrem bildet die inzwischen modifizierte, auch von Roquette[162] vertretene Meinung des BGH[163], wonach die Nachtragsurkunde zumindest die wesentlichen Bestandteile eines Mietvertrags enthalten müsse, also mindestens Angaben zum Mietobjekt, zum Mietzins und zur Mietzeit.

Wer allerdings dem Rechtsverkehr derart große, dessen Gepflogenheiten widersprechende Sorgfalt aufbürdet, muß sich vorhalten lassen, warum er überhaupt mit dem Ziel, Erleichterungen zu schaffen, von der strengen Schriftform abgewichen ist. Ihm wird ferner vorgeworfen werden können, es sei unerträglicher Formalismus, wenn z.B. angenommen werden müßte, der Nachtrag sei dann wirksam, falls hinter die Worte "das zwischen den Parteien bestehende Mietverhältnis" noch die Formulierung "über das Grundstück ..." gesetzt würde, während beim Fehlen dieses Zusatzes die Wirksamkeit zu verneinen sei.

Es genügt also, wenn die Nachtragsurkunde auf den ursprünglichen Vertrag Bezug nimmt und zum Ausdruck kommt, es solle unter Einbeziehung des Nachtrags bei dem verbleiben, was früher bereits formgültig niedergelegt

---

161 Im Grundsatz werden die Auflockerungen bei Nachträgen von breiter Zustimmung getragen; dies läßt erwarten, daß sie in absehbarer Zeit ohnehin die Qualität von Gewohnheitsrecht erlangen, vgl. allgemein hierzu Gernhuber, Festschrift f. Schmidt-Rimpler, S. 163, der für eine solche Entwicklung die Positive Forderungsverletzung nennt; die Bedeutung als Rechtsfortbildung wird dann in den Hintergrund treten.
162 Roquette, ZMR 1970, 35.
163 BGH ZMR 1964, 304.

war[164]. Wie deutlich die Bezugnahme im Nachtrag sein muß, ist freilich noch nicht ausreichend geklärt. Das LG Berlin[165] behilft sich beispielsweise bei einer globalen und unbestimmten Bezugnahme mit der Auslegung gemäß §§ 133, 157 BGB. Ob dies noch mit der ratio des § 566 BGB noch vereinbar ist, dürfte fraglich sein. Der Erwerber muß sich zuverlässig aus der Urkunde über den Vertragsinhalt unterrichten können, obwohl er an den Vertragsabschlüssen nicht mitgewirkt hat und im Zweifel die Begleitumstände, aus denen auf die Zusammengehörigkeit von Urkunden geschlossen werden könnte, nicht kennt. Allzuviel Aufwand und Auslegungsgabe darf ihm deshalb bei der Feststellung der Zusammengehörigkeit der Schriftstücke auch nicht zugemutet werden, zumal er nach dem strengen Gesetz eigentlich eine einheitliche Urkunde vorgelegt bekäme, auf deren Vollständigkeit er sich verlassen dürfte. Die gedankliche Bezugnahme im Nachtrag sollte deshalb so deutlich sein, daß bereits der Wortlaut keine Zweifel an der Zusammengehörigkeit bestimmter Urkunden läßt. In diesem Sinne könnte der Nachtrag etwa mit folgender Formulierung eingeleitet werden:

"Zum Mietvertrag vom ... und zu den Nachträgen vom ... und vom ... , die unverändert fortgelten, soweit nachfolgend nicht ausdrücklich anderes bestimmt wird, vereinbaren die Parteien folgendes: ..."[166].

Im übrigen ist selbst eine solche eindeutige Bezugnahme für den Erwerber nur dann wertvoll, wenn auf für sich formgültige Urkunden verwiesen wird. Der Verweis auf unvollständige oder in sonstiger Hinsicht unzuverlässige Schriftstücke entwertet zugleich die Zuverlässigkeit der Bezugnahme. Jedenfalls muß für Auflockerungen bei Nachträgen verlangt werden, daß zumindest die Haupturkunde aus einer festen körperlichen Einheit besteht[167].

8. Abgrenzung Nachtrag/neuer Vertrag

Die vorstehend beschriebenen formalen Auflockerungen privilegieren den Nachtrag gegenüber dem Hauptvertrag. Für den einen genügt die verbale Bezugnahme, für den anderen bleibt die feste körperliche Verbindung erforderlich. Im Einzelfall kann deshalb die Unterscheidung zwischen beiden Vertragsarten für die Formwirksamkeit des Vertrags sehr bedeutsam sein. Die Abgrenzung bereitet z.B. Probleme, wenn die Parteien unter Abweichung von

---

164 So jetzt die Rechtsprechung seit BGH WM 1974, 453.
165 LG Berlin ZMR 1988, 465, 466.
166 Wichtig ist auch, daß aus der Bezugnahme klar hervorgeht, wieviele Urkunden es insgesamt gibt und wie man sie zuordnen und erkennen kann (z.B. Nummern und Datum der Nachträge).
167 Vgl. dazu schon oben E III 8.

einem früheren (alten) Vertrag eine zweite (neue) Vereinbarung treffen, wonach andere Räumlichkeiten angemietet, der Mietpreis erhöht und die Vertragszeit geändert werden[168]. Entscheidend ist, welches Schicksal die Parteien dem alten Vertrag zudenken. Die ausdrückliche Aufrechterhaltung des alten Vertrags im übrigen führt stets dazu, daß der neue Vertrag als Änderungsvertrag anzusehen ist. Daran ändert auch die Modifizierung der wichtigsten Regelungspunkte (Mietgegenstand, Mietzins, Mietzeit) grundsätzlich nichts. Aus ihr allein läßt sich nämlich eine Ersetzung des bisherigen Schuldverhältnisses nicht herleiten[169]. Es müssen vielmehr weitere Umstände hinzukommen, aus denen sich sicher erkennen läßt, daß der alte Vertrag keinen Bestand mehr haben, also im ganzen als aufgehoben gelten soll.

Festzustellen bleibt noch, daß die weite Auslegung des Begriffs "Nachtrag", wie sie hier vertreten wird, in der Tendenz einen weiteren Schritt von der strengen Schriftform wegführt. Je öfter von einem Nachtrag die Rede sein kann, desto zahlreicher sind auch die Auflockerungsfälle, in denen auf eine feste körperliche Verbindung zwischen den Urkunden verzichtet werden kann[170].

---

168 Über einen solchen Fall hatte der BGH NJW 1992, 2283, zu entscheiden.
169 BGH NJW 1992, 2283; zustimmend Schlemminger, NJW 1992, 2251.
170 Vgl. dazu auch Schlemminger, NJW 1992, 2251.

F. Fehlerfolgen und Korrektive

Die Fälle, in denen zwar Formunwirksamkeit des Mietvertrages angenommen, im Ergebnis aber dennoch unter – teils dogmatisch unscharfer – Zuhilfenahme von Korrektiven wie Treuwidrigkeit, entsprechender Anwendung des § 139 BGB, faktischem/sozialtypischem Parteiverhalten oder vor- bzw. außervertraglichen (deliktischen) Verfehlungen oder mit noch anderen Hilfskonstruktionen[1] die Langfristigkeit des Mietverhältnisses bestätigt wurde, sind vielzählig und kaum noch überschaubar[2]. Das verwundert nicht: Die Aufrechterhaltung formnichtiger Schuldverträge ist über das Mietrecht hinaus ein noch nicht klar gelöstes Rechtsproblem, dessen Betrachtung und Behandlung in diesem Jahrhundert gleich mehrere grundlegende Wandlungen erfahren hat[3]. Während noch das Reichsgericht vorwiegend mit einer aus den Bestimmungen der §§ 826, 249 BGB hergeleiteten deliktischen Erfüllungshaftung operierte[4] und der Bundesgerichtshof zunächst verstärkt Verschulden beim Vertragsschluß als Hilfskonstruktion einsetzte[5], wird heute überwiegend mit der analogen Anwendung des § 139 BGB[6] oder dem Einwand der unzulässigen Rechtsausübung Ergebniskorrektur betrieben[7]. Daß § 566 Satz 2 BGB keine Nichtigkeit des Mietvertrages, sondern nur fiktiv hinsichtlich der Laufzeit einen anderen Inhalt des Mietverhältnisses vorgibt, schafft zusätzliche Probleme, drängt sich doch hier die Erwägung auf, für die Folgen der Formunwirksamkeit müsse ebenfalls Besonderes gelten, weil ein vertragsloser Zustand durch sie letztlich nicht herbeigeführt werde.

Betrachtet man die Vielzahl unterschiedlicher Hilfskonstruktionen, fehlt es derzeit nicht nur an Rechtssicherheit, soweit es um die Bestimmung der Formerfordernisse bzw. die Feststellung von Formfehlern geht, sondern in nicht geringerem Maße auch dort, wo es die Auswirkungen (Schädlichkeit/

---

1 Z.B. die entsprechende Anwendung des § 116 BGB, für die Flume AT/II, § 15 III 4 C cc) (S. 281) plädiert.
2 Vgl. z.B. die Fallsammlung bei Bub/Treier-heile, Kap II, Rz. 786 ff.
3 Ein Überblick über die verschiedenartigen Lösungsversuche findet sich etwa bei Lorenz, AcP 156, 398 ff.
4 Z.B. RG Warneyer 1908, Nr. 38; RGZ 82, 299, 304 f.; kritisch u.a. Reichel, AcP 104, 46 ff.
5 Erwähnt seien als Beispiele: BGH WM 1955, 728; BGH NJW 1965, 1014.
6 Vgl. BGH NJW 1968, 1229; BGH NJW 1975, 1655.
7 Aus der neueren Rechtsprechung: BGH NJW 1989, 166 f.; BGH NJW 1977, 2072.

Unschädlichkeit) solcher Fehler zu klären gilt[8]. In der nachfolgenden Untersuchung wird deshalb vor allem auf dogmatische Genauigkeit und die Aussonderung untauglicher Hilfskonstruktionen Wert gelegt.

I. Entsprechende Anwendung des § 139 BGB

Wird die Rechtsfolge des § 566 Satz 2 BGB im Einzelfall als unbillig erachtet und sind die Regelungen des Mietverhältnisses so teilbar, daß sie unabhängig voneinander Bestand haben können, scheint der Schritt nahe zu liegen, analog § 139 BGB den aus einer Kombination von formwirksamen bzw. formlos wirksamen und formlosen Bestimmungen bestehenden Mietvertrag (z.B. einen formwirksamen Hauptvertrag und einen nicht formgerechten Nachtrag) in einen langfristigen und einen ordentlich kündbaren Teil aufzuspalten. Er wurde nicht nur von der Literatur[9], sondern bereits mehrfach höchstrichterlich aufgegriffen[10] und hat somit inzwischen einen festen Platz in der Schriftformdogmatik erlangt[11], was eine kritische Betrachtung herausfordert.

1. § 566 Satz 2 BGB als vorrangige Spezialnorm

Die Regelung in § 566 Satz 2 BGB ist weder Ergänzungsvorschrift noch Auslegungsregel, sondern Spezialnorm, die die Nichtigkeitsfolge des § 125 BGB teilweise, die Anwendbarkeit des § 139 BGB sogar grundsätzlich ganz ausschließt[12]. Deshalb entbehrt nicht nur ein aus schriftlichen und formlosen Abreden bestehender Hauptvertrag insgesamt der gesetzlichen Schriftform, sondern auch ein schriftlich geschlossener (Haupt-)Vertrag, der nachträglich formlos geändert wird[13]. Bildhaft betrachtet läßt sich eine wesentliche, aber formlose Abrede mit einem Virus vergleichen, dessen ausbreitende und letztlich allumfassende Wirkung noch so zahlreiche schriftliche Vereinbarungen

---

8 Vor allem in Fällen, in denen Kündigungen auf Schriftformmängel gestützt werden und Grundlage von Räumungsklagen sind; beide Seiten sollten anhand der Rechtsprechung/Literatur abschätzen können, ob sie mit dem Weiterbestand des Mietverhältnisses rechnen können/müssen.
9 Vgl. etwa Müller, JR 1970, 86 ff. und Sternel, Kap I, Rz. 209; kritisch hingegen Roquette, ZMR 1970, 33, 35.
10 BGHZ 50, 39, 43 (Verlängerungsvertrag); BGHZ 65, 48, 54 (Mietbeitritt).
11 Siehe z.B. die recht breite Abhandlung bei Sternel I rz. 209 oder Bub/Treier-Heile, Kap II, Rz. 781.
12 Vgl. Herleitung und Nachweise in B II 3 (S. 9 f.).
13 Vgl. BGHZ 50, 39 m.w.N.

nicht verhindern können; mit jeder nachträglichen Abrede entsteht dabei die Infektionsgefahr neu[14].

Diese – die Anwendbarkeit des § 139 BGB ausschließende – Formstrenge läßt sich mit der ratio des § 566 BGB rechtfertigen: Dem gemäß § 571 BGB eintretenden Erwerber, der unter anderem oder hauptsächlich geschützt werden soll, ist nicht zuzumuten, daß ihm ein uneinheitliches, nämlich aus teils lang- und teils kurzfristigen Abreden bestehendes Mietverhältnisses mit entsprechend unterschiedlichen Rechtsfolgen präsentiert wird. Der Erwerber soll von der Last befreit werden, den Weiterbestand des Vertrags im ganzen oder in den einzelnen Regelungspunkten festzustellen[15]. Noch weiter ging sogar das Reichsgericht, als es in seinem Urteil vom 27.09.1927 formulierte[16]:

"Wird durch sie (sc.: die Nebenabreden) der Inhalt des Vertrages geändert, wie dies im vorliegenden Fall geschehen ist, so besteht zwar der Vertrag im abgeänderten Zustand fort. Er setzt sich aber nunmehr aus teils schriftlichen, teils mündlichen Vereinbarungen zusammen; der ursprünglich durch die Schriftform gedeckte Gesamtinhalt ist ein anderer geworden und wird durch sie nicht mehr gedeckt. Ein schriftlich abgeschlossener Vertrag des nunmehr unter den Parteien maßgebenden Inhalts ist also nicht vorhanden".

Mit dieser Aussage trifft das Reichsgericht den Kern des Problems: Mündliche Abreden verändern den Inhalt des Mietverhältnisses mit der Folge, daß dieser nicht mehr aus dem schriftlich niedergelegten sicher und vollständig erkennbar ist. Für eine Teilunwirksamkeit ist deshalb innerhalb der Rechtsfolge des § 566 Satz 2 BGB kein Raum[17].

2. Höchstrichterlich anerkannte Ausnahmen

Ungeachtet der aufgezeigten Erwägungen hat der bislang BGH für zwei besondere Sachverhalte eine Ausnahme von der uneingeschränkten Wirkung des § 566 Satz BGB zugelassen. In einem Fall[18] ging es um einen Verlängerungsvertrag, welcher unter Mißachtung der Schriftform abgeschlossen wurde. Hier sah sich der BGH zu einer klaren Trennung veranlaßt und berechtigt;

---

14 Was wohl auch einen Grund für die Auflockerungsrechtsprechung bildet, vgl. dazu oben E IV 2 (S. 106 ff.).
15 So fast wörtlich: Müller, JR 1970, 86, 89; dennoch plädiert Müller letztlich doch für eine generelle Anwendbarkeit des § 139, falls sich der Mietvertrag in selbständige Teile aufteilen und ein entsprechender hypothetischer Wille der Parteien feststellen läßt.
16 Reichsgericht, Urteil vom 27.9.1927 in: RGZ 118, 105, 108.
17 Ebenso etwa Roquette, ZMR 1970, 33, 35.
18 BGH NJW 1968, 1229.

er erwog, daß der Verlängerungsvertrag in den Inhalt des bereits bestehenden, formgültigen, ursprünglichen Vertrages während dessen Laufzeit zu keiner Zeit eingreife, sondern nur zur Folge habe, daß der vereinbarten Mietzeit, bei der es nach dem Willen der Vertragsschließenden bleiben solle, ein weiterer Zeitabschnitt vertraglich angefügt werde. Der Gedanke, daß der als unteilbare Einheit aufgefaßte Inhalt des Vertrages formgültig nur abgeändert werden könne, wenn er insgesamt von der Schriftform umfaßt werde, treffe dann nicht mehr in vollem Umfang zu, wenn die Änderung nur in einer den sonstigen Inhalt nicht berührenden Verlängerung besteht. Daraus folge wiederum: Nur der Verlängerungsvertrag gelte als auf unbestimmte Zeit geschlossen und sei kündbar, während der ursprünglich formgültige Vertrag bis zum Ende der vereinbarten Laufzeit fest abgeschlossen bleibe. Den Interessen des Erwerbers sei letztlich genügt, weil er ja die Bindung des Nachtrags durch ordentliche Kündigung verhindern könne.

Diese Argumentation übertrug der BGH später auf den Fall, daß ein zweiter Mieter dem Mietverhältnis mit einem nur mündlichen geschlossenen Nachtrag beitritt[19]: Damit habe die Rechtsstellung des ersten Mieters nicht geändert werden sollen; er habe Mieter mit allen Rechten und Pflichten bleiben wollen und sollen. Es seien – orientiert am Zweck der Formvorschrift – keine Gründe erkennbar, warum er seine schuldrechtlichen Verpflichtungen nur deshalb habe beenden können, weil ein Zusatzvertrag nicht den Formvorschriften entspreche, im übrigen aber *seine* Rechtsbeziehungen zum Vermieter nicht berühre.

Diese Rechtsprechung überzeugt kaum. Es macht keinerlei Unterschied, ob der mündliche Nachtrag eine(n) Verlängerung/Beitritt oder einen anderen für das Mietverhältnis wesentlichen Inhalt hat. In jedem Fall ist durch ihn der ursprünglich durch die Schriftform gedeckte Gesamtinhalt eine anderer geworden mit der Folge, daß ein schriftlich abgeschlossener Vertrag nicht mehr existiert und die Fiktion des § 566 Satz 2 BGB greift. Auch die Argumentation des BGH, orientiert am Zweck der Form sei Strenge nicht erforderlich, ist unzulässig: Wenn einmal das Gesetz die gesetzliche Schriftform für Mietverträge verlangt, dann müssen auch die Regeln, die das Gesetz für die Einhaltung der Form aufgestellt hat, ausnahmslos eingehalten werden[20]; sie können insbesondere nicht von Fall zu Fall in dem Maße abgewandelt werden, in welchem der Zweck der Formvorschrift als erfüllt gelten kann. Wenn und solange die Urkundeneinheit Wesensmerkmal der gesetzlichen Schriftform bleibt, müssen alle Mietverträge, die dieses Merkmal nicht aufweisen, als formunwirksam behandelt werden, und zwar selbst dann, wenn die Aufspal-

---

19 BGH NJW 1975, 1653, 1655.
20 Roquette, ZMR 1970, 35.

tung des Vertragsinhalts erst durch die Nachtragsvereinbarung herbeigeführt wurde. Soweit der BGH in den beschriebenen Sonderfällen Ergebniskorrektur aus Billigkeitsgründen betreibt, weil der Inhalt des Nachtrags Bestehendes nicht zunichte machen können soll, ist eine entsprechende Anwendung des § 139 BGB kein taugliches dogmatisches Instrument. Der BGH sollte besser – wie er es in anderen Fällen auch getan hat[21] – eine Lösung über die Grundsätze von Treu und Glauben versuchen, auf die noch einzugehen sein wird[22].

Die zitierte Rechtsprechung kann auch aus einem anderen Grund nicht richtig sein. Nimmt man an, der Hauptvertrag bleibt für die vorgesehene Laufzeit bestehen, während die Nachtragsvereinbarung nach Maßgabe des § 566 Satz 2 BGB kündbar wird, könnte sich der Grundstückserwerber nur mit einer Teilkündigung von dem nicht schriftlich festgehaltenen Teil des Mietverhältnisses lösen. Eine solche auf einzelne Vertragsabreden bezogene Teilkündigung ist zwar denkbar, soweit ein ausreichender vertraglicher Restbestand verbleibt. Sie ist aber unzulässig, weil die Kündigung nach ihrem gesetzlichen Gehalt auf die Auflösung des Rechtsverhältnisses in seiner Gesamtheit ausgerichtet ist[23]: Die Gebrauchsüberlassung ist nämlich eine unteilbare Leistung[24]. Zwar kann von diesem Verbot ausnahmsweise abgewichen werden, wenn sich die Parteien darüber einig sind und der gesetzliche Wohnraumkündigungsschutz nicht entgegensteht[25]. Für eine derartige Einigung genügt jedoch nicht, daß die Parteien bei Abschluß der Nachtragsvereinbarungen den ursprünglichen Bestand des Mietverhältnisses nicht hatten gefährden wollen. Daraus die Vereinbarung einer Teilkündbarkeit zu interpretieren, würde wohl eine Fehleinschätzung der Kommunikationssituation bedeuten, denn die Parteien haben sich über die Teilkündbarkeit überhaupt keine Gedanken gemacht, im Gegenteil auf die Gesamtabwicklung des durch den Nachtrag veränderten Mietvertrags abgezielt.

Nach alledem bleibt auch in den vom BGH behandelten Sonderfällen kein Raum für eine Einschränkung der Rechtsfolge des § 566 Satz 2 BGB auf bestimmte Teile des (gesamten) Mietvertrages. Diese Rechtsprechung sollte nicht als ermutigendes Beispiel für eine noch weitergehende Anwendung des § 139 BGB dienen, sondern aus der Diskussion über gangbare Hilfskonstruktionen ganz ausgeklammert bleiben.

---

21 Vgl. etwa BGH NJW 1977, 2072; BGH NJW 1989, 166.
22 Vgl. unten F IX.
23 Vgl. z.B. OLG Karlsruhe WM 1983, 166; Schmidt-Futterer/-Blank, WohnrSchG, Rz. 47; MüKo-Voelskow § 564, Rz. 22.
24 Vgl. Wolf/Eckert, Rz. 246.
25 Statt vieler vgl. nur Sternel, Kap IV, Rz. 27.

3. Allgemeine Ausweitungstendenzen

In der Literatur wird zum Teil eine entsprechende Anwendung des § 139 BGB über die vom BGH anerkannten Sonderfälle hinaus befürwortet[26]. Offen angestrebt ist eine Milderung der als unbefriedigend angesehenen Ergebnisse[27]. Grund für die Korrektur soll vor allem sein, daß man wegen des bereits (formwirksam) abgeschlossenen Hauptvertrages regelmäßig wird sagen können, die Parteien hätten die Nachtragsvereinbarung nicht abgeschlossen, sofern sie die (negativen) Konsequenzen in bezug auf den Hauptvertrag bedacht hätten[28]. Schon diese Wahrscheinlichkeitsbetrachtung ist so nicht korrekt: Viel wahrscheinlicher ist nämlich, daß die Parteien den Mietvertrag doch abgeschlossen, dabei aber negative Konsequenzen durch Beachtung der Schriftformerfordernisse vermieden hätten. Mit Recht fragt auch Reichel[29], wie man mit einer hypothetischen Betrachtung der Parteiwillen entgegen der Vermutung des § 139 BGB zu einer partiellen Gültigkeit kommen will, wenn derjenige, der sich auf den Schriftformmangel beruft, mit seinem Verhalten klar zum Ausdruck bringt, daß er (für keinen Teil des aufspaltbaren Mietverhältnisses) auf Langfristigkeit Wert legt.

Gegen Ausweitungsversuche sprechen zunächst die gleichen Erwägungen, wie sie gegen die Sonderfallrechtsprechung des BGH angeführt wurden[30]: Jede nachträgliche mündliche Abrede führt zum Verlust der Schriftform insgesamt ohne Rücksicht auf besondere Inhalte dieser Abrede, weil § 566 Satz 2 BGB als Spezialnorm die Anwendung des § 139 BGB ausschließt. Wollte man eine Aufspaltung des Mietverhältnisses in formwirksame und formlose Teile im Verhältnis von Hauptvertrag und Nachtrag zulassen, wäre ferner im Ergebnis inkonsequent, nicht auch für den Inhalt des Hauptvertrags selbst zwischen schriftlichen und mündlichen Bestimmungen zu unterscheiden, z.B. wenn wesentliche Anlagen wie Pläne und Baubeschreibung nicht mit dem Vertragstext des Hauptvertrages zu einer festen körperlichen Einheit im Sinne der insoweit strengen Rechtsprechung[31] verbunden sind. Dann aber zerfiele das auf Einheitlichkeit angelegte Mietverhältnis in zahllose, teils kündbare, teils jedoch langfristige Teile, was den Informationswert und die Verläßlichkeit des schriftlich Festgehaltenen wiederum reduzierte. Gerade das soll mit den Formvorschriften der §§ 566, 126 BGB aber verhindert werden.

---

26 Hervor tun sich etwa AK-BGB-Derleder § 566, Rz. 4; Wolf/-Eckert, Rz. 37 f.; u.a.
27 So z.B. das Bekenntnis von Wolf/Eckert, Rz. 38.
28 Siehe exemplarisch die Begründung von Sternel, Kap I, Rz. 209.
29 Reichel, AcP 104, 1, 67 f.
30 Vgl. oben 2).
31 Vgl. BGHZ 40, 253 ff.

Die von Teilen der Literatur[32] beklagten "unbefriedigenden Ergebnisse" lassen sich größtenteils auch ohne Analogie zu § 139 BGB vermeiden, indem der Formzwang bei Vertragsänderungen von nicht allzu großer Bedeutung gelockert wird[33]. Damit einigermaßen klare Konturen erhalten bleiben, ist dem Rechtsverkehr am meisten gedient, wenn an der ausnahmslosen Formnichtigkeit festgehalten und dafür die Fehleranfälligkeit der formgebundenen Rechtsgeschäfte durch Anpassung der Formgebote an die Bedingungen des Rechtsverkehrs reduziert wird[34]. Der moderne Rechtsverkehr ist nicht überfordert (und deshalb auch nicht schützenswert), wenn er sich bei Nachtragsvereinbarungen mit verbalen Bezugnahmen auf den formwirksamen Hauptvertrag – wie der BGH mit seiner Auflockerungsrechtsprechung bestätigt – begnügen darf[35]. Wo dennoch selbst gegen die aufgelockerten Erfordernisse verstoßen und dadurch ein schlechthin untragbares Ergebnis herbeigeführt wird, bleibt der Rückgriff auf die Grundsätze von Treu und Glauben, auf die noch näher einzugehen sein wird[36].

4. Differenzierung nach der Selbständigkeit des Nachtrags

Müller[37] lehnt die Anwendung des § 139 BGB im Grundsatz ebenfalls ab, da andernfalls der Zweck des § 566 BGB vereitelt würde[38]. Er will aber dort eine Ausnahme machen, wo der ursprüngliche Vertrag auch ohne die Wirksamkeit des Nachtrags seinen wirtschaftlichen Sinn behält, der Nachtrag also lediglich ergänzt und die Selbständigkeit des Hauptvertrags unberührt läßt. Es gebe dann zwei selbständig auflösbare Teile eines Rechtsgeschäfts, was eine "analoge Heranziehung des in § 139 BGB zum Ausdruck gebrachten Grundgedankens" rechtfertige[39]. Als Anwendungsbeispiel nennt Müller Nachträge, die zusätzlich auftretende, aber für den Vertragsbestand nicht essentielle wirtschaftliche Bedürfnisse einer oder beider Parteien befriedigen[40].

---

32 Vgl. z.B. Wolf/Eckert, Rz. 38.
33 Das gesteht selbst Wolf/Eckert, Rz. 38 zu.
34 Zu diesem Schluß kommt in anderem zusammenhang auch Häsemeyer, JuS 1980, 8.
35 Vgl. hierzu oben E IV 2 (S. 100 ff.).
36 Vgl. hierzu BGH JuS 1978, 52 m.w.N.; Fälle der Treuwidrigkeit werden noch ausführlich in Abschnitt F IX abgehandelt; der Sonderfallrechtsprechung des BGH eher skeptisch gegenüber steht auch Bub/Treier-Heile, Kap II, Rz. 781, der aus der Rechtsprechung keine Tendenz ablesen will.
37 Müller, JR 1970, 86, 89 f.
38 A.a.O., S. 89.
39 So Müller wörtlich a.a.O., S. 90.
40 A.a.O., S. 89.

Diese Verselbständigung bedeutet näher betrachtet eine künstliche Trennung eines rechtlich zusammengehörenden Sachverhalts. Auch eine Ergänzung stellt eine Änderung des Vertragsinhalts dar und ist deshalb der Schriftform unterworfen, wenn sie nicht nur unwesentliche oder nicht nur die Langfristigkeit nicht berührende Abreden enthält. Die Zusammengehörigkeit belegt folgende Annahme: Würden die Parteien nicht zum Abschluß eines ergänzenden Nachtrags, sondern erstmals zum Abschluß des Ursprungsvertrags zusammentreffen, wäre auch der als Ergänzung gedachte Teil formbedürftig und eine Teilaufrechterhaltung über § 139 BGB unzulässig. Daran kann auch die zeitlich bedingte Zweiteilung in Hauptvertrag und Nachtrag nichts ändern. Verselbständigt im formalrechtlichen Sinne wäre die spätere Abrede nur, wenn sie den Rahmen des Mietverhältnisses verließe, etwa als vom Mietvertrag losgelöster eigenständiger Nutzungs- oder Dienstleistungsvertrag angesehen werden könnte, der nur zufällig zwischen den Parteien des Mietvertrags geschlossen wurde.

Müllers interessante These kann somit die analoge Anwendung des § 139 BGB auch für die von ihm genannten Sonderfälle nicht rechtfertigen.

II. Vertraglicher Anspruch auf Nachholung der gesetzlichen Form

Schriftformmängel haben keine Folgen, wenn und solange der Vertragspartner einen Anspruch auf Nachholung der gesetzlichen Schriftform hat, den er entweder einklagen oder aber der sich auf Schriftformmängel berufenden Partei mit der Begründung vorhalten kann, diese agiere mangels schutzwürdigem Eigeninteresse treuwidrig (nutzlose und deshalb mißbräuchliche Rechtsausübung)[41]. Voraussetzung für einen solchen Anspruch ist, daß er zwischen den Parteien ausdrücklich oder konkludent vereinbart wurde[42]. Der BGH hat dies in folgendem Fall angenommen[43]:

Eine Partei gab den Inhalt mündlich geführter Vertragsverhandlungen in einem späteren Bestätigungsschreiben dahin wieder, daß grundsätzliche Vermietungsbereitschaft zu bestimmten Bedingungen (dreijährige Laufzeit, Mietzins etc.) bestehe. Das Schreiben endete mit der Anmerkung, hiermit seien erst einmal alle Grundzüge des "künftigen Vertrages" festgehalten. Schließlich wurde der anderen Partei die Übersendung des "genauen Entwurfs des (schriftlichen) Mietvertrags" avisiert.

---

41 Vgl. allgemein zu diesem Einwand aus Treu und Glauben: Palandt-Heinrichs § 242, Rz. 50, 52.
42 Herrschende Meinung, vgl. nur BGB-RGRK-Gelhaar § 566, Rz. 16; RGZ 97, 219.
43 BGH ZMR 1964, 79 ff.

Der BGH sah aufgrund dieses Schreibens und der zum Inhalt der mündlichen Absprachen gehörten Zeugenaussagen als erwiesen an, daß im Zusammenhang mit dem mündlichen Abschluß des Mietvertrags, sei es gleichzeitig oder später, eine ausdrückliche oder stillschweigende Vereinbarung getroffen worden sei, wonach der Mietvertrag noch schriftlich beurkundet werden sollte. Eine solche Abmachung sei rechtlich möglich und auch dann formlos gültig, wenn es sich um einen mehrjährigen Vertrag handele[44].

Diese Rechtsprechung ist schon im Ansatz bedenklich, soweit man den Zweck des § 566 BGB nicht zuletzt im Übereilungsschutz sieht und deshalb die Einhaltung der Formerfordernisse auch für den Mietvorvertrag fordert[45]. Jede formlose Verpflichtung zur Herstellung der Form birgt Umgehungsgefahr in sich; wer sich in diesem Zusammenhang vor Abschluß des formwirksamen Vertrags vorwerfbar verhält, mag zwar in ihn gesetztes Vertrauen seines Gegenübers enttäuschen und deshalb deliktisch oder wegen Verschulden bei Vertragsschluß haften[46], kann aber nicht auf Erfüllung in Anspruch genommen werden[47]. Ansonsten wäre tatsächlich – wie Emmerich[48] positiv formuliert – "mühelos möglich", auch formlos wirksam einen langfristigen Mietvertrag abzuschließen. Die verbindliche Konzeption des Gesetzgebers läßt eine Aufwertung formloser Mietverträge durch Anerkennung formfreier Mietvorverträge oder Beurkundungsabreden nicht zu[49].

Der Standpunkt des BGH ist freilich insoweit konsequent, als dieser nach wie vor § 566 BGB nicht auf Mietvorverträge anwendet[50] und bei der Anerkennung formlos gültiger Formabreden seit jeher auch bei mehrjährigen Ver-

---

44 BGH a.a.O. S. 81.
45 Siehe hierzu oben D III.
46 Eine solche Haftung kommt freilich dann nicht in Betracht, wenn das Wirksamkeitshindernis nicht dem Verantwortungsbereich einer Partei zuzuordnen ist, vgl. BGH NJW-RR 1992, 590; die Wirksamkeit des Vertrages sicherzustellen liegt im eigenen Interesse und begründet regelmäßig keine Rechtspflicht gegenüber dem anderen Teil, siehe hierzu Palandt-Heinrichs § 276, Rz. 77 a..E.
47 Es besteht allenfalls Anspruch auf Ersatz des Erfüllungsinteresses, nicht aber auf Naturalrestitution in Form des wirksamen Vertragsschlusses, vgl. BGH NJW 1965, 813; BGH WM 1968, 1402 (für Grundstückskaufvertrag).
48 Staudinger-Emmerich § 556, Rz. 60.
49 Ähnlich kritisch z.B. Heldrich AcP 147, 91 f.; Weimar, MDR 1961, 290; im Ergebnis anders Häsemeyer, S. 120, der Kritik für berechtigt hält, soweit § 566 BGB nicht an sich in Frage gestellt, d.h. nicht als "revisionsbedürftige Anomalie" angesehen wird.
50 Vgl. BGH LM Nr.1 zu § 566 BGB; BGH WM 1961, 1053 f.; BGH NJW 1975, 1653.

trägen großzügig judiziert[51]. Er soll deshalb der nachfolgenden Betrachtung zugrundegelegt werden.

Ein übereinstimmender, gerade auf die Herstellung der gesetzlichen Schriftform gerichteter Willen der Parteien wird sich in der Praxis nur selten feststellen lassen. Zwar mag es Fälle geben, in denen sich die Vertragsschließenden konkret Gedanken über die Schriftform des § 126 BGB machen. Ist das aber nicht der Fall, überlagern sich gesetzliche und gewillkürte Schriftform in der Weise, daß sich eine konkrete Willensrichtung kaum darlegen und beweisen läßt[52]. Folgende Situationen sind hierbei denkbar: Die Parteien sind sich der gesetzlichen Form überhaupt nicht bewußt und haben nur die gewillkürte Form mit der Maßgabe im Sinn, daß Briefwechsel und Telefax ausreichen sollen; von einem durch übereinstimmenden Willen begründeten vertraglichen Anspruch auf Herbeiführung der gesetzlichen Form, die mehr, nämlich die Herstellung einer festen körperlichen Einheit zwischen allen maßgeblichen Schriftstücken verlangt[53], kann dann keine Rede sein. Messen die Parteien der Schriftform hingegen über die gesetzliche Form hinaus konstitutive Bedeutung zu, so liegt kein Fall des § 566 Satz 2 BGB (d.h. eines unbefristeten Mietvertrages) vor, sondern es gibt angesichts der Vermutungsregel in § 154 Abs. 2 BGB im Zweifel noch überhaupt keinen Mietvertrag[54], für den die Form nachgeholt werden könnte. Absprachen über die Form könnten schließlich allein Beweiszwecken dienen, wobei sich dann allenfalls über die Brücke der gewillkürten Schriftform ein Anspruch auf nachträgliche Beurkundung gemäß § 126 BGB herleiten ließe (vgl. § 127 Satz 2 BGB).

Diese verschiedenen Sachverhaltsvarianten machen sichtbar, daß regelmäßig nicht angenommen darf, die Parteien hätten sich *stillschweigend* gerade auf die Herstellung der gesetzlichen Form geeinigt. Hierfür müßte sich feststellen lassen, daß an die Rechtsfolge des § 566 Satz 2 BGB und die Erfordernisse der Urkundeneinheit gedacht worden war. Verlangt werden muß vielmehr eine *ausdrückliche* Einigung, die etwa folgenden Wortlaut haben könnte:

Den Mietparteien sind die besonderen gesetzlichen Schriftformerfordernisse der §§ 566, 126 BGB bekannt. Sie verpflichten sich hiermit gegenseitig, auf jederzeitiges Verlangen einer Partei alle Handlungen vorzunehmen und Erklärungen abzugeben, die notwendig sind, um den gesetzlichen Schriftformerfordernissen genüge zu tun, und den Mietvertrag nicht unter Berufung auf die Nichteinhaltung der gesetzlichen Schriftform vorzeitig zu kündigen. Dies gilt nicht nur für den Abschluß des Haupt-/Ursprungsvertrags, son-

---

51 Vgl. etwa BGH LM § 242 C a Nr.1 Bl 2 R; BGB ZMR 1958, 162; vgl. aus der Rechtsprechung des Reichsgerichts: RGZ 97, 219, 223; RGZ 141, 370, 373.
52 Diese Bedenken finden sich ansatzweise auch bei Bub/Treier-heile, Kap II, Rz. 785.
53 Vgl. BGHZ 40, 253 ff.
54 Vgl. OLG Düsseldorf ZMR 1988, 54.

dern auch für Nachtrags-, Änderungs- und Ergänzungsverträge. Auf diese Verpflichtung kann nur schriftlich verzichtet werden.

Derartige Klauseln sind wenig verbreitet, insbesondere noch nicht in diejenigen Mietvertragsformulare aufgenommen, die sich in Schreibwarengeschäften von jedermann erwerben lassen oder von Vermieter-bzw. Mieterverbänden herausgegeben werden[55]. Fast in jedem Formular finden sich hingegen Klauseln mit folgendem oder ähnlichen Inhalt:

Nebenabreden, Ergänzungen und Änderungen des Vertrages sind nur wirksam, wenn sie schriftlich vereinbart werden[56].

Abgesehen davon, daß diese Formularklausel entweder gegenüber späteren Individualabreden, durch die die Schriftform – auch schlüssig – abbedungen wird, gem. § 4 AGBG nachrangig ist oder gegen § 9 AGBG verstößt, sofern sie auch den nachträglichen Parteiwillen ausschließen soll[57], läßt sie bereits im unklaren, ob sie auch für die Herstellung der Ursprungsurkunde gilt und ob Verstöße die Rechtsfolge des § 125 Satz 2 BGB (Nichtigkeit) oder des § 566 Satz 2 BGB (Kurzfristigkeit) auslösen sollen.

Zusammenfassend läßt sich damit festhalten, daß ein vertraglicher Anspruch auf Nachholung der gesetzlichen Form regelmäßig nur besteht bzw. dessen Voraussetzungen sich nur darlegen lassen, wenn er – was in den wenigsten Fällen gegeben sein wird – ausdrücklich vereinbart wurde. Für Ergebniskorrekturen bedarf es somit geeigneterer rechtlicher Instrumentarien.

III. Faktisches/sozialtypisches Verhalten

Ein Begrenzung der Formnichtigkeit ließe sich auch mit einer Art Erfüllungshaftung kraft faktischem/sozialtypischem Verhalten begründen. Wegweiser scheint vor allem die Rechtsprechung des BGH zur sogenannten formlosen Hoferbenbestimmung[58].

---

55 Vgl. zu diesem mißlichen Zustand bereits Schlemminger, NJW 1991, 2255.
56 Beispiele für weitere Klauseln finden sich bei Sternel, Kap I, 209; siehe auch die Vertragsmuster im Anhang.
57 Vgl. hierzu BGH NJW 1985, 322; BGH MDR 1986, 928.
58 Deren Grundsätze faßt zusammen: BGH NJW 1967, 1364.

1. Die formlose Hoferbenbestimmung

Für die formlose Hoferbenbestimmung stehen zwei Entscheidungen des BGH, die nachfolgend kurz skizziert seien. Gegenstand des richtungsweisenden Beschlusses vom 16.02.1954 war folgender Sachverhalt[59]:

Der Sohn eines Hofeigentümers hatte seit seiner Jugend auf dem Hof gelebt und gearbeitet und auch dort geheiratet. Wegen Streitigkeiten wollte sein Vater dann aber den Hof einem Dritten übergeben. Der BGH ließ dies nicht gelten, weil zwischen dem Vater und dem Sohn ein Vorvertrag zu einem Hofübergabevertrag kraft schlüssigem Verhalten zustandegekommen sei, der – weil die Dinge ähnlich wie bei der faktischen Gesellschaft lägen – trotz Formmangels als wirksam zu behandeln sei.

Noch weiter ging der BGH mit seiner Entscheidung vom 05.02.1957, indem er eine wirksame Nachfolge in den Hof kraft sozialtypischem Verhalten auch bei einer (formlosen) erbvertraglichen Regelung, also einer letztwilligen Verfügung, anerkannte[60]:

In einem Pachtvertrag war geregelt, daß die Pacht mit dem Tode des Verpächters durch Übergang des Hofes auf den Pächter ende. Der Verpächter setzte dann aber einen anderen Erben ein. Der BGH deutete den Pachtvertrag als Erbvertrag, der nach Treu und Glauben trotz Formmangels als wirksam behandelt werden müsse, da es eine "bäuerliche (sozialtypische) Übung" gebe, die Hoferbfolge schon zu Lebzeiten bindend zu regeln.

Der Standpunkt des BGH ist größtenteils heftig kritisiert[61], aber ungeachtet der Kritik aufrechterhalten worden[62], soweit er 1976 durch die Neufassung des § 7 Höfeordnung nicht ohnehin ausdrücklich vom Gesetzgeber übernommen wurde[63]. Mit ihm wird die Einheit von Rechtgeschäft und Form ganz aufgegeben und ein geändertes Formverständnis begründet; die Form ist im Einzelfall entbehrliche bzw. nach Treu und Glauben ersetzbare Formalität[64], deren Entbehrlichkeit/Ersetzbarkeit in erster Linie von einem typischen Aussage- und Zurechnungswert faktischen Verhaltens abhängt[65]. Die Haftung aus

---

59 Vgl. BGHZ 12, 286.
60 BGHZ 23, 249 ff.
61 Vgl. z.B. aus dem älteren Schrifttum: Humbert, NJW 1956, 1857; Roemer DNotZ 1957, 283 ff.; Flume AcP 161, 56 ff.; Schulte NJW 1958, 361 ff.; u.v.a.
62 Bgl. BGH MDR 1966, 228.
63 Für Altfälle, die in die Zeit vor 1976 zurückreichen, kann die Rechtsprechung weiterhin von Bedeutung sein, vgl. dazu BGHZ 73, 329; BGHZ 87, 237.
64 So bewertet von Häsemeyer, S. 76, 81, m.w.N.
65 Der Aussagewert kann u.U. sogar einer begleitenden Erklärung widersprechen, vgl. Larenz, DRiZ 1958, 247.

sozialtypischem Verhalten lebt, billigt man sie überhaupt[66], nach eigenen Gesetzen und benötigt als Anknüpfungspunkt noch nicht einmal formlose Willenserklärungen. Deshalb kann in diesem Zusammenhang die Streitfrage, ob § 242 BGB es rechtfertigt, formnichtige Willenserklärungen als gültig anzusehen (§ 242 als immanente Begrenzung des § 125 BGB?)[67], dahingestellt bleiben. Auf die rechtsgeschäftlichen Folgen von faktischem/sozialtypischem Verhalten braucht hier überhaupt nur eingegangen werden, wenn es im Bereich langfristiger Mietverträge typische Verhaltensweisen und Übungen gibt, die sich erkennbar der Langfristigkeit zuordnen lassen (und nicht auch bei Mietverhältnissen auf unbestimmte Zeit gebräuchlich sind).

2. Übertragbarkeit auf langfristige Mietverhältnisse

Die Übertragung der Rechtsprechung zur formlosen Hoferbenbestimmung kommt insbesondere dann in Betracht, wenn ein langfristig gewolltes, aber formlos begründetes Mietverhältnis bereits seit Jahren faktisch vollzogen wird. Dieser Gedanke ist in der Mietrechtsliteratur bisher allerdings nur vereinzelt aufgegriffen worden. Sternel[68] leitet eine aus § 242 BGB resultierende Pflicht der Parteien her, dem faktisch durch Übergabe des Mietgegenstands und Zahlung des Mietzinses in Kraft gesetzten Mietverhältnisses die durch Herstellung der gesetzlichen Form gedachte Wirksamkeit zu verleihen. Er stützt sich auf ein höchstrichterliches Urteil[69], mit dem sich der BGH vor einigen Jahren über die Formunwirksamkeit eines Kfz-Vertragshändler-Vertrages mit dem Argument hinwegsetzte, mit der Neueröffnung der Geschäftsräume sei der Vertrag von beiden Seiten als zustandegekommen betrachtet worden. Deshalb verstoße die Geltendmachung eines Formmangels gegen Treu und Glauben.

Weder dieses Urteil noch die Grundsätze über die formlose Hoferbenbestimmung lassen sich auf langfristige Mietverhältnisse übertragen. Dem steht die Besonderheit der Fiktion des § 566 Satz 2 BGB entgegen, wonach ein formloser Mietvertrag nicht unwirksam ist, sondern lediglich als auf unbestimmte Zeit geschlossen gilt. Ein formloser Mietvertrag wird demnach nicht ohne vertragliche Grundlage in Vollzug gesetzt, sondern nur – soweit die Laufzeit betroffen ist – mit einem anderen als den beabsichtigten Vertragsin-

---

66 Vgl. dazu ausführlich Wieacker, S. 263; zurückhaltend BGHZ 55, 128.
67 Vgl. dazu Palandt-Heinrichs § 125, Rz. 16.
68 Sternel, Kap I, Rz. 205.
69 BGH NJW-RR 1987, 1073.

halt. Abwicklungs- und Vollzugsgrundlage bleibt damit ein, wenn auch eingeschränkt, wirksamer Vertrag.

Wollte man dennoch aus dem Vollzugsverhalten der Parteien unter Zuhilfenahme von Treu und Glauben ursprünglich beabsichtigte Langfristigkeit des Mietvertrages herleiten, müßte sich ein Verhalten, genauer gesagt: eine mietvertragliche Übung, erkennen lassen, das/die gerade für die Abwicklung eines langfristigen Mietverhältnisses sozialtypisch ist. Daran dürfte es fehlen: Auch im Rahmen eines mit gesetzlicher Frist kündbaren Mietverhältnis werden die Leistungen Gebrauchsüberlassung und Mietzahlung typischerweise ausgetauscht. Deshalb kann Sternel von vorneherein insoweit nicht beigepflichtet werden, als er in der "Übergabe des Objekts und Zahlung von Mietzins"[70] ein tatsächlich in Kraft gesetztes – langfristiges – Mietverhältnis erblicken will. Auch sonst ist abgesehen von ganz besonderen Ausnahmefällen kein Parteiverhalten denkbar, daß nach sozialen Anschauungen und ständiger Übung eindeutigen Aussage- und Zurechnungswert dahin hat, es sei ein langfristiges Vertragsverhältnis in Vollzug gesetzt worden. Die Höhe der geleisteten Mietsicherheiten hängt meist nicht von der Mietzeit ab (drei Monatsmieten werden in Fällen von Langfristigkeit in den seltensten Fällen überschritten); die Zahlungsmodalitäten variieren ebenfalls nicht mit der Laufzeit; gleiches gilt beispielsweise für Haftungsausschlüsse sowie Verpflichtungen zur Instandhaltung und Vornahme von Schönheitsreparaturen sowie schließlich die Benutzbarkeit des Mietgegenstands (Nutzungszweck, Tierhaltung etc.).

Ansatzweise könnten Indiz für gewollte Langfristigkeit Übungen sein, wonach der Vermieter bauliche Änderungen gestattet, der Mieter Einbauten einbringt, die sich erst nach mehreren Jahren amortisiert haben, oder dem Mieter mit Rücksicht auf die lange Laufzeit erleichterte Untervermietungsrechte eingeräumt werden. Indessen ist auch die von solchen Verhaltensweisen ausgehende Indizwirkung gering bzw. unsicher, weil gegenteilige Deutungen innerhalb des durch Sozialtypizität vorgegebenen Rahmens möglich bleiben. So mag zwar ein besonnener Mieter größere Investitionen wie wertvolle Mietereinbauten vom Bestand eines entsprechend langfristigen Mietverhältnisses abhängig machen; nicht selten läßt sich ein Mieter aber auch von der Kündbarkeit eines Mietvertrages von derartigen Investitionen nicht abhalten, etwa, weil er auf eine Verlängerung hofft (meist ist eine stillschweigende, automatische Verlängerung vorgesehen[71]) oder darauf vertraut, daß seine Investitionen späteren Mietern von Nutzen sind und er deshalb eine Zeitwertentschädigung vom Nachmieter oder Vermieter erhält, wenn er die Einbauten nicht wegnimmt, sondern zurückläßt. Auch die Zahlung und Inempfangnahme von

---

70 Sternel, Kap I, 205.
71 Vgl. die Muster im Anhang.

Baukostenzuschüssen ist kein eindeutiges Indiz für gewollte Langfristigkeit, weil der in der Erwartung eines längeren Mietverhältnisses enttäuschte Mieter Rückerstattung des nicht abgewohnten Teils, sei es bereits aus der Zuschußabrede, sei es jedenfalls aus § 812 Abs. 1 Satz 2 BGB, verlangen könnte[72] und sich deshalb auf Zuschußzahlungen auch bei kurzfristigen Verträgen einlassen kann. Endlich hat die Gewährung von besonderen Weiterüberlassungsrechten keine klare Aussagekraft, zumal es dem einen Vermieter mehr, dem anderen weniger auf die Person dessen ankommt, der den Mietgegenstand tatsächlich nutzt.

Im Ergebnis läßt sich also der formwirksame Bestand eines langfristigen Mietverhältnisses schon mangels aussagekräftigen Verhaltensweisen/Übungen der Vertragsparteien nicht mit faktischem/sozialtypischem Parteiverhalten herleiten. Es bedarf hierzu anderer Hilfskonstruktionen.

IV. Deliktische Erfüllungshaftung

In der Lehre vom Rechtsgeschäft ist allgemein umstritten, ob sich eine Erfüllungshaftung, gerichtet auf den formwirksamen Abschluß eines Vertrags, auf deliktisch geartetes Handeln gemäß §§ 826, 249 BGB stützen läßt[73]. Diese Frage stellt sich für den Abschluß langfristiger Mietverträge besonders: Kann über § 826 BGB eine Einschränkung der Rechtsfolge des § 566 Satz 2 BGB mit dem Ergebnis hergeleitet werden, daß sich der Deliktsschuldner so behandeln lassen muß, als sei der Vertrag formwirksam, oder kann der Geschädigte lediglich Ersatz der Schäden in Geld verlangen, die ihm infolge der arglistig herbeigeführten/ausgenutzten Formunwirksamkeit entstanden sind?

1. Die relevanten Sachverhalte

Eine deliktische Erfüllungshaftung scheidet von vornherein aus, wenn die sich auf den Schriftformmangel berufende Partei weder vor und bei Vertragsschluß unerlaubt gehandelt hat noch die Geltendmachung des Mangels selbst vorwerfbar ist. Es bleiben die – seltenen – Fälle, in denen mit einem deliktisch-schädigenden Verhalten auf das Vermögen eines anderen durch die Abgabe einer nicht oder nur eingeschränkt verbindlichen Willenserklärung eingewirkt wird, etwa indem im Gegner bewußt (arglistig) ein schadenstiftender

---

72 Vgl. zu den Anspruchsgrundlagen Sternel, Kap III, Rz. 190.
73 Vgl. z.B. Überblick bei Medicus AT, Rz. 631.

Irrtum erregt wird[74] oder die eine Partei die andere in sonstiger Weise von der Wahrung der Form abhält, um sich sich später auf den Formmangel berufen zu können[75]. Denkbar und praxisrelevant scheint vor allem der Fall, daß der Vermieter den auf Langfristigkeit bedachten Mieter kraft überlegenen Wissens (er ist anwaltlich beraten oder "Vermietungsprofi") in dem Glauben der Formwirksamkeit beläßt, weil er derzeit keine lukrativere Vermietungsmöglichkeit hat, den Formfehler aber zur Lossagung vom Mietvertrag benutzt, sobald sich die Marktsituation für ihn verbessert hat. Daß Irrtümer über die Laufzeit eines Mietvertrages schadenstiftende Ereignisse darstellen, hat bereits Reichel[76] zutreffend beschrieben: "...ja es wird die Regel sein, daß bald diese, bald jene Partei – nicht selten auch die eine wie die andere – den langfristigen Vertrag nur als Ganzes, nur als vollfristiges Mietverhältnis hat eingehen wollen und verständigerweise hat eingehen können dergestalt, daß mit einer kürzeren Vertragsdauer seinen Interessen nicht nur gedient ist, sondern geradezu Schaden getan wird. Wer ein Fabrikgrundstück auf 20 Jahre ermietet, wird empfindlich geschädigt, wenn ihm schon nach Ablauf eines Jahres, nachdem er kaum seine Maschinen hat montieren lassen, das Mietgrundstück wieder abgenommen wird. Nicht minder hart betroffen wird der Vermieter, der, wie so oft geschieht, auf das erste Mietjahr einen bedeutenden Zinsnachlaß – vielleicht gar Mietfreiheit! – gewährt hat und nun nach Umfluß dieses Jahres den Mietvertrag als aufgelöst anerkennen muß ...".

Sehr strittig ist, ob die Unwirksamkeit auch dann zurücktreten kann, wenn eine Partei den Mangel zwar schuldhaft, aber nicht arglistig verursachte[77]. Die Arglist in Form des sog. dolus praesens[78] kann zum Beispiel darin begründet sein, daß der eine Vertragspartner die schädigende Wirkung seiner Erfüllungsverweigerung voraussieht und dennoch den vom ihm schuldhaft herbeigeführten Formmangel ausnutzt[79]. Auch diese Sachverhalte dürften nicht häufig sein, so daß eine auf §§ 826, 249 BGB gestützte Erfüllungshaftung, sollte sie überhaupt anerkannt werden können[80], nur in wenigen Ausnahmefällen als Korrektiv für unerwünschte Unwirksamkeitsfolgen in Betracht kommt.

---

74 Vgl. die Fallbeispiele bei Häsemeyer, S. 39.
75 Gleich im Ergebnis, teilweise aber mit anderer Herleitung: BGH BauR 1992, 510; BGH NJW 1969, 1169; RGZ 96, 315.
76 Reichel, AcP 104, 65.
77 Vgl. die Nachweise bei Palandt-Heinrichs § 125, Rz. 22.
78 Vgl. zur Terminologie etwa Lorenz, JuS 1966, 431.
79 So bereits RG Warneyer 1908 Nr. 38.
80 Vgl. dazu nachfolgend 3.

2. Die Sichtweise des Reichsgerichts

Ansätze für eine Erfüllungshaftung gem. §§ 826, 249 BGB finden sich in frühen Entscheidungen des Reichsgerichts[81]. Den Grundstein für seine Jahrzehnte lang vorherrschende Rechtsprechung legte das Reichsgericht mit Urteil vom 15.11.1907, das unmittelbar die Schriftform des § 566 BGB behandelte[82]:

Der Kläger berief sich darauf, die Abänderung eines Mietvertrags sei mangels gesetzlicher Form unwirksam. Er hatte den Formmmangel zwar nicht arglistig herbeigeführt, aber gleichwohl verschuldet. Das Reichsgericht meinte: Der Kläger handele *jetzt* arglistig, wenn er die Erfüllung unter Berufung auf den Mangel verweigere; wenn auch die Formvorschriften grundsätzlich nicht durch Berufung auf Treu und Glauben außer Kraft gesetzt werden dürften, müsse der Kläger doch hier das Sachverhältnis so gelten lassen, als ob er früher dem berechtigten Verlangen des Beklagten nach schriftlicher Abfassung nachgekommen wäre. Das ergebe sich aus den "Grundsätzen, welche die §§ 826, 249 BGB leiteten".

Der revolutionierende Inhalt dieser Rechtsprechung lag weniger darin, daß die Haftung aus § 826 BGB über die Fälle ursprünglicher Arglist (dolus praeteritus) hinaus auf Sachverhalte ausgedehnt wurde, in denen sich eine Partei zu ursprünglich schuldhaftem, aber nicht arglistigem Verhalten nachträglich in Widerspruch setzte (sog. dolus praesens), sondern vielmehr darin, daß aus den "die §§ 826, 249 BGB leitenden (deliktischen) Grundsätzen" eine Art Erfüllungshaftung folgen solle[83]. Dieser folgenschwere Schritt bedeutet die totale Aufgabe der vom Gesetzgeber gewollten untrennbaren Einheit zwischen Rechtsgeschäft und Form[84], weil aus deliktsrechtlichen (außerrechtsgeschäftlichen) Handlungen ohne Rücksicht auf die Form auf die Begründung eines Rechtsgeschäfts geschlossen wird. Pawlowski[85] beschreibt dieses neue Formverständnis zutreffend damit, die vom Rechtsgeschäft untrennbare Form sei nur noch (ersetzbare) "Formalität". Gerade wegen dieses Wandels bedarf die Herleitung einer deliktischen Erfüllungshaftung, der rechtsgeschäftliche Wirkungen zukommen soll, kritischer Überprüfung.

---

81 Vgl. z.B. RGZ 96, 313, 315; RG JW 1925, 1810; RG JW 1935, 505.
82 Reichsgericht, Urteil vom 15.11.1907 in: RG Warneyer 1908 Nr. 38.
83 So interpretiert von Häsemeyer, S. 39.
84 Vgl. hierzu oben S. 28.
85 Pawlowski, S. 18.

3. Erfüllungshaftung auf deliktischer Grundlage

Wer aus Delikt haftet, hat regelmäßig einen dem status quo ante entprechenden Zustand herzustellen[86]. Gemeint ist der gleiche wirtschaftliche Zustand, wie er ohne das schädigende Ereignis bestehen würde[87]. Übertragen auf den formunwirksamen Mietvertrag bedeutet dies, daß derjenige Zustand anzustreben ist, der bestünde, wenn die unerlaubte Handlung, hier also das formlose Versprechen, hinweggedacht wird[88] (negatives Interesse)[89]. So betrachtet läge die Aufrechterhaltung des formnichtigen Vertrags fern, denn ohne das Delikt gäbe es den zu erfüllenden Mietvertrag überhaupt nicht.

Aber auch über eine deliktische Haftung auf positives Interesse gelangt man schwerlich zu einem Anspruch auf Vertragserfüllung. Deliktsschutz soll zwar Rechtsgüter und Vermögen sowie darin liegende Erwerbschancen (§ 252 BGB) sichern[90]; hieraus folgt aber nicht, daß Ausnutzung dieser Chancen gerade durch Rechtsgeschäft mit dem Deliktsschuldner gegeben sein muß[91].

Jede weitergehende Interpretation überdehnt Funktion und Grenzen der Naturalrestitution. Betont man die Wiedergutmachungsfunktion[92] und sieht man ausreichende Wiedergutmachung des in der Verhinderung des formgerechten Abschlusses liegenden Delikts allein in der Nachholung der Form, wäre eine deliktische Erfüllungshaftung zwar denkbar. Sie widerspräche jedoch dem Formverständnis, wonach Rechtsgeschäft und Form eine (von außerrechtsgeschäftlichen Tatbeständen unabhängige) Einheit bilden[93]; die Form würde gewissermaßen zu einem bloßen Posten in der Schadensberechnung abgewertet werden[94]. Naturalrestitution bedeutet außerdem Herstellung des gleichen *wirtschaftlichen* Zustands, der ohne das schädigende Ereignis bestehen würde[95]; angesichts der Betonung der Wirtschaftlichkeit ist nicht

---

86 Anzustellen ist eine rein hypothetische Betrachtung.
87 Vgl. etwa BGH NJW 1985, 793.
88 So der Prüfungsansatz von Fikentscher, Rz. 1351 und Reichel AcP 104, 47.
89 Vgl. noch zur Schadensberechnung: Palandt-Thomas § 823, Rz. 159 ("grundsätzlich negatives Interesse").
90 Vgl. allgemein hierzu BGHZ 46, 23.
91 So wohl aber Enneccerus-Nipperdey, § 154 III 4 (S. 957), wonach über § 249 BGB Herstellung desjenigen Zustands verlangt werden könne, der ohne die schuldhafte Handlung bestünde.
92 Der Geschädigte ist im Rahmen der Wiedergutmachung so zu stellen, als ob er das Rechtsgeschäft mit *irgendeinem* Partner abgewickelt hätte!
93 Zum inzwischen etwas abgewandelten Formverständnis vgl. Häsemeyer, JuS 1980, 1, und Flume AT/II, S. 244 ff.
94 Diesen Gedanken greift auch Häsemeyer, S. 40, auf.
95 Vgl. BGH NJW 1985, 793.

einzusehen, warum speziell die Aufrechterhaltung des Rechtsgeschäfts mit dem Deliktsschuldner das einzige und deshalb beanspruchbare Mittel der Schadensgutmachung sein soll.

Auch hypothetische Betrachtungen, mit denen über § 249 BGB eine Erfüllungshaftung hergeleitet wird, überzeugen nicht: Hätte der Deliktsschuldner nicht den anderen von der Wahrung der Form abgehalten, wäre der Vertrag formwirksam abgefaßt worden und müßte sich der Schuldner ebenfalls so behandeln lassen, als sei die Form gewahrt. Diese Argumentation versagt schon in den Fällen ursprünglicher Arglist. Wollte der Deliktsschuldner den anderen arglistig von der Formwahrung abhalten, steht fest, daß er voraussichtlich gerade nicht formwirksam abgeschlossen hätte; bei hypothetischer Betrachtung müßte der Geschädigte somit nur so gestellt werden, wie er stünde, wenn er sich nicht mit dem Schädiger eingelassen hätte[96]. Aber selbst die Hypothese, der Deliktsschuldner hätte bei Fehlschlagen seiner Arglist den Mietvertrag nicht formwirksam abgeschlossen, ist ungenau und deshalb als Ausgangspunkt der Schadensbestimmung nur beschränkt tauglich: Es kann sein, daß der Deliktsschuldner entweder einen formlosen Mietvertrag auf unbestimmte Zeit oder überhaupt keinen Mietvertrag geschlossen hätte, und somit fragt sich, ob nun der eingeschränkte Abschluß oder der Nichtabschluß Grundlage der hypothetischen Betrachtung sein muß.

Bei nachträglicher Arglist mag zwar angenommen werden können, der Schädiger habe ursprünglich den Vertrag tatsächlich formwirksam schließen wollen. Bei hypothetischer Betrachtung hinweggedacht werden müßte dann aber die Geltendmachung des Formmangels, die das deliktische Verhalten ausmacht, was auf eine unzulässige petitio principii hinausliefe, weil die Geltendmachung, also die Erfüllungsunwilligkeit, den Streitgegenstand bildet und sonach aus der Betrachtung nicht herausgenommen werden darf[97]. Im übrigen ist zweifelhaft, ob von einem Schädiger zum Zwecke der Schadensabwendung ein Verhalten verlangt werden darf, das er als korrekter Mensch wahrscheinlich an den Tag gelegt hätte. Die Wahrscheinlichkeit eines bestimmten Verhaltens begründet noch nicht die Pflicht zu einem solchen Verhalten[98]. Wäre dies anders, müßten – immer deliktisches Handeln vorausgesetzt – sich unter Zuhilfenahme von Erfahrungssätzen konsequenterweise auch bei alltäglichen außerrechtsgeschäftlichen Handlungen wie zum Beispiel das Nichtverschicken von Vertragsangeboten rechtsgeschäftliche Wirkungen

---

96 Ähnlich zur Haftung aus c.i.c.: Gernhuber, Festschrift für Schmidt-Rimpler, S. 166; Reichel, AcP 104, 46 ff.; Reinicke, S. 122 ff.
97 Ähnlich wohl Lorenz, JuS 1966, 432.
98 Ohne nähere dogmatische Einordnung hält auch Lorenz, a.a.O. es für "willkürlich", die Erfüllungshaftung aus Erfahrungssätzen und Wahrscheinlichkeiten abzuleiten.

begründen lassen[99]. Umgekehrt kann es auch nicht auf eine negative Wahrscheinlichkeit entscheidend ankommen, weil etwa die vorvertraglich begründete Pflicht zum Abschluß eines Hauptvertrages auch nicht dadurch obsolet wird, daß der Verpflichtete nachweist, er habe den Abschluß des Hauptvertrages niemals ernstlich gewollt.

Grundsätzlich vermag also die Deliktshaftung nach §§ 826, 249 BGB eine auf Nachholung der gesetzlichen Form gerichtete Erfüllungshaftung nicht zu begründen.

4. Parallelen zum anerkannten Kontrahierungszwang

Es gibt von allgemeiner Anerkennung getragene Ausnahmefälle, in denen ein sog. Kontrahierungszwang aus § 826 BGB abgeleitet wird[100], soweit er nicht ohnehin ausdrücklich gesetzlich geregelt ist[101] oder sich nicht bereits anhand speziellerer Generalklauseln herleiten läßt[102]. Diese Fälle zeichnet aus, daß Leistungen, auf die ein anderer angewiesen ist, in der Weise beim Deliktsschuldner monopolisiert sind, daß sie nicht oder nur erheblich schwerer von einem anderen möglichen Partner beschafft werden können[103]. Die aus sittlichen Erwägungen folgende Schadensabwendungspflicht[104] verdichtet sich bei solchen Sachverhalten ausnahmsweise in die spezielle Pflicht zum Vertragsschluß. Wäre die Situation beim Abschluß eines formwirksamen Mietvertrags dem vergleichbar, käme eine Erfüllungshaftung aus §§ 826, 249 BGB doch in Betracht.

Ausreichende Parallelen sind indes nicht gegeben. Sowohl der Vermieter als auch der Mieter können andere Partner zum angestrebten Leistungsaustausch zu zumutbaren Bedingungen finden; es fehlt also an einer Monopolisierung von Vertragsleistungen. Falls das Ersatz-Mietverhältnis zu wirtschaftlich schlechteren Bedingungen zustandekommt und der ursprüngliche Vertragspartner deliktisch haftet, wird diese Schlechterstellung mit Schadensersatzansprüchen in Geld ausgeglichen. Bestehen solche Ausgleichsansprüche nicht, weil der ursprüngliche Partner weder bei Abschluß des formlosen Ver-

---

99 So das Beispiel von Häsemeyer, S. 41.
100 Vgl. RGZ 148, 326, 334; BGH NJW 1974, 1903.
101 Vgl. z.B. § 8 PostG, §§ 7,8 FernmeldeG, § 6 EnergiewirtschG; weitergehende Auflistung bei Kilian, AcP 180, 53.
102 Wichtigstes Beispiel ist insoweit § 26 Abs.2 GWB, der Diskriminierungen durch marktbeherrschende und marktstarke Unternehmen verbietet, vgl. BGH NJW 1976, 803; BGH NJW 1979, 2152.
103 Vgl. z.B. für Wasserwerke: RGZ 148, 326, 334.
104 Vgl. ausführlich Nipperdey, S. 53 ff., 56 f.

trags (dolus praeteritus) noch später (dolus praesens) sittlich vorwerfbar gehandelt hat, liegen auch nicht die Voraussetzungen vor, die die Annahme eines Kontrahierungszwangs rechtfertigen könnten.

Insgesamt läßt sich danach eine – wie auch immer geartete – Erfüllungshaftung aus den §§ 826, 249 BGB für den Abschluß langfristiger Mietverträge nicht ableiten. Der Deliktsschuldner muß sich nicht so behandeln lassen, als sei der Vertrag formwirksam geschlossen. Der Unterscheidung zwischen Erfüllungsanspruch und Geldanspruch auf das Erfüllungsinteresse folgend bleibt dem deliktisch Geschädigten lediglich der Ersatzanspruch in Geld[105].

V. Erfüllungshaftung aus Verschulden bei Vertragsschluß

1. Grenzen der Naturalrestitution

Überträgt man die zur deliktischen Erfüllungshaftung aufgezeigten Grenzen der Naturalrestitution[106] auf die Haftung aus c.i.c., scheidet eine auf formwirksamen Vertragsschluß gerichtete Erfüllungshaftung auch dann aus, wenn der Geschädigte nicht nur Ersatz des negativen, sondern auch seines positiven Interesses erhält[107]. Diese Überlegung entspricht jedenfalls im Ergebnis dem Standpunkt des BGH, der in wohl gefestigter Rechtsprechung[108] einen Anspruch auf Natuaralrestitution in Gestalt des Vertragsschlusses oder tatsächlichen Leistungsaustauschs verneint[109]. Besonders deutlich kommt die Unterscheidung zwischen dem Erfüllungsanspruch und dem Geldanspruch auf das Erfüllungsinteresse im Urteil des BGH vom 29.01.1965 (V. Senat) zum Vorschein[110]:

Ein Wohnungsbauunternehmen hatte auf Herausgabe eines Kaufeigenheims geklagt, das auf der Grundlage eines formunwirksamen Vorvertrages genutzt wurde. Der BGH erachtete das Herausgabeverlangen nicht als treuwidrig, weil den "Käufern" je ein Schadensersatzanspruch aus c.i.c. zustehe. Ein Anspruch auf Vertragsschluß wurde sinngemäß mit folgender Begründung verneint: Die Klägerin hafte hier zwar sogar auf das Erfüllungsinteresse, weil es wahrscheinlich ohne das Aufklärungsverschulden zu einem formwirk-

---

105 Im Ergebnis wohl ebenso z.B. Lorenz, JuS 1966, 432.
106 Vgl. oben E III.
107 Das positive Interesse wird nach allgemeiner Ansicht zuerkannt, wenn das Geschäft ohne die c.i.c. mit dem erstrebten Inhalt wirksam zustandegekommen wäre, vgl. hierzu BGH BB 1974, 1040; OLG Düsseldorf NJW-RR 1986, 510.
108 Siehe z.B. BGH WM 1968, 1402.
109 Weitere Nachweise bei Palandt-Heinrichs § 276, Rz. 101.
110 BGH, Urteil vom 29.1.1965 in: NJW 1965, 812.

samen Vertragsschluß gekommen wäre; doch könnte die Beklagten jetzt nicht den Abschluß eines formgerechten Vertrags verlangen, weil das Vertragserfüllung und kein Schadensersatz wäre und dies im übrigen auf ein Außerkraftsetzen des § 313 BGB hinausliefe. Beansprucht werden dürfe stattdessen nur die Geldsumme, die nötig sei, damit trotz gestiegener Preise ein gleichwertiges Grundstück gekauft werden könne.

Verallgemeinernd läßt sich zusammenfassen: Wer beim Vertragsschluß schuldhaft handelt, muß dem anderen in Geld dessen Erfüllungsinteresse ersetzen, wenn es – prognostisch betrachtet – bei korrektem Verhalten zum formgerechten Abschluß gekommen wäre, während nur das Vertrauensinteresse zu ersetzen ist, falls der Vertragsschluß voraussichtlich unterblieben wäre. Niemals aber gibt c.i.c. einen Anspruch auf Herstellung eines formgerechten oder Erfüllung des formnichtigen Vertrags in Natur.

Diese Sichtweise verdient Zustimmung, soweit sie über Geldersatz hinaus Erfüllungshaftung ablehnt[111]: Weil die freie Entscheidung der Vertragsschließenden bis zum formwirksamen Abschluß erhalten bleibt, muß aus der Schadensbetrachtung ausgeschlossen sein, daß der schuldhaft Handelnde auch einen formgerechten Vertrag abgeschlossen hätte[112]. Sie ist allerdings bedenklich, soweit sie im übrigen die Unterscheidung zwischen positivem und negativem Interesse danach bestimmt, ob es bei korrektem Verhalten zum formwirksamen Vertragsschluß gekommen wäre. Bereits im Zusammenhang mit der deliktischen Erfüllungshaftung[113] wurde aufgezeigt, daß allgemein und insbesondere bei langfristigen Mietverträgen, die trotz Formmangels als Verträge auf unbestimmte Zeit erhalten bleiben, mit hypothetischen Betrachtungen nicht sicher und zuverlässig richtige Ergebnisse gewinnen lassen. Diese Bedenken gelten hier entsprechend. Hervorgehoben sei ferner, daß es in vielen Fällen zu widersinnigen Folgen käme, würde tatsächlich das hypothetische Verhalten des Schädigers als Maßstab der Schadensersatzpflicht angenommen werden: Der Böswillige würde dem Redlicheren gegenüber bevorzugt, weil ihn das böswilliges Umgehen der Bindung entlastete (er haftet nur auf das negative Interesse, wenn der Abschluß ganz unterblieben wäre), das Eingeständnis redlicher Absichten (er hätte den Vertrag auch formwirksam abgeschlossen) dagegen belastete[114].

---

111 Deutlich auch Flume AT/II, § 15 III 4 d (S. 289): c.i.c. gebe immer nur einen Geldanspruch, niemals einen Anspruch auf die (unwirksam) vereinbarte Leistung!
112 Vgl. ausführlicher zum Verstoß gegen die Privatautonomie: Flume AT/II, § 15 III 4 c) dd) (S. 282) m.w.N.
113 Siehe oben F IV 3.
114 Dieser Widersinn wird zwar von vielen gesehen, aber nicht annehmbar gelöst; vgl. z.B. die Ausführungen bei Gernhuber, Festschrift für Schmidt-Rimpler, S. 166, 170 ff.; Oertmann, Das Recht 1914, 10; besonders kritisch Häsemeyer, S. 65.

Der Standpunkt des BGH ist nicht nur in diesem Punkt umstritten. Die Meinungsvielfalt reicht von der Ansicht, die Anwendung von c.i.c. bei Formfehlern sei bereits dem Grunde nach verfehlt[115], bis hin zur vollen Haftung auf Vertragsschluß[116]. Auf die Beachtlichkeit dieser beiden Extreme soll nachfolgend ausführlich eingegangen werden, da einem lediglich schuldhaften Handeln bei Vertragsschluß gegenüber den seltenen Fällen deliktischen Verhaltens in der Praxis die weitaus bedeutendere Rolle zukommt.

2. Erfüllungshaftung nach Esser

Noch in der 2. Auflage seines Lehrbuchs zum Schuldrecht[117] hat Esser klar eine uneingeschränkte Erfüllungshaftung befürwortet. Sein Standpunkt läßt sich kurz wie folgt zusammenfassen:

Aus den Vertragsverhandlungen ergebe sich ein Pflichtenkomplex, der neben den allgemeinen Verhaltens- und Schutzpflichten auch die Pflicht zu vorbereitender Sorgfalt in Richtung auf den Vertragsschluß einschließe. Diese Pflicht könne sich bei irreführendem Verhalten zu der Pflicht verdichten, mit dem geschädigten Partner abzuschließen. In diesem Fall hafte der Schädiger auch auf das Erfüllungsinteresse.

Wäre diese Argumentation richtig, würde mit einem Grundprinzip des Schuldrechts, der Vertragsfreiheit, gebrochen. Zwar gibt es unterschiedliche Ideen zum eigentlichen Verpflichtungsgrund der c.i.c.[118]. Als Charakteristikum, das Vertragsverhandlungen ausmacht, darf aber nicht vernachlässigt werden, daß sich die Verhandelnden über allem anderen die Freiheit behalten wollen, für oder gegen den Vertragsschluß zu entscheiden[119]. Wenngleich die Abgrenzung zwischen Verhandlungen und Vertragsschluß mit Zuspitzung und Dauer der Verhandlungen immer problematischer werden kann, ändert sich an dieser Zäsur auch durch die Verdichtung von Vertragsverhandlungen nichts: Ohne Vertragsschluß kann das (enttäuschte) Vertrauen einer Partei niemals soweit gegangen und schützenswert sein, daß von einem bestimmten Zeitpunkt an auf der Grundlage eines gesetzlichen Schuldverhältnisses, wie es die c.i.c. unanhängig davon, ob man die durch Aufnahme der Vertragsverhandlungen geschaffene Vertrauensbeziehung[120] oder den "sozialen Kon-

---

115 So Lorenz JuS 1966, 429 ff.
116 Hervorzuheben sind Esser, SchR, S. 32 f, und Reinicke, DB 1967, 109 ff.
117 Vgl. Esser, a.a.O. S. 32 f.; ähnlich Pieper, JuS 1962, 417 m.w.N.
118 Ausführlich dazu Erman, AcP 139, 273 ff.; Frotz, S. 163 ff.
119 Dies bringt z.B. Ballerstedt, AcP 151, 503 f., zutreffend in Erinnerung.
120 So etwa Canaris, S. 532 ff.

takt"[121] betont, darstellt[122], die volle Vertragshaftung eintreten könnte. Das gilt auch dann, wenn man die Haftung aus c.i.c. mit Leonhard[123] aus dem (späteren) Vertrag herleiten wollte; denn dazu müßte es ja erst einmal zu einem wirksamen Vertrag, der Rückwirkung hat, kommen, und ob ein solcher Vertrag beansprucht werden kann, ist die Rechtsfolge und nicht zugleich selbst Tatbestandsvoraussetzung[124]. Will man neben dem von Vertragsfreiheit geprägten Verhandlungsstadium und dem volle Erfüllungshaftung begründenden Vertrag kein weiteres vertragsgleiches Rechtsinstitut einführen, kann es eine Haftung auf Vertragsschluß ohne gleichzeitigem Systembruch nicht geben.

Die Leonhard'sche Konstruktion einer rückwirkenden vertraglichen Haftung aus dem späteren Vertrag liegt beim fehlgeschlagenen Abschluß langfristiger Mietverträge deshalb ausnahmsweise näher, weil trotz des Formfehlers immer noch ein Vertragsschluß, nämlich eines Vertrags auf unbestimmte Zeit (§ 566 Satz 2 BGB), verbleibt. Dieser andere Vertrag könnte als derjenige spätere Vertrag angesehen werden, aus dem vertragliche Pflichten in das Verhandlungsstadium zurückwirken. Ein derartiger Gedankengang ist freilich nur auf den ersten Blick schlüssig. Die volle Haftung im Umfang des späteren Vertrags läßt sich aus vorvertraglichen Handlungen gedanklich wiederum nur in dem Umfang herleiten, in dem der spätere Vertrag auch tatsächlich wirksam zustandekommt und zurückwirkt. Dies bedeutet hier: Wenn wegen des Formfehlers nur ein "kurzfristiger" Mietvertrag wirksam geschlossen wurde, so kann sich die daraus abgeleitete vorvertragliche Erfüllungshaftung auch nur auf Abschluß eines solchen kurzfristigen Mietvertrages erstrecken. Diese Konsequenz ist nicht zuletzt Ausdruck der Zusammengehörigkeit von Form und Rechtsgeschäft[125]. Würde das Leonhard'sche Verständnis der c.i.c. derart ausgedehnt werden, daß aus einem auf unbestimmte Zeit geschlossenen, auf das vorvertragliche Stadium zurückwirkenden Mietvertrag auch voll auf den Abschluß eines langfristigen Mietvertrages gehaftet wird, käme das einer Reduzierung der Form auf eine bloße "Formalität" gleich[126].

---

121 So Dölle, ZStW 103, 67.
122 Vgl. hierzu schon oben F V 1.
123 Leonhard, S. 1, 42, 48.
124 Das erkennt auch Häsemeyer, S. 70 (dort Fußn. 199).
125 Vgl. hierzu oben S. 28 ff.
126 Diese Tendenz erkannte und kritisierte auch schon Pawlowski, S. 18.

3. Die Thesen von Reinicke

Mit Essers Ansatz hat sich Reinicke gleich in zwei Abhandlungen[127] auseinandergesetzt und eine eigenständige Herleitung eines Anspruchs auf Vertragsschluß aus vorvertraglicher Verantwortlichkeit versucht. Er verkennt dabei nicht, daß es eine vertragliche, auf Abschluß gerichtete Bindung vor dem tatsächlichen Abschluß nicht geben kann, will aber im Wege des Schadensersatzes über § 249 BGB den Zustand herstellen, der ohne das schuldhafte Ereignis eingetreten wäre[128]. Die Schwächen dieser hypothetischen Betrachtungsweise wurden bereits im Zusammenhang mit der deliktischen Erfüllungshaftung aufgezeigt[129]; sie stehen dem Lösungsansatz von Reinicke nicht minder entgegen. Neues Gedankengut hat Reinicke mit zwei Thesen in die Diskussion eingebracht[130]. Erstens: Maß des Schadensersatzumfangs sei der Wille der Parteien, und der sei gerade auf die Herstellung eines formwirksamen Vertrages gerichtet gewesen. Zweitens: Die vorvertraglichen Pflichten würden an Bedeutung verlieren, wenn ihre Verletzung teilweise sanktionslos bliebe.

Zur Widerlegung dieser Thesen kann Gewichtiges angeführt werden. Der Hinweis auf den Bindungswillen der Parteien überzeugt nicht, da der nicht formgerecht in einem wirksamen Rechtsgeschäft verwirklichte Wille keine im Umfang des Rechtsgeschäfts bindender Wille ist; von ihm könnte noch abgerückt werden, weil, wie Reinicke selbst anerkennt[131], vor dem formgerechten Abschluß noch keine vertraglichen Abschlußpflichten bestehen. Der noch nicht formgerecht verwirklichte Wille stellt allenfalls einen Willen minderer Qualität dar, für den es nur konsequent scheint, daß er mit seiner anspruchsbegründenden Wirkung hinter der vollen Erfüllung zurückbleibt[132].

Auch das weitere Argument von Reinicke, die Verletzung vorvertraglicher Pflichten dürfe nicht teilweise ohne Sanktion bleiben, überzeugt wenig. Liegt ein Fall vor, in dem auf das positive Interesse gehaftet wird (der Haftende hätte auch formgerecht abgeschlossen[133]), beschränkt sich der sanktionslose Teil auf die Differenz zwischen vollem Erfüllungsersatz in Geld und tatsächlicher Erfüllung durch den Haftenden. Rein wirtschaftlich betrachtet verbleibt darin überhaupt keine Sanktionslosigkeit; darüberhinaus bildet der Unterschied zwischen Erfüllungsersatz in Geld und Erfüllung keine Sanktionslo-

---

127 Reinicke, DB 1967, 109 ff.; Reinicke, S. 122 ff.
128 Vgl. Reinicke, DB 1967, 111 f.
129 Vgl. oben F IV 3.
130 Siehe Reinicke, a.a.O. S. 112.
131 Vgl. Reinicke, a.a.O. S. 111.
132 Im Ergebnis ebenso mit ähnlicher Begründung: Häsemeyer, S. 66.
133 Vgl. BGHZ 46, 23.

sigkeit, die als erheblich in dem Sinne bezeichnet werden könnte, daß sie eine Ausweitung der Erfüllungshaftung aus c.i.c. rechtfertigen könnte. Steht fest, daß der Unredliche (Böswillige) den Mietvertrag keinesfalls formwirksam abgeschlossen hätte, und würde er deshalb auf das negative Interesse haften[134], würde zum einen das auf den (hypothetischen) Willen der Parteien abstellende Gedankenmodell von Reinicke versagen, zum anderen die Frage unbeantwortet bleiben, warum der Vertragspartner bei einem vom Vertragsschluß abrückenden Alternativverhalten des Haftenden über vorvertragliche Mechanismen Schutz erfahren soll, der über tatsächliche (hypothetische) Marktchancen hinausgeht.

Reinickes Lösungsansatz kann nach alledem nicht gefolgt werden.

4. Grundsätzliche Bedenken gegen die Anwendung von c.i.c. (die Kritik von Lorenz)

Lorenz[135] bezweifelt mit beachtlichen Gründen, daß ein schadensrechtlicher Lösungsansatz außerhalb der deliktischen Haftung nach § 826 BGB dem Grunde nach richtig ist. Er befürchtet komplizierte Schulderwägungen, die mit den gesetzlich verfolgten Formzwecken nichts mehr zu tun hätten. Als Beispiel nennt er den Fall, daß die eine Partei grob fahrlässig, die andere nur leicht fahrlässig gehandelt habe, wegen beiderseitiger Fahrlässigkeit aber eine Haftung nach c.i.c. im Ergebnis ausgeschlossen sei[136]. Selbst eine Abwägung nach § 254 BGB, würde sie hilfsweise wie bei anderen Haftungstatbeständen vorgenommen, führe zu evident ungerechten Ergebnissen, da bestimmte Parteien typischerweise umfangreichere Ersatzansprüche darlegen könnten als andere und deshalb bei gleicher Schuld in der Gesamtrechnung bevorteilt würden. Die c.i.c. sei somit insgesamt ein für die Aufrechterhaltung formnichtiger Verträge ungeeignetes Mittel.

Die Lorenz`sche Kritik ist gerade für langfristige Mietverträge von Bedeutung. Im Gegensatz zu anderen gesetzlichen Formvorschriften, wie etwa § 313 BGB, sind die Regelungen in § 566 BGB, zumal verknüpft mit strengen Anforderungen an die Urkundeneinheit, wie sie die regelmäßig nur Juristen bekannte Rechtsprechung[137] auferlegt, relativ, d.h. gemessen an der Alltäglichkeit des Mietvertragsabschlusses, unbekannt[138]. Mangelnde Detailkenntnis müssen sich nicht selten auch professionell mit der Verwaltung von

---

134 Vgl. dazu Fußnoten 89 und 90.
135 Lorenz, JuS 1966, 429, 435.
136 Lorenz, a.a.O. S. 435.
137 Vgl. BGHZ 40, 253 ff. und die weiteren Nachweise oben S. 73 ff.
138 Siehe die Beschreibung der Vertragspraxis bei Schlemminger, NJW 1992, 2249.

Mietverträgen beauftragte Personen[139] vorwerfen lassen, die es eigentlich besser wissen müßten. Trifft eine solcher Vermieter auf einen geschäftsgewandten Mieter, z.B. bei der Vermietung von Gewerberäumen, und übersehen beide die Form, wird sich die Suche nach der überwiegenden Schuld kaum mit sicherem Ergebnis bewältigen lassen und es wäre dann nicht gerechtfertigt, einen von beiden auf unsicherer Grundlage auf Erfüllung haften zu lassen. Trifft die geschäftserfahrene Partei, die um die Formerfordernisse eigentlich wissen müßte, hingegen auf einen Geschäftsunerfahrenen (z.B. ein Hausverwalter auf einen Wohnraummieter), könnte man ihn Betreuungs- und Fürsorgepflichten auferlegen und eindeutig die größere Schuld zuweisen; es bliebe hier Raum für eine Erfüllungshaftung aus Verschulden beim Vertragsschluß.

Im Ergebnis ist Lorenz deshalb lediglich zuzugeben, daß die Erfüllungshaftung aus c.i.c. – soweit nicht bereits eine Haftung gemäß §§ 826, 249 BGB gegeben ist – ohnehin nur für einige Fallgruppen ein geeignetes Korrektiv sein kann. Im übrigen besteht aber kein Anlaß, Verschulden bei Vertragsschluß aus grundsätzlichen Erwägungen ganz aus der Betrachtung schadensrechtlicher Erfüllungshaftung auszuklammern. Der Lösungsansatz über c.i.c. versagt im vorliegenden Zusammenhang nur deshalb, weil er volle Erfüllungshaftung, d.h. Haftung auf Vertragsschluß, nicht zu leisten vermag, sondern lediglich Erfüllungsersatz in Geld[140].

VI. Erfüllungshaftung über § 116 BGB

Flume[141] schlägt eine Analogie zu § 116 BGB vor. Hiervon erfaßt werden die Fälle, in denen die Formnichtigkeit und deren Folgen von einer Partei bei Vertragsschluß erkannt, aber daraus keine Konsequenzen gezogen werden. Nach dem gedanklichen Modell von Flume ist dann die formlose Willenserklärung des Wissenden nicht deshalb nichtig, weil dieser sich bei Abgabe seiner Erklärung "insgeheim vorbehalte", das vermeintlich erklärte bindend gar nicht zu wollen.

Bei genauer Betrachtung kann § 116 BGB freilich nicht weiterhelfen. Es geht bei der gesetzlichen Schriftform in Wahrheit nicht um den "geheimen Vorbehalt", den diese Vorschrift sanktionieren will[142], sondern um den Formfehler: Die (formunwirksame) Willenserklärung ist nach Sinn und Zweck des

---

139 Gemeint sind in erster Linie Personen, die geschäftsmäßig für Vermieter Mietverträge in großer Anzahl abschließen, z.B. Liegenschaftsverwalter.
140 Vgl. hierzu die Darlegung oben F IV 4 a.E.
141 Flume AT/II, § 15 II 4 (S. 281).
142 Vgl. zur ratio etwa Larenz AT, § 20 I a (S. 363 f.).

§ 116 BGB "deshalb" (und nicht aus anderen Gründen) doch wirksam, weil sich der Erklärende insgeheim vorbehält, das Erklärte nicht zu wollen; § 116 BGB ist aber nicht – auch nicht analog – anwendbar, wenn die Nichtigkeit nicht aus dem insgeheimen Vorbehalt, sondern aus der Verletzung einer gesetzlichen Formvorschrift folgt, d.h. das Erklärte formlos gar nicht gewollt werden kann[143].

Eine Erfüllungshaftung aus § 116 BGB, wie sie Flume herleitet, wäre auch systemwidrig. Soll die eingeschränkte Nichtigkeitsfolge des § 566 Satz 2 BGB nicht aufgehoben werden[144], fehlt es an einem vertraglichen Anspruch. Eine außervertragliche Haftungsnorm stellt § 116 BGB aber nicht dar: es wird ausdrücklich als rechtsgeschäftlicher Vorgang qualifiziert, wenn der arglistig über das Formerfordernis Täuschende an seiner Erklärung festgehalten werden soll[145].

Nach alledem paßt § 116 BGB für die Aufrechterhaltung formnichtiger Verträge nicht. Flumes Gedankenmodell ist deshalb zurecht kaum, wenn doch, ablehnend aufgegriffen worden[146].

VII. Wohnraumkündigungsschutz als Korrektiv

1. Der mittelbare Einfluß des sozialen Kündigungsschutzes

Medicus[147] meint, bei der Wohnraummiete vereitele inzwischen der Kündigungsschutz den Mechanismus des § 566 BGB: Seinetwegen könne der Grundstückserwerber unter Umständen ohne zeitliche Begrenzung gebunden sein. Andere[148] vertreten die ähnliche Auffassung, § 566 BGB habe bei der Vermietung von Wohnraum "praktisch keine Bedeutung" mehr, da solche Mietverträge dem Kündigungsverbot des § 564 b BGB wie auch der Härteklausel des § 556 a BGB unterlägen; die Schriftformproblematik sei nur noch wichtig für die gewerbliche Miete.

Mit dieser Beurteilung wird die Bedeutung des § 566 BGB unterschätzt. Insbesondere bei Mietaufhebungsklagen, die berechtigterweise auf Eigenbe-

---

143 Das erkannte schon Lorenz, JuS 1966, 436 (dort. Fußn. 45).
144 Die Aufhebung fordert Flume inkonsequenterweise nicht, vgl. Flume, a.a.O.
145 Davon geht auch Flume AT/II, § 27 5 (S. 534) aus; vgl. zu dieser Kritik auch Lorenz a.a.O. S. 436 (dort. Fußn. 45).
146 Selbst der ausführliche Häsemeyer, S. 65, (dort. Fußn. 174), geht nur ganz kurz (ablehnend) auf die Argumentation von Flume ein; überhaupt kein Hinweis auf § 566 BGB findet sich in der Mietrechtsliteratur und der Rechtsprechung.
147 Medicus II, § 88 III (S. 108).
148 Vgl. z.B. Köhler, Hdb., § 7, Rz. 5 ff.

darf gestützt werden und bei denen nur noch über den Zeitpunkt der Aufhebung gestritten werden kann, wird die entscheidende Rolle spielen, ob eine fest vereinbarte Laufzeit oder aber die Kündigungsfristen des § 565 BGB gelten[149]. Beleg hierfür sind einige veröffentlichte Gerichtsentscheidungen[150], deren Gegenstand Sachverhalte waren, in denen Kündigungsschutz nicht griff und es auf § 566 BGB ankam.

Obgleich hiernach die Bedeutung der gesetzlichen Schriftform durch sozialen Kündigungsschutz nicht aufgehoben wird, mag letzterer im Einzelfall eine Hemmschwelle dergestalt bilden, daß sich der Vermieter nicht auf den Formmangel beruft oder ein "mieterfreundliches" Gericht versucht, Beurteilungs- und Wertungsspielräume innerhalb der Kündigungsschutzvorschriften so zu nutzen, daß der aus dem Formmangel resultierende Schaden des Mieters möglichst gering ausfällt. Auf diese Weise und in diesem Umfang bildet Wohnraumkündigungsschutz *mittelbar* doch ein Mittel der Aufrechterhaltung formnichtiger Mietverträge, was eine weitergehende Abhandlung rechtfertigt.

2. Die Rechtsfolge des § 566 Satz 2 BGB als "unzumutbare Härte"

Untersucht werden soll zunächst die Bedeutung des § 556 a Abs.1 BGB. Nach dieser Vorschrift kann der Mieter einer Kündigung widersprechen und Fortsetzung des Wohnraummietverhältnisses verlangen, wenn die vertragsgemäße Beendigung des Mietverhältnisses zu einer "unzumutbaren Härte" führen würde. Das wirft die Frage auf, ob sich der Mieter zum Nachweis einer solchen Härte auf die für ihn "harte" Rechtsfolge des § 566 Satz 2 BGB berufen darf. Ansatzpunkt hierfür kann freilich nur sein Vertrauen in den langfristigen Bestand des Mietverhältnisses sein.

Den Konflikt zwischen dem zwingenden Recht (gemeint ist die gesetzliche Schriftform) einerseits und dem Vertrauen des Mieters andererseits hat das OLG Karlsruhe mit seinem Rechtsentscheid vom 31.03.1971 wie folgt gelöst[151]: Die vertragsgemäße Beendigung eines Mietverhältnisses, welches nach § 566 Satz BGB als für unbestimmte Zeit geschlossen gilt, bedeute (selbst dann) keine nicht zu rechtfertigende Härte im Sinne des § 556 a Abs.1 BGB, wenn der Vermieter dem Mieter bei Überlassung des Wohnraums eine

---

149 So richtig gesehen von Giese, DWW 1966, 7, 8.
150 Siehe z.B. LG München ZMR 1988, 308: Da § 564 b BGB erfüllt war und ein Fortsetzungsverlangen gemäß § 564 c Abs.1 BGB nicht gestellt wurde, hing der Erfolg der Räumungsklage allein von der gesetzlichen Schriftform ab (er wurde letztlich wegen Treuwidrigkeit versagt).
151 OLG Karlsruhe, Entscheidung vom 31.3.1971 in Leitsätzen abgedruckt in: DWW 1971, 264.

lange, sichere Mietdauer versprochen habe, dann aber seine Willensrichtung ohne durch den Mieter verursachte Anlässe ändert und kündigt.

Habe der Mieter mit dem ausdrücklichen oder stillschweigenden Einverständnis des Vermieters wirtschaftliche Aufwendungen für die Erhaltung und Verbesserung der Mietsache gemacht, zu denen er vertraglich nicht verpflichtet war, so könne die vertragsgemäße Beendigung des Mietverhältnisses jedoch eine mangels berechtigter Interessen des Vermieters nicht zu rechtfertigende Härte im Sinne des § 556 a Abs.1 BGB bedeuten, wenn der Mieter besonderer Umstände wegen mit einer frühen Kündigung des Mietverhältnisses nicht habe rechnen müssen, die Aufwendungen erheblich seien, für einen erheblichen Teil davon beim Auszug kein Ersatz verlangt werden könne und die Aufwendungen durch die Mietzeit auch noch nicht abgewohnt seien, so daß es im Ergebnis zu einem wesentlichen Verlust des Mieters kommen würde. Ähnlicher Auffassung ist das LG Berlin[152]: Bei Investitionen des Mieters in die Mietsache sei eine Härte im Sinne des § 556 a BGB nur dann anzunehmen, wenn die Aufwendungen bei Vertragsende noch nicht abgewohnt seien und aufgrund des Mietvertrags keine Erstattung verlangt werden könne, so daß der Mieter einen wesentlichen finanziellen Verlust erleiden würde.

Dem im Rechtsentscheid beschriebenen Regel-/Ausnahmeverhältnis ist beizupflichten. Schließt ein Mieter den Mietvertrag nicht in der gesetzlichen Form, so käme es einer Umgehung des zwingenden § 566 BGB gleich, wenn er sich trotzdem auf das Versprechen einer längeren Mietzeit berufen dürfte. Die Beendigung des Mietverhältnisses durch eine wegen Versprechungen des Vermieters unerwartete Kündigung mag zwar für den vertrauenden Mieter als Härte erscheinen; es handelt sich aber nicht um eine nicht gerechtfertigte, d.h. um keine unzumutbare Härte[153]. Denn wer einen auf lange Zeit gewollten Mietvertrag nicht rechtsgültig für eine solche Dauer festlegt, muß sich zumuten lassen, daß der als für unbestimmte Zeit geschlossene durch eine dieser Vertragsart entsprechenden Kündigung beendet wird[154].

3. Kein Zusammenwirken der §§ 566, 564 b BGB

Ebenso wie 556 a Abs.1 BGB bezweckt auch § 564 b BGB sozialen Mieterschutz[155]. Der Unterschied zwischen beiden Normen liegt darin, daß § 564 b BGB die sachliche Rechtfertigung einer Kündigung regelt, § 556 a Abs.1

---

152 LG Berlin in: ZMR 1992, Sonderdruck VI Nr.10 (nur Leitsatz).
153 So etwa auch Roquette, Rz. 31; Hans § 556 a, Anm. 2 d.
154 So wörtlich: OLG Karlsruhe a.a.O. (Kurzbegründung zu den Leitsätzen).
155 Vgl. näher zum Schutzzweck StudK-BGB-Medicus § 564 b Anm. 1.

BGB hingegen die Folgen einer sachlich gerechtfertigten Kündigung. Als übergeordnete, generalisierendere und allgemeinere Regelung bildet § 556 a Abs.1 BGB das geeignetere Einfallstor für Überlegungen, wonach sozialer Kündigungsschutz der Rechtsfolge des § 566 Satz 2 BGB entgegensteht.

Neben diesen systematischen Bedenken spricht gegen einen Zusammenhang zwischen den §§ 566, 564 b BGB, daß § 564 b BGB allein die materielle und nicht die zeitliche Seite der Kündigung betrifft. Zwar enthält die Regelung in § 564 b Abs.2 Nr.2 Satz 2 BGB ein zeitliches Moment insoweit, als bei Umwandlung von Wohnraum in Wohnungseigentum gewisse Sperrfristen für die Eigenbedarfskündigung gelten. In der Sache bleibt dieses Zeitmoment dem materiellen Nachweis des berechtigten Kündigungsinteresses zugeordnet und daneben sind die vertraglichen Vereinbarungen über die Laufzeit des Mietverhältnisses stets zusätzlich zu beachten. Nur für letztere – und nicht für die Bestimmungen des § 564 b BGB – kann § 566 BGB somit Bedeutung haben[156].

Den Abschnitt VII zusammenfassend läßt sich also festhalten: Sozialer Kündigungsschutz gemäß § 564 b BGB hat für die Teilnichtigkeitsfolge des § 566 Satz 2 BGB keinerlei Bedeutung, die Härteklausel des § 556 a Abs.1 BGB nur, wenn ausnahmsweise ein ganz besonders qualifizierter Vertrauenstatbestand geschaffen wurde und sich unzumutbare Verluste des Mieters nicht anders abwenden lassen. In diesem Fall kommt jedoch auch Treuwidrigkeit (§ 242 BGB) in Betracht[157], so daß dem Kündigungsschutz nach § 556 a Absatz 1 BGB letztlich kein eigenständiger Wirkungskreis zukommt.

VIII. Immanente Begrenzung durch § 242 BGB

Die Ausführungen in I. bis VII. haben gezeigt, daß sich ein formnichtiger Mietvertrag nicht mit Hilfskonstruktionen wie die analoge Anwendung des § 139 BGB, formlose Schriftlichkeitsabreden, faktisches/sozialtypisches Verhalten, Erfüllungshaftung aus § 826 BGB bzw. c.i.c. oder § 116 BGB als langfristiger Vertrag aufrechterhalten läßt. Mit Recht wird deshalb allgemein für Formmängel überwiegend eine Lösung über § 242 BGB versucht und befürwortet[158]. Im Detail ist freilich vieles umstritten[159]. Kontrovers beantwortet

---

156 Bezeichnenderweise und richtig hat z.B. das LG München ZMR 1988, 308, dem Schriftformmangel bei der Prüfung des § 564 b BGB keinerlei Bedeutung zugemessen und lediglich geprüft, ob treuwidriges Handeln vorliegt.
157 Vgl. unten F IX.
158 Aus der aktuellen Rechtsprechung: BGHZ 65, 49; aus der früheren Rechtsprechung: BGH WM 1955, 728; JR 1958, 142; BGHZ 45, 179; BGHZ 21, 59; BGH NJW 1961, 1769; BGHZ 26, 142; aus der Literatur: Wolf/Eckert, Rz. 38; Palandt-Heinrichs

wird vor allem die grundlegende Frage, ob § 242 BGB die Nichtigkeitsfolgen des § 125 BGB immanent begrenzt[160], bei § 125 BGB gleichsam immer folgender Zusatz mitzulesen ist: "... sofern nicht im Einzelfall Treu und Glauben (und die guten Sitten) etwas anderes gebieten ..."[161]. Die Diskussion läßt sich auf die eingeschränkten Unwirksamkeitsfolgen des § 566 Satz 2 BGB übertragen[162], ist in der Mietrechtsliteratur aber bislang vernachlässigt worden[163]. Auf sie soll nicht zuletzt deshalb nachfolgend breiter eingegangen werden, weil – soll es im Grundsatz bei den gesetzlich ausdrücklich vorgegebenen Nichtigkeitsfolgen bleiben und der Zweck der Formvorschrift eine Rolle spielen – die Frage der immanenten Begrenzung immer nur anhand der jeweiligen Formvorschrift zutreffend erörtert werden kann[164]. Mit Recht hat schon Gernhuber[165] beklagt, daß trotz Unterschiedlichkeit bzw. Vielfalt der Formzwecke und Begleitumstände in der Rechtsprechung Leitsätze heraus-

---

§ 125, Rz. 16; Staudinger-Emmerich § 566 Rz. 55; u.v.a.; freilich gibt es auch Gegenstimmen: vgl. z.B. StudK-BGB-Hadding § 125, Anm. 4: § 125 BGB sei zwingend, weshalb über § 242 BGB keine vertraglichen Ansprüche geschaffen werden dürften; der Vertragspartner sei durch einen Schadenersatzanspruch aus c.i.c. wohl hinreichend geschützt, weil er aufgrund der Pflicht zur Herstellung (§ 249 BGB) in diesen Fällen so zu stellen sei, wie wenn das Rechtsgeschäft formwirksam abgeschlossen worden sei.

159 Vgl. etwa die Kritik von Reinicke, NJW 1968, 39 ff. und den Überblick über den Streitstand bei MüKo-Förschler § 125, Rz. 56 f.

160 Siehe einleitend hierzu Palandt-Heinrichs § 125, Rz. 16, und Staudinger-Dilcher § 125, Rz. 49 f., jeweils m.w.N.

161 So fast wörtlich Soergel-Siebert-Knopp § 242, Rz. 358.

162 Vgl. zur Übertragbarkeit auf andere Formvorschriften allgemein: BGH LM Nr. 15 zu § 566; BGH NJW-RR 1986, 944; die Frage stellt sich bei § 566 Satz 2 BGB konkreter wie folgt: Ist bei der eingeschränkten Nichtigkeitsfolge der Vorschrift in § 566 Satz 2 BGB gedanklich immer mitzulesen, "soweit nicht im Einzelfall Treu und Glauben die Aufrechterhaltung als langfristiger Mietvertrag gebietet"? Flume AT/II, § 15 III 4 c) aa) (S. 276), sieht richtig, daß ein solcher gedanklicher Zusatz konsequenterweise jeder Formvorschrift hinzugefügt werden müßte, denn wann immer bestimmt ist, daß ein Schuldvertrag einer Form bedarf, gälte es die Formvorschrift entsprechend einzuschränken.

163 Die "großen" Lehr- und Handbücher wie Sternel und Bub/Treier sprechen die Problematik noch nicht einmal an, bejahen lediglich generell die Anwendbarkeit des § 242 BGB; vgl. z.B. bei Sternel, Kap I, Rz. 205 und bei Bub/Treier-Heile, Kap II, Rz. 792 ff.

164 Medicus AT, Rz. 635 formuliert hierzu im Zusammenhang mit der Heilung von Formfehlern: "...Doch ist das keine Frage des Allgemeinen Teils, sondern es kann nur bei den einzelnen Formvorschriften erörtert werden ..."; dies entspricht dem hier vertretenen Standpunkt.

165 Gernhuber, Festschrift f. Schmidt-Rimpler, S. 151, 173.

gebildet wurden, die insoweit alle Formvorschriften "über einen Kamm scheren".

1. Konsequenzen der Begrenzungstheorie[166]

Stützt sich eine Mietvertragspartei auf den Formmangel und stellt dies, etwa wegen Arglist oder widersprüchlichem Verhalten, eine unzulässige Rechtsausübung dar, begründet § 242 BGB über die umstrittene immanente Begrenzung hinaus eine Einwendung, die das Gericht etwa bei der Beurteilung einer Räumungsklage von Amts wegen zu beachten hat. Die Frage nach immanenten Schranken steht aber dann im Mittelpunkt, wenn eine Partei aus der formlosen Abrede auf Erfüllung klagt. Dies sei mit folgendem Beispiel erläutert:

Die Parteien haben formunwirksam einen auf Abschluß eines langfristigen Mietvertrags gerichteten Mietvorvertrag geschlossen, der nach richtiger Meinung[167] ebenfalls der gesetzlichen Schriftform bedarf. Beide Parteien versichern sich gegenseitig, daß sie sich als anständige Menschen an ihr Ehrenwort halten würden. Dennoch verweigert der eine später die Erfüllung und der andere muß ihn auf formgerechten Abschluß des langfristigen Mietvertrags verklagen.

Die Darlegungs- und Beweislast ist im Prozeß so verteilt, daß der (redliche) Kläger die Voraussetzungen für die Formgültigkeit des Mietvorvertrags nachweisen muß[168]. Denn ein Formmangel wird nicht erst berücksichtigt, nachdem er geltend gemacht ist; er ist vielmehr von Amts wegen zu prüfen[169]. Für den Einwand der unzulässigen Rechtsausübung ist schon deshalb kein Raum, weil nur der Kläger und nicht der (unredliche) Beklagte im Prozeß Rechte ausübt[170]. Entfällt aber der Einwand, so kann dem Formmangel die Nichtigkeitsfolge nur von Amts wegen versagt werden[171] und das Gericht muß insoweit prüfen, ob nach dem bisherigen Verhalten des Beklagten, insbesondere nach dessen Erklärung, er werde sich an sein Ehrenwort halten,

---

166 Der Begriff "Begrenzungstheorie" ist einen neue Wortbildung, die in der Diskussion bisher keine Verwendung fand; sie soll im folgenden mit einem Wort kurz den Standpunkt kennzeichnen, der eine immanente Begrenzung der Formnichtigkeit durch § 242 BGB vertritt.
167 Vgl. die Ausführungen und Nachweise in oben S. 65 ff.
168 Die Formgültigkeit ist Grundlage seines Begehrens, für das er grds. in vollem Umfang darlegungs- und beweispflichtig ist.
169 Z.B. zutreffend dargelegt von Henrich, S. 173.
170 Vgl. Gernhuber, Festschrift f. Schmidt-Rimpler, S. 154 f.
171 Siehe auch hierzu Henrich, S. 174.

und der infolgedessen eingetretenen tatsächlichen Entwicklung der Verhältnisse, eine befriedigende Lösung für die Beteiligten nur mit der Bejahung rechtsgeschäftlicher Bindung erreichbar erscheint[172]. Der Klage wird letztlich stattgegeben, wenn Treu und Glauben die rechtsgeschäftliche Bindung fordern, oder, mit anderen Worten und allgemeiner ausgedrückt: die Schranken des § 242 BGB der Rechtsfolge des § 566 Satz 2 BGB immanent sind[173]. Der ungeachtet des Formmangels auf diese Weise anerkannte Mietvertrag erhält sozusagen eine "irreguläre Geburt"[174].

Eine ähnliche Interessen-/Anspruchslage ist gegeben, wenn ein Mieter aus einem formlosen Hauptmietvertrag langfristige Besitzgewährung oder ein Vermieter Mietzahlungen auf der Grundlage einer formunwirksamen Laufzeitvereinbarung begehrt. Auch in diesen Fällen kommt es auf den Einwand der unzulässigen Rechtsausübung nicht an, da ein Formmangel – gäbe es § 242 BGB als immanente Schranke nicht – die Klage schon unschlüssig macht. So gesehen ist die Begrenzungstheorie nicht nur von dogmatischem Interesse; sie hat auch erhebliche praktische Konsequenzen. Dies gilt erst recht, wenn man mit Flume[175] befürchtet, daß die Sachverhaltsermittlung falsch gewichtet werden könnte, weil es einen wesentlichen Unterschied mache, ob der Vertragsschluß allein oder aber zusätzlich und weitgehend selbständig daneben Begleitumstände im Vordergrund stehen. Im Zusammenhang mit der Aufrechterhaltung formnichtiger Mietverträge muß auf die Begrenzungstheorie somit ausführlich eingegangen werden.

2. Die Verfechter der "reinen"[176] Begrenzungstheorie

Als Verfechter der Begrenzungstheorie hat sich bisher vor allem der BGH hervorgetan[177], der nach seiner Abkehr vom deliktischen Ansatz die "Wurzeln der Erfüllungshaftung" in dem formnichtigen Rechtsgeschäft selbst suchen mußte[178]. Die Haltung des BGH, wonach er "... von sich aus mit Rücksicht auf die Besonderheit des Falles dem Mangel der Form die Rechtsfolge der

---

172 So der allgemeine Prüfungsansatz in BGHZ 12, 286, 304.
173 Die Formulierung "immanente Begrenzung" geht wohl auf Soergel-Siebert-Knopp § 242, Rz. 358 zurück; sie trifft den Kern des Streits und wird deshalb noch heute angewandt, z.B. bei Palandt-Heinrichs § 125, Rz. 16.
174 So treffend beschrieben von Gernhuber, Festschrift f. Schmidt-Rimpler, S. 178.
175 Flume AT/II, § 15 III 4 c aa) (S. 279).
176 Das Attribut "rein" soll lediglich den Unterschied zu abgewandelten Formen, auf die später noch eingegangen wird (vgl. unten ...), herausstellen.
177 Vgl. BGHZ 12, 286, 304; BGHZ 16, 337; BGHZ 29, 6, 12.
178 Vgl. zu diesem Wandel Häsemeyer, S. 48.

Nichtigkeit zu versagen ..." habe[179], zeugt klar von einem Verständnis immanenter Begrenzung: Das Gericht kann von sich aus (ohne daß es darauf ankommt, ob die andere Partei unzulässige Rechtsausübung einwendet) nur versagen, was bereits Recht ist[180].

Nach einer anderen – dieses Verständnis ebenfalls belegenden – Entscheidung des BGH[181] reicht für ein Versagen der Nichtigkeitsfolge von Amts wegen aus, wenn angesichts des Parteiverhaltens und der infolge dieses Verhaltens eingetretenen Entwicklung die Bejahung der rechtsgeschäftlichen Bindung die einzige befriedigende Lösung darstellt. Wohl in der von schlechtem Gewissen begleiteten Einsicht, daß mit dieser Lösung tief in das Formverständnis des Gesetzgebers eingegriffen wird[182], betont der BGH ständig, der Formmangel sei nur in Ausnahmefällen zur Vermeidung "schlechthin untragbarer Ergebnisse" unbeachtlich[183]. Die BGH- Rechtsprechung ist von einem großen Teil der Literatur teils kritisch, teils unkritisch übernommen worden[184]. Sie muß deshalb wohl als herrschende Meinung angesehen werden[185]; da sie noch kein verfestigtes Gewohnheitsrecht darstellt, bleibt sie allerdings auch praktisch für die Rechtswissenschaft angreifbar[186].

3. Abgewandelte Formen immanenter Begrenzung

In abgewandelter Gestaltung gelangen auch andere Literaturstimmen mittelbar über Treu und Glauben im Ergebnis zu einer Begrenzung der Nichtigkeitsfolgen[187]. Die Anwandlungen selbst können Ausdruck von Zweifeln an der Richtigkeit der herrschenden Meinung sein; sie sollen deshalb nicht außer Acht gelassen werden.

---

179 So die Formulierung des BGH in: BGHZ 29, 6, 12.
180 Zutreffend gesehen etwa von Flume AT/II, § 15 III 4 c) aa) (S. 277).
181 Vgl. BGHZ 12, 286, 304.
182 Ähnlich wohl die Deutung von Larenz I, § 10 III (S. 145f.).
183 Vgl. z.B. BGHZ 29, 254; BGHZ 48, 396.
184 Unkritisch z.B. von Palandt-Heinrichs § 125, Rz. 16, der ohne nähere Begründung die Richtigkeit des BGH-Standpunkts bejaht; kritischer hingegen Hübner, Rz. 484 f.; vgl. auch Müko-Förschler § 125, Rz. 57.
185 So wird sie jedenfalls meistens dargestellt, z.B. von Singer, WM 1983, 254, 256.
186 Gernhuber, Festschrift f. Schmidt-Rimpler, S. 163, beklagt in diesem Zusammenhang zutreffend, daß nicht selten eine ständig angegriffene Rechtsprechung irgendwann zu unangreifbarem Gewohnheitsrecht wird, weil sich "erlahmte" Kritiker anderen Problemen zuwenden und der Widerstand nachläßt. Als Beispiel nennt er die Herleitung der positiven Forderungsverletzung aus § 276 BGB, die zwar zunächst falsch gewesen sei, durch ständige Rechtsprechung aber Gewohnheitsrecht geworden sei.
187 Eine nicht vollständige erste Übersicht gibt Müko-Förschler § 125, Rz.49ff.

Enneccerus-Nipperdey[188] gelangen über einen Zwischenschritt zu ähnlichen Ergebnissen wie die herrschende Meinung: Der formfehlerhafte Vertrag sei zwar zunächst nichtig; er werde aber wirksam, wenn nach der Wertung der Rechtsordnung (dazu gehöre auch Treu und Glauben) höherwertige Interessen die Rechtsfolge des § 125 BGB ausschlössen. Nach diesem Verständnis ist § 242 keine immanente Begrenzung, aber eine stets mitzuprüfende Folgenorm, die das zuvor anhand des § 125 BGB gewonnene Ergebnis sofort wieder umkehren kann.

Eine besondere Meinung vertritt ferner Flume[189]. Ihm folgend sei zwar der Vertrag nichtig; jedoch sollen die hinzutretenden Umstände die Erfüllungshaftung auslösen. Der formnichtige Vertrag werde nicht als Vertrag aufgrund außerrechtsgeschäftlicher Umstände gültig, denen unter dem Gesichtspunkt "Treu und Glauben" gemeinhin Relevanz beigemessen werde. Vielmehr sei streng zwischen dem Tatbestand des nichtigen Vertragsschlusses einerseits und der mit ihm verbundenen Umstände andererseits zu trennen. Nur aus letzteren könnten Erfüllungsansprüche hergeleitet werden.

Ein wohl ebenfalls an § 242 BGB angelehnter Lösungsansatz findet sich im Alternativkommentar[190]. Er wird mit "Zweckerreichung als Beschränkung der Formnichtigkeit" überschrieben. Danach soll die Aufrechterhaltung des Geschäfts insbesondere dann beansprucht werden können, wenn beide Parteien das Formerfordernis kannten und auf den formgerechten Abschluß sehenden Auges verzichteten. Hier sei der Formzweck, was die beiderseitige Erfüllung bestätige, erreicht. Als Hilfskonstruktion für die Fälle des § 566 Satz 2 BGB dürfte dieser Gedanke freilich von vorneherein ausscheiden, weil – gleich, ob man weitergehende Zweckvielfalt bejaht[191] – jedenfalls auch und vorrangig der zukünftige Erwerber geschützt werden soll und eine Dreiecksbeziehung besteht. Die beiderseitige Erfüllung durch die beiden vertragsschließenden Parteien kann keine nachteiligen Wirkungen gegen den Dritten haben, da sonst im Ergebnis über § 242 BGB eine Erfüllungshaftung zum Nachteil Dritter begründet würde, die ebenso wie der Vertrag zu Lasten Dritter unzulässig ist[192]. Außerdem spricht gegen die im Alternativkommentar vertretene Meinung, daß es sich nach allgemeiner Ansicht[193] bei dem mit der Form verfolgten Zweck um das bloße Motiv des Gesetzgebers und nicht um ein Tatbestandsmerkmal der Formvorschrift handelt und es somit für die

---

188 Enneccerus-Nipperdey, § 154 III 4 (S. 958f.).
189 Flume AT/II, § 15 III 4 c) aa) (S. 278f.).
190 AK-BGB-Hart § 125, Rz. 16.
191 Vgl. hierzu oben S. 58 ff.
192 Vgl. zur Unzulässigkeit eines Vertrages zu Lasten Dritter BGHZ 54, 247; BGHZ 78, 374 f.
193 Begründet von BGHZ 16, 334.

Nichtigkeit nicht auf das Erreichen des Zwecks ankommen kann[194]. Diese Bedenken gelten gleichermaßen für andere Hilfskonstruktionen, mit denen über die Annahme, der/die Formzweck(e) sei(en) auch ohne Einhaltung der Form erreicht, die Rechtsfolge des § 566 Satz 2 BGB korrigiert werden soll. Sie werden deshalb im folgenden ausgeklammert.

Früher vertreten wurde weiterhin die besondere Ansicht, die Begrenzung des § 125 BGB durch § 242 BGB sei schlicht das Ergebnis einer richtigen Gesetzesauslegung[195]. § 242 BGB sei korrigierend heranzuziehen, damit die Formvorschrift nicht falsch interpretiert werde. Ob überhaupt solcher Interpretationsspielraum besteht, oder ob nicht klare Vorgaben des Gesetzgebers Nichtigkeit ohne die Möglichkeit weiterer Wertungsfreiheit des Gesetzesanwenders anordnen, wurde dabei nicht weiter hinterfragt. Schließlich ist eine Kollision zwischen § 125 BGB und § 242 BGB vor dem Hintergrund angenommen worden, daß § 242 BGB allgemein dazu bestimmt sei, untragbare Ergebnisse zu berichtigen und als "höhere Norm" dem § 125 BGB bei Berichtigungsbedarf vorgehe[196].

4. Grenzen der Anwendbarkeit des § 242 BGB

Da der Rechtsanwender "von sich aus" (das Gericht: "von Amts wegen") den § 242 BGB bei der Anwendung des § 566 Satz 2 BGB prüfend und gegebenenfalls korrigierend mitdenken muß, ist fraglich, ob dem Treu und Glauben-Prinzip nicht im allgemeinen, oder speziell bezogen auf Formvorschriften, im besonderen nicht übermäßige Bedeutung zugesprochen wird[197]. Der herrschenden Meinung ist zunächst zuzugeben, daß § 242 BGB sicher als ein das gesamte Rechtsleben beherrschender Grundsatz anerkannt ist[198], wonach jedem Recht sozialethische Schranken immanent sind[199]. In letzter Konsequenz hätte dies aber zur Folge, daß nicht nur Generalklauseln und anderen Normen mit Wertungsspielraum, sondern auch allen sonstigen Vorschriften folgendes ungeschriebenes Tatbestandsmerkmal anhaften würde: "... soweit nicht Treu und Glauben etwas anderes gebieten". Das unerwünschte Ergebnis wäre die

---

194 Vgl. BGHZ 16, 334; MüKo-Förschler § 125, Rz.73 m.w.N.
195 Enneccerus-Lehmann § 4 II (S. 17f.).
196 Vgl. aus der früheren Rechtsprechung: OGHBrZ 1, 219; aus der Literatur: Reinicke, MDR 1954, 641 ff.
197 Ähnlich allgemeine Überlegung stellt wohl Larenz an, vgl. Larenz I, § 10 III (S. 145ff.).
198 Vgl. etwa Weber, JuS 1992, 631 m.w.N.
199 Siehe statt vieler nur Palandt-Heinrichs § 242, Rz. 1.

Generalermächtigung zur Billigkeitsjustiz, die zwangsläufig von der angestrebten Rechtssicherheit wenig übrig ließe.

Im so umschriebenen Spannungsfeld zwischen Einzelfallgerechtigkeit und Rechtssicherheit behilft man sich – die Gefahren sehend – einmütig mit der einschränkenden Aussage, die Gerichte seien freilich nicht befugt, die sich aus Vertrag oder Gesetz ergebenden Rechtsfolgen im Einzelfall durch vermeintlich "billigere" oder "angemessenere" zu ersetzen[200]. An weiterer Konkretisierung der Grenzen fehlt es; die Grenzziehung ist verwässert und an die Stelle allgemeiner Erwägungen sind längst die von der Rechtsprechung und Lehre herausgebildeten Fallgruppen[201] getreten, an denen der Rechtsausübende sich aus Praktikabilitätsgründen unter Vernachlässigung der Grundlagen orientiert. Für den Anwendungsbereich des § 566 BGB darf und soll hingegen nicht aus den Augen verloren werden, daß es allein um den Konflikt zwischen den Zielen Rechtssicherheit und Billigkeit geht, die jeweils für sich einen hohen Wert haben[202]. Welche Wertigkeit überwiegt, ist letztlich die allesentscheidende Frage, die das Rangverhältnis zwischen § 242 BGB und der Formvorschrift bestimmt. Dabei kommt es auf die Umstände des Einzelfalls an, was nicht bedeutet, daß grundsätzlich gültige Aussagen und Vorgaben zur Wertigkeit der Schriftform im Verhältnis zur Billigkeit unzulässig sind. Danach sind für das Rangverhältnis – die Einzelfallbetrachtung zurückgestellt – folgende Erwägungen maßgeblich[203]:

Wortlaut und Wertung des § 566 Satz 2 BGB sind eindeutig. Jedenfalls für § 125 BGB hatte der Gesetzgeber den möglichen Konflikt zwischen Billigkeit und Formstrenge gesehen und letzterer ausdrücklich den Vorzug eingeräumt. Der Konflikt wurde bereits im Lauf der Vorarbeiten zum BGB in die Diskussion eingebracht und dergestalt beschieden, daß mit "dem Satze, daß jeder zu seinem Wort stehen muß, durch Annahme des Prinzips der Formfreiheit für die Rechtsgeschäfte gebührende Rechnung getragen (sc.: sei), und wenn für einzelne Rechtsgeschäfte eine Form sich vorgeschrieben findet, so liegt darin zur Genüge, daß die Gründe für die Notwendigkeit der Form schwerer wiegen als die Rücksicht auf die ethische Pflicht zum Worthalten"[204]. Der Vorschrift in § 566 Satz 2 BGB liegt kein anderes Formverständnis zugrunde. Im übertragenen Sinne bedeutet die Wertung, daß das Interesse des nach § 571 BGB in das Mietverhältnis eintretenden Erwerbers, den gesamten Inhalt des Mietverhältnisses aus dem die Grundbucheinsicht ersetzenden form-

---

200 Vgl. hierzu RGZ 131, 177; BGH NJW 1985, 2580; Gernhuber JuS 1983, 767.
201 Vgl. die ausführliche Darstellung bei Palandt-Heinrichs § 242, Rz. 46 – 86.
202 Ähnlich fragt Larenz I, § 10 I (S. 125ff.), allgemein nach dem Rang des § 242 BGB.
203 Ansätze dieses Prüfungsschemas finden sich mit Einschränkungen bereits bei Gernhuber, Festschrift f. Schmidt-Rimpler, S. 158 ff.
204 Motive I, S. 183.

wirksamen Mietvertrag sicher erfahren zu können[205], nach den verbindlichen Vorstellungen des Gesetzgebers schwerer wiegt als das Vertrauen in das Ehrenwort der Vertragspartner. Diese Vorgabe ist so eindeutig, daß für eine restriktive oder sonstige norminterpretierende Auslegung über § 242 BGB grundsätzlich kein Raum bleibt; sie wäre contra legem und würde § 242 BGB unzulässigerweise eine Funktion beimessen, wonach mit Hilfe dieser Norm subjektive Rechte ins Leben gerufen werden, die die Rechtsordnung an anderer Stelle deutlich verneint hat[206].

Für wertende Auslegung in Richtung des Vorrangs der Billigkeit lassen die Motive allenfalls insoweit Raum, als der Gesetzgeber nur die "ethische Pflicht, Wort zu halten" betonte, andere Umstände als das Wort der Parteien, die für eine Billigkeitsentscheidung herangezogenen werden könnten, wie z.B. der drohende wirtschaftliche Ruin einer Partei, jedoch nicht ausdrücklich erwähnte[207]. Allein für diese weiteren Umstände ist zwar gemäß dem Wortlaut des § 566 Satz 2 BGB, nicht aber nach den Motiven des Gesetzgebers klar vorgegeben, ob sie gewichtiger sind als die Formstrenge. In Abschnitt C II[208] wurde bereits aufgezeigt, daß die Schriftform des § 566 BGB mehrere Funktionen erfüllt. Dabei gibt es parteibezogene Formzwecke (z.B. die Warnfunktion) und drittbezogene (Information des Erwerbers). Überträgt man diese Zweiteilung auf die Billigkeitsentscheidung, läßt sich im groben festhalten: Spielen die Faktoren, wegen derer eine Korrektur der Formvorschrift aus Billigkeitsgründen erwogen wird, lediglich im Verhältnis zwischenden den vertragsschließenden Parteien eine Rolle, z.B. das Ehrenwort oder die wirtschaftliche Not des Mieters, bleibt kein Spielraum für eigene Wertungen des Rechtsanwenders, weil der bezweckte Erwerberschutz nicht aus Gründen gefährdet werden darf, die keinen Billigkeitsbezug zum Erwerber haben. Platz für wertende Auslegung wäre hingegen dort, wo die Billigkeitsfaktoren auch im Verhältnis zum Erwerber relevant sind. Diese unterschiedliche Handhabung würde die Praxis aber überfordern, was mit folgendem Beispiel erläutert sei:

Der Vermieter ist trotz Formmangels zu der begehrten langfristigen Besitzgewährung verurteilt worden, da er sein Ehrenwort gegeben hatte und der Mieter andersfalls in Existenznot geraten wäre. Dem neuen Eigentümer/Vermieter kann das Ehrenwort des alten Eigentümers/Vermieters jedoch nicht angelastet werden, weil es keinen Drittbezug hat. Deshalb kann der

---

205 Dieses Ziel ergibt sich aus den Motiven, vgl. Mugdan II, S. 825.
206 Vgl. Matthießen, JW 1938, 2426; derselbe DGWR 1938, 213; 1939, 242.
207 Diesen Spielraum sieht selbst Gernhuber, Festschrift f. Schmidt-Rimpler, S. 162, für die Interpretation des § 125 BGB.
208 Vgl. oben S. 43 ff.

neue Eigentümer/Vermieter nach Treu und Glauben kaum verpflichtet sein, dem Mieter auch weiterhin langfristigen Besitz zu gewähren (falls die Existenznot des Mieters allein kein ausreichender Billigkeitsfaktor ist). Das Mietverhältnis wird in einem solchen Fall also über § 242 BGB "zerrissen"; dieses Zerreißen wollte der Gesetzgeber aber gerade verhindern, weil sonst genügt hätte, dem Erwerber (und nicht auch der ursprünglichen Partei) mit § 566 Satz 2 BGB ein Recht zur vorzeitigen Kündigung einzuräumen[209]. Wechselt das Eigentum öfters und überdauert das Mietverhältnis diese Wechsel, gibt es insgesamt also gleich mehrere formzweckbegünstigte Erwerber, gestaltet sich das Schicksal des zerissenen Mietverhältnisses höchst ungewiß: Da die Billigkeit und die jeweiligen Umstände es erfordern oder nicht, gilt der Mietvertrag im Verhältnis zum ersten Vermieter als langfristiger, in Relation zum zweiten hingegen nur als auf unbestimmte Zeit geschlossen und dem dritten Vermieter gegenüber wegen besonderer Umstände wiederum als langfristiger. Er wäre sozusagen wechselnden Wirksamkeitsphasen unterworfen und würde von einem Moment auf den anderen von (Teil-)Unwirksamkeit in (Voll-)Wirksamkeit oder umgekehrt umschlagen können mit der Folge, daß er zur gleichen Zeit als latent (voll-)wirksam und latent (teil-)unwirksam angesehen werden müßte[210]. Der Mietvertrag würde also – gleich dem Farbwechsel eines Chamäleons – möglicherweise ständig seinen Inhalt ändern. Mit dem Wechsel des Vermieters könnte mit anderen Worten stets über den Parteiwechsel hinaus eine inhaltliche Umgestaltung des Vertragsverhältnisses verbunden sein.

Für dieses Wechselspiel ließe sich plädieren, die Umgestaltungswirkung des § 242 BGB sei anerkannt, weil mit der Forderung nach Wahrung von Treu und Glauben ja auch unter dem Stichwort "Fortfall der Geschäftsgrundlage" Vertragsumgestaltung betrieben wird[211]. Die Dinge liegen hier aber entscheidend anders: Während es bei der Umgestaltung nach den Grundsätzen der Geschäftsgrundlagenlehre darum geht, einen "an sich" vorhandenen Vertrag mit geändertem Inhalt aufrechtzuerhalten, setzt die Formvorschrift in § 566 BGB einen Schritt weiter vorne an, indem sie fragt und regelt, ob und und inwieweit ein umgestaltbarer Mietvertrag überhaupt "an sich" gegeben ist[212].

Der aufgezeigte Wechsel zwischen möglicher Lang- und Kurzfristigkeit, der mit der Anwendung von § 242 BGB einhergehen könnte, widerspricht

---

209 Vgl. hierzu Mugdan II, S. 823, 824, 828, 829.
210 Allgemein kritisch zu diesem dogmatischen Dilemma: Häsemeyer, S. 52 f.
211 Vgl. dazu allgemein statt vieler Larenz I, § 10 II d) (S. 137).
212 Ähnlich für § 125 BGB wohl auch Gernhuber, Festschrift f. Schmidt-Rimpler, S. 159, der richtig von einer unzulässigen Erweiterung "an sich" nicht vorhandener subjektiver Rechte spricht.

ferner dem Prinzip, daß die Parteien im Rahmen der bestehenden Rechtsordnung ohne weiteres Hineinreden (autonom) vertraglich Recht setzen und nur gemeinsam wieder beseitigen können. Das Rechtsgeschäft schafft für die Parteien eine Sonderordnung, nach der sie sich jederzeit richten und auf die sich jederzeit berufen dürfen[213]. Diese Aufgabe muß es unabhängig von der weiteren Entwicklung der außerrechtsgeschäftlichen Parteibeziehungen erfüllen können, die es möglicherweise von einem noch nicht einmal feststehenden zukünftigen Zeitpunkt an verbieten werden, sich auf den Formmangel zu berufen. Erforderlich ist, weil gerade die Parteien bei Vertragsschluß sie vornehmen, eine ex-ante-Betrachtung der Formwirksamkeit, nicht die ex-post-Betrachtung des Richters, der nach der Begrenzungstheorie eigentlich nur festzustellen braucht, ob der Mietvertrag jetzt, d.h. im Zeitpunkt der letzten mündlichen Verhandlung, in (Voll-)Wirksamkeit umgeschlagen ist, wobei er die Prüfung, ob das Rechtsgeschäft von Anfang an wirksam war, ganz vernachlässigen kann[214]. Nach alledem bedeutet die an Treu und Glauben orientierte immanente Einschränkung der Formnichtigkeit eine unerwünschte Störung des spezifischen Zusammenspiels normativer und privatautonomer Verbindlichkeit. Diesen grundsätzlichen Bedenken sollte sich auch eine unbestritten wichtige Norm wie § 242 BGB fügen[215].

An dieser Überlegung scheitert auch der Enneccerus-Nipperdey`sche Lösungsvorschlag[216], der nachträglich über § 242 BGB "höherwertige Interessen" der Rechtsordnung prüft und gegebenenfalls daraus die Wirksamkeit des formlosen Vertrages herleitet. Sie steht auch den übrigen Hilfskonstruktionen entgegen, die § 242 BGB die Kraft einer höheren Norm beimessen, mit der berichtigend ausgelegt oder ganz berichtigt werden könne[217].

Soweit Flume der reinen Begrenzungstheorie mit dem Argument widerspricht, es gebe eigentlich zwei nebeneinanderstehende Tatbestände, nämlich den nichtigen Vertragsschluß zum einen und die Umstände neben dem Vertragsschluß zum anderen[218], teilt er wohl die vorstehend dargelegten Bedenken. Die Billigkeitsfaktoren können zwar mit dem Wechsel des Vertragspartners und auch sonst variieren; das berührt die Nichtigkeit des Vertragsschlusses als solche aber nicht. Der rechtsgeschäftliche Teil des Sachverhalts steht neben einem außerrechtsgeschäftlichen, und aus beiden können sich Rechts-

---

213 Statt vieler vgl. nur Larenz AT, § 2 II e (S. 41), § 18 I (S. 314).
214 Ähnlich Häsemeyer, S. 52.
215 Anders z.B. Stutzer, DGWR 1939, 220, nach dessen Ansicht § 242 BGB als "höhere Norm" dem § 125 BGB vorgeht.
216 Vgl. Enneccerus-Nipperdey § 154 III 4 (siehe oben Fußnote 188).
217 So die Auffassungen von Enneccerus-Lehmann § 4 II (S. 17) und Reinicke, MDR 1954, 641 ff.
218 Vgl. Flume AT/II, § 15 III 4 c) aa) (dort S. 278f.).

folgen ergeben, die möglicherweise im Zusammenspiel von Recht und Gegenrecht einem Begehren zum Erfolg oder Scheitern verhelfen. Soweit Flume hingegen aus dem außerrechtsgeschäftlichen Tatbestand eine volle Erfüllungshaftung herleiten will, muß er sich ähnliche Kritik wie diejenigen gefallen lassen, die bei der Haftung nach § 826 BGB oder c.i.c. mehr zubilligen wollen als Erfüllungsersatz in Geld[219]. Die – wie auch immer geartete – außerrechtsgeschäftliche Haftung kann niemals so weit gehen wie die volle Erfüllung des Vertrags und nicht weiter gehen als die gesetzliche Haftung.

Selbst wenn man sich von der speziellen Betrachtung der Zwecke und sonstigen Besonderheiten des § 566 BGB löst, sprechen einige grundsätzliche Bedenken gegen die immanente Begrenzung von Nichtigkeitsfolgen durch § 242 BGB. Der BGH widerspricht sich, wenn er einerseits hervorhebt, der Formzweck sei bloßes Motiv und keine Tatbestandsvoraussetzung[220], konsequenterweise dann aber auch bei der Entbehrlichkeitsprüfung nach § 242 BGB ganz besonders darauf achten müßte, ob die Form im konkreten Ausnahmefall überhaupt die ihr zugedachte Funktion erfüllen konnte. Wenn sich nämlich herausstellt, daß der Formzweck wegen besonderer Umstände die Beobachtung der Form überhaupt nicht verlangte, wäre das Rechtsgeschäft schon ohne weitere Abwägung der Parteibeziehungen nach Treu und Glauben als wirksam zu behandeln[221].

Die Begrenzung hat ferner nicht nur die unerwünschte Folge, daß die Entscheidung über die Nichtigkeit eines formfehlerhaften Vertrags vertrauensvoll in die Hände des allgemeinen Rechtsempfindens oder gar der Ansichten besonderer Rechtskreise[222] gelegt würden; es ist darüber hinaus nicht einzusehen und bedenklich, warum sich die Rechtsprechung zurückhält, wenn es um die an Treu und Glauben orientierte Überspielung von strengen Normen des materiellen Rechts geht, bei Eingriffen in das strenge formale Recht (gemeint sind die zwingenden Formvorschriften) jedoch keine Bekümmertheit zeigt[223]. Das strenge Recht, gleich ob formales oder materielles, zeichnet sich gerade dadurch aus, daß es auch noch in den Fällen gelten will und soll, in denen die Billigkeit in die andere Richtung drängt. Wenn gleichwohl die zwingende Nichtigkeitsfolge stets gleichwertig an § 242 BGB gemessen wird, dann kehrt

---

219 Vgl. zu dieser Kritik oben F V.
220 Vgl. BGHZ 16, 334.
221 Auch Bieberstein, NJW 1965, 1015, hält eine Würdigung der Formfunktion für unverzichtbar; vgl. allgemein zu diesem Widerspruch in der Rechtsprechung: Häsemeyer, S. 60.
222 Z.B. kam es in der Entscheidung BGH FamRZ 1955, 171, auf das Empfinden der bäuerlichen Bevölkerungsgruppen an.
223 Eindrucksvoll mit Beispielen nachgewiesen von Gernhuber, Festschrift f. Schmidt-Rimpler, S. 156 ff.

sich der Rechtsanwender unzulässigerweise dergestalt vom Gesetz ab, daß er die gesetzliche Wertung durch seine eigene Wertewelt ersetzt[224]. Zu diesen Umgereimtheiten kommt hinzu, daß von dem Formverständnis des BGB, wonach Rechtsgeschäft und Form eine untrennbare Einheit bilden[225], nicht mehr viel übrig bliebe, wenn sich die Form durch § 242 BGB ersetzen ließe[226]. Die Form würde nicht mehr als Wesenselement oder Begriffserfordernis des Rechtsgeschäfts im ganzen verstanden, sondern als selbständig neben der Willenserklärung stehender Wirksamkeitsfaktor. Die formlose Abrede wäre systemwidrig schon für sich allein vollwirksame Quelle rechtsgeschäftlicher Wirkungen[227] und die Form würde ihr lediglich als "Formalität"[228] einen "klaren Anstrich" geben und die Entbehrlichkeitsprüfung nach § 242 BGB überflüssig machen. Das aber käme der völligen Aufgabe des Konzepts gleich, wonach die Form konstitutives Element des Rechtsgeschäfts und nicht "bloße Empfehlung" sein soll, die zwar für Amtspersonen aber nicht für privatautonomes Handeln Sinn macht[229].

Insgesamt stößt und reibt sich die Begrenzungstheorie an derart vielen Eckpfeilern der Privatrechtsordnung, daß sie nicht nur für die besondere Vorschrift des § 566 BGB, sondern gleich für alle übrigen Formvorschriften ganz aufgegeben werden sollte.

IX. Unzulässige Rechtsausübung

1. Unterschiede zur Begrenzungstheorie

Wenngleich § 242 BGB der (Teil-)Unwirksamkeitsfolge des § 566 Satz 2 BGB keine immanenten Schranken setzt und deshalb Formgültigkeit eines formlosen Mietvertrags selbst dann nicht von Amts wegen angenommen werden darf, wenn Billigkeitserwägungen dies nahelegen, kann freilich demjenigen, der aus dem Formmangel Rechte herleiten will, unter bestimmten, noch näher zu klärenden § Voraussetzungen der Vorwurf unzulässiger Rechtsausübung als Einwendung entgegengehalten werden. Typischster und praktisch

---

224 Diese Vorgehensweise hat schon Hippel als "idealisierender Scheinpositivismus" kritisiert.
225 Verkannt werden soll freilich nicht, das sich das Formverständnis im Detail gewandelt hat, vgl. hierzu Häsemeyer, JuS 1980, 1.
226 Diese Abwertung der Form zur bloßen "Formalität" hat schon Pawlowski, S. 18, erkannt und kritisiert.
227 Vgl. hierzu Häsemeyer, S. 50.
228 Vgl. zu dieser Wortschöpfung Pawlowski, S. 18.
229 Flume AT/II, § 15 III 4 c) aa) (S.276ff.)

relevantester Fall ist, daß der Vermieter das vermeintlich langfristige Mietverhältnis gem. §§ 566, 565 BGB vorzeitig kündigt und Räumung/Herausgabe verlangt, weil er eine andere Nutzung des Mietgegenstands plant[230]. Insoweit treffen den Räumungskläger, der Ansprüche aus den § 556 Abs.1, 985 BGB geltend macht, die Grenzen, die § 242 BGB jeder Rechtsausübung zieht und die etwa von Larenz[231] wortreich dahin verallgemeinert werden, das Prinzip von Treu und Glauben gebiete jedem Gläubiger, ihm zustehende Rechte nur so auszuüben, daß das "begründete Vertrauen" des anderen Teils und "die menschliche Rücksicht" gewahrt bleiben, die nach der Art der bestehenden Sonderverbindung (hier also des Mietverhältnisses) beansprucht werden kann. Die wichtigsten Fallgruppen bilden widersprüchliches Verhalten (venire contra factum proprium) und der sog. Rechtsmißbrauch[232].

Die Gerichtsentscheidungen, in denen Treuwidrigkeit der sich auf den Formmangel berufenden Partei eine Rolle gespielt hat, sind inzwischen kaum noch überschaubar[233]. Selbst für den speziellen Anwendungsbereich des § 566 Satz 2 BGB liefern unzählige Urteile Anschauungsmaterial[234], das zunächst dahin überprüft werden soll, ob sich aus ihm System und dogmatische Entwicklungslinien ersehen lassen.

2. Entwicklungslinien in der Rechtsprechung

a) Die Rechtsprechung des BGH

Am Anfang einer Entwicklung in der Rechtsprechung des BGH steht wohl das Urteil des VI. Zivilsenats vom 23.12.1953, das die Schriftform bei der "Raumpacht" behandelt[235]. Die Parteien hatten in einem schriftlichen Pachtvertrag eine prozentuale Beteiligung am Gewinn, mindestens jedoch einen fest bestimmten Jahresbetrag als Pachtzins verabredet und weiter mündlich

---

230 Siehe meine Schilderungen aus der Praxis in: NJW 1992, 2249f.
231 Larenz I, § 10 II (S. 131).
232 Vgl. hierzu die Fallgruppenübersicht bei Larenz I, § 10 II b (S. 132f.).
233 Vgl. z.B. die bei weitem nicht vollständige Rechtsprechungsübersicht bei Palandt-Heinrichs § 125, Rz. 18 ff.
234 Vgl. z.B. BGH ZMR 1955, 292, 293; BGH ZMR 1962, 272, 274; BGH ZMR 1963, 82, 83; BGH ZMR 1968, 86, 87; BGH ZMR 1975, 307, 309; BGH WM 1964, 710; BGH WM 1967, 907, 908; BGH WM 1970, 1480; BGH WM 1990, 890, 892; BGH NJW-RR 1986, 944, 945; NJW 1987, 948, 949; OLG Celle NJW 1956, 1281; OLG Karlsruhe ZMR 1971, 666; LG Mannheim ZMR 1970, 184; LG Kassel WM 60, 6; LG Köln MDR 1967, 1014.
235 BGH Urteil vom 23.12.1953 in: NJW 1954, 425 f.

vereinbart, daß bei Nichtgenehmigung der Gewinnbeteiligung durch die Preisbehörde der feste Betrag als Pachtzins zu zahlen sei. Der BGH bestätigte ausdrücklich die Rechtsprechung des RG, die den Einwand der unzulässigen Rechtsausübung zunächst nur bei absichtlicher und fahrlässiger Irreführung des Gegners über das Formgebot und später auch dann zuließ, wenn eine Partei eine Haltung einnimmt, die mit einem früher von ihr bestätigten Verhalten nach Treu und Glauben unvereinbar ist[236] oder aus sonstigen Gründen nach den Beziehungen der Parteien und den gesamten Umständen Treu und Glauben widerspricht[237]. Ausuferungen vorbeugend stellte der BGH freilich klar[238], daß der Einwand unzulässiger Rechtsausübung nicht greife, falls "nichts weiteres vorliegen würde, als daß beide Vertragsteile bewußt oder unbewußt die gesetzliche Formvorschrift nicht beachtet und das Geschäft, wenn auch längere Zeit hindurch, als gültig behandelt haben".

Im April 1955 folgte ein Urteil des V. Senats[239], nit dem der BGH die unzulässige Rechtsausübung darin sah, daß die auf Schriftformmangel gestützte Kündigung den Abmachungen eines formlosen Vorvertrags widersprach. Das war konsequent, wenn man mit der ständigen Rechtsprechung davon ausgeht, daß § 566 BGB für Mietvorverträge nicht gilt[240] und derjenige, gegen den sich die Kündigung richtete, ohnehin den Abschluß eines formwirksamen Hauptvertrages verlangen konnte (Rechtsmißbrauch mangels schutzwürdigem Beendigungsinteresse).

Die beiden genannten Urteile betrafen jeweils Billigkeitsfaktoren zwischen den Vertragsschließenden. Wie der BGH über Fälle denkt, in denen der spätere Grundstückserwerber Formmängel geltend macht, läßt sich seinem Urteil vom 30.05.1962 (VIII. Zivilsenat[241]) entnehmen[242]. Im Leitsatz hießt es, der Mieter könne einem Erwerber des Grundstücks jedenfalls dann nicht entgegenhalten, sein früherer Vermieter habe den Abschluß eines langfristigen Vertrages gegen Treu und Glauben verhindert, wenn der Erwerber beim Erwerb des Grundstücks von dementsprechenden Vorgängen keine Kenntnis gehabt habe. Die Umstände des Vertragsschlusses könnten – so die weitere

---

236 So damals RGZ 153, 59.
237 Siehe RGZ 157, 207, 209; RGZ 170, 203, 205.
238 BGH NJW 1954, 426.
239 Vgl. BGH, Urteil vom 15.4.1955 in: ZMR 1955, 292 ff.
240 So z.B. BGH NJW 1975, 1654, entgegen der hier vertretenen Auffassung, vgl. oben S. 49 f.
241 Dieser Senat ist für Mietsachen zuständig, vgl. Bub/Treier-Heile, Kap II, Rz. 797 a.E.
242 BGH NJW 1962, 1388, 1390 = BGH MDR 1962, 647, 648 = BGH ZMR 1962, 272, 274.

Begründung[243] – dem Erwerber nicht in analoger Anwendung des § 404 BGB zugerechnet werden, da der Eintritt gemäß § 571 BGB kraft Gesetzes, und zwar kraft selbständigen Rechts, erfolge und der Erwerber deshalb nicht Rechtsnachfolger des Vermieters sei. Mit dieser Entscheidung wurde schon früh die Grundlage für die Ungleichbehandlung zwischen ursprünglichem und späterem Vermieter geschaffen, die längst als allgemeine Ansicht gilt[244].

Im November 1962 äußerte sich der VIII. Senat erneut "zur Frage der Bedeutung des Verstoßes gegen die Vorschrift des § 566 BGB"[245]. Er betonte, daß – weil § 566 BGB zwingend sei – die bloße Berufung auf den Formmangel noch kein arglistiges Verhalten darstelle; es reiche auch nicht aus, wenn der Räumungskläger das Mietverhältnis zuvor wie ein langfristiges behandelt und sogar über eine Fortsetzung verhandelt, also Langfristigkeitsinteresse gezeigt, habe. Eine schuldhafte Mitverursachung des Formmangels sei nicht festzustellen und der vom Mieter noch nicht ganz abgewohnte Ausbaukostenzuschuß sei auch nicht so außergewöhnlich, daß er die Aufrechterhaltung des formnichtigen Vertrags nach Treu und Glauben rechtfertige[246].

Folgt man der Entscheidung vom 27.03.1968 (ebenfalls VIII. Senat)[247], kann "der Umstand Bedeutung gewinnen, daß dem Formerfordernis zumindest genügt war und die Formungültigkeit lediglich auf einer nachträglichen, nicht formgerechten Änderung des Vertrags beruht". Unter welchen Voraussetzungen solche Bedeutung zu bejahen ist, ließ der BGH offen. Stattdessen erwog er zusätzlich ein unzulässiges venire contra factum proprium, wenn sich eine Partei "auf Grund einer dem Schutze eines Dritten dienenden Vorschrift sich schon vor Ablauf der ursprünglichen Vertragszeit aus dem Mietverhältnis lösen" will.

Im Fall BGH NJW 1969, 1167 ff.[248], berief sich ein mit staatlichen Mitteln finanziertes Wohnungsbauunternehmen auf die Formnichtigkeit eines "Kaufanwartschaftsvertrags". In einem privatschriftlichen Zusatzvertrag hieß es: "Käufer erklärt ausdrücklich, darüber belehrt zu sein, daß ein solcher Vertrag... zwar erfüllbar, nicht aber in jedem Fall erzwingbar ist (§ 313 BGB). Verkäuferin wird und kann sich auf diese Rechtsvorschrift nicht berufen. Ihr würde durchschlagend die Arglisteinrede entgegengestellt werden können".

Der BGH befürchtete eine Umgehung der Formvorschrift und hob hervor, ein "hartes Ergebnis" reiche nicht aus, es müsse vielmehr ein "schlechthin

---

243 BGH NJW 1962, 1390.
244 Zustimmend z.B. Wolf/Eckert, Rz. 38 a.E.
245 So wörtlich der Leitsatz im Abdruck BGH ZMR 1963, 82; vgl. BGH, Urteil vom 28.11.1962 in: WM 1963, 172 ff.
246 Vgl. BGH WM 1963, 173.
247 BGH, Urteil vom 27.3.1968 in: ZMR 1968, 204, 206 = DWW 1968, 291, 292.
248 BGH, Urteil vom 21.3.1969 (V. Zivilsenat) in: NJW 1969, 1167ff.

untragbares" Ergebnis, z.B. "Existenzvernichtung", eintreten. Die Falschbelehrung schade nur bei "böser Absicht" des Belehrenden, wohingegen schuldhaftes Herbeiführen des Formmangels regelmäßig nicht ausreiche. Eine besondere Betreuungs- und Fürsorgepflicht, wie sie der BGH für einen Siedlungsträger annahm[249], treffe das Wohnungsbauunternehmen nicht. Bedenkt man, daß der BGH noch im September 1962 die "schuldhafte Mitverursachung des Formmangels" zum Billigkeitskriterium erhob[250], von nun an aber "böse Absicht" verlangte, war damit der erste Rückschritt zur Formstrenge getan.

Hat eine Stadt einem Bauherrn ein Grundstück (nicht formgerecht) langfristig vermietet, um ihm die Schaffung von erforderlichen Einstellplätzen zu ermöglichen (die Erforderlichkeit war in einem öffentlichen Belastungsregister eingetragen!), und hat sie bei Vertragsschluß erklärt, sie werde selbst Maßnahmen zur Unterrichtung eines etwaigen Grundstückserwerbers treffen, so soll die Berufung des Vermieters nach Ansicht des BGH[251] gleich aus zweierlei Gründen treuwidrig sein: Zum einen werde der Formzweck des § 566 BGB (Information des Erwerbers über alle Belastungen des Grundstücks) bereits dadurch erreicht, daß der Erwerber aus dem Belastungsregister von den Einstellplätzen erfährt; zum anderen stelle die langfristige Vermietung nur die Erfüllung anläßlich des Vertragsschlusses anderweitig vereinbarten Pflicht zur Verschaffung von Einstellplätzen dar, der sich die Stadt nicht durch Berufung auf Formmängel entziehen dürfe. Damit wird erneut entscheidend auf den Formzweck abgestellt, der freilich – und das ist ein offener Widerspruch – gemäß ständiger Rechtsprechung des BGH gerade nicht die Bedeutung eines Tatbestandsmerkmals hat[252].

Im November 1970 war darüber war darüber zu entscheiden, ob eine auf § 566 BGB gestützte Kündigung nach einer tatsächlichen Vertragsabwicklung von 12 Jahren deshalb Treu und Glauben widersprach, weil ein Tankstellenpächter für dieses Gewerbe übliche Investitionen getätigt hatte und ohne nähere Darlegung behauptete, die Fortsetzung des Tankstellenbetriebs sei für ihn eine Existenzfrage[253]. Der BGH verneinte dies: Mit Rücksicht auf den zwingenden Charakter der Formvorschrift müßten schon "besondere" Umstände und diese dann auch konkret vorgebracht werden. Hingegen ließ der BGH nur einen Monat später in einem anderen Fall – ohne dies größer in Frage zu stellen – nicht zu, daß ein Vorpachtrechtsverpflichteter den nach

---

249 Vgl. hierzu BGHZ 16, 334.
250 Vgl. BGH WM 1963, 172, 173.
251 Vgl. BGH WM 1967, 907, 908 f.
252 Hervorgehoben z.B. in BGHZ 16, 334.
253 BGH, Urteil vom 11.1970 in: WM 1970, 1489 f.

Ausübung des Vorpachtrechts mit dem Verpächter zustandegekommenen Pachtvertrag unter Berufung auf § 566 Satz 2 BGB vorzeitig kündigt, wenn er den mit dem Dritten abgeschlossenen Pachtvertrag auch nicht hätte vorzeitig kündigen können[254]: Das Vorpachtrecht diene dazu, dem Berechtigten die Rechtsposition, die der Verpflichtete dem Dritten eingeräumt habe, voll, insbesondere also auch hinsichtlich der Dauer des Vertrages und dessen Unkündbarkeit, zugutekommen zu lassen. Hier waren es also übergeordnete, an dem Rechtsinstitut Vorpachtrecht orientierte Überlegungen, die für die Anwendung des § 242 BGB den Ausschlag gaben, ohne daß sich der BGH überhaupt Gedanken über den Erwerberschutz machte (die Person des Mieters geht aus der formwirksamen Urkunde nicht hervor; dort ist noch der Dritte als Mieter aufgeführt!).

Einen völlig neuen Aspekt brachte der BGH (VIII. Senat) mit seinem Urteil vom 02.07.1975 ein[255], indem er eine wirtschaftliche Gesamtbilanz erstellte und Treuwidrigkeit bejahte, da der Formmangel der sich auf den Formmangel berufenden Partei "unter dem Strich" bereits erhebliche Vorteile gebracht hatte. Anlaß für die Betrachtung war, daß ein Mieter einen formgerecht geschlossenen Mietvertrag, der später formlos durch Senkung des Mietzinses geändert worden war, vorzeitig mit der Begründung kündigte, der gesamte Mietvertrag entbehre nunmehr der Schriftform. Dem trat der BGH mit folgendem Argument entgegen: Aus einer "vorteilhaften Abrede" dürfe nicht noch der weitere Vorteil gezogen werden, sich von dem "lästig gewordenen Mietvertrag zu lösen"[256]. Ganz anders gelöst hat der BGH einen ähnlichen Fall 11 Jahre später[257], indem er dem Mieter zwar nicht das Kündigungsrecht versagte, dem Vermieter aber einen Bereicherungsanspruch auf die Differenz zwischen der ursprünglichen und der ermäßigten Miete zubilligte. Welcher der beiden Wege richtiger ist, wird an anderer Stelle[258] noch zu klären sein. Weiterhin soll – so der BGH – im Verhältnis zwischen Angehörigen ein Berufen auf Formmängel grundsätzlich unbedenklich sein[259].

Zur Form des § 313 BGB stellte der V. Senat des BGH mit Urteil vom 10.06.1977 klar[260], daß seine früheren Entscheidungen nicht dahin verstanden werden dürften, allein schon die objektive Verursachung des Formmangels durch eine Partei lasse deren Berufung auf die Formnichtigkeit des Vertrages

---

254 Vgl. BGH ZMR 1971, 215, 216.
255 BGH, Urteil vom 2.7.1975 in: BGHZ 65, 49 ff. = NJW 1975, 1653 ff. = ZMR 1975, 307 ff.
256 Vgl. BGH NJW 1975, 1655.
257 Vgl. BGH ZMR 1986, 230.
258 Vgl. nachfolgend 4.
259 BGH WuM 1975, 95.
260 BGH, Urteil vom 10.6.1977 in: NJW 1977, 2072 f.

als unzulässige Rechtsausübung erscheinen. Es müsse vielmehr – so offenbar der nicht zu Ende geführte Gedankengang – eine wie auch immer geartete böse Absicht hinzukommen.

Aus der neueren Rechtsprechung des BGH ist zunächst das Urteil vom 26.02.1986 erwähnenswert[261]. Der Vermieter verteidigte sich gegen eine vorzeitige Kündigung damit, der Verlust der als sicher angesehenen Mieteinnahmen treffe ihn empfindlich und erhebliche Investitionen seien eigentlich nur wegen der Aussicht auf die konkrete langfristige Vermietung getätigt worden. Der BGH ließ diesen Einwand nicht gelten, weil anderweitige Vermietbarkeit nicht ausgeschlossen und der hohe Investitionsaufwand deshalb nicht außergewöhnlich gewesen sei.

Grundlegendes, aber eigentlich Selbstverständliches, sprach der VIII. Senat einige Monate später ausdrücklich aus[262]. Eine Mietpartei wendete Rechtsmißbrauch ein, weil die Parteien bei Vertragsschluß einmütig von einer langen Laufzeit ausgegangen seien. Das tat der BGH mit Recht ab: Der formlos geäußerte Bindungswille der Parteien sei eben unverbindlich, da der Bestand der langfristigen Bindung gemäß § 566 BGB ja gerade von der Einhaltung der Schriftform anhängig gemacht werde. Den vorläufigen Schlußpunkt setzt das Urteil vom 24.01.1990 (ebenfalls VIII. Senat)[263], mit der der BGH seiner bisherigen Rechtsprechung hinzusetzte, daß die unter Umständen zum Zeitpunkt des formlosen Vertragsschlusses gegebene Möglichkeit, die Formwirksamkeit herbeizuführen, hätte man nur um den Formmangel gewußt, ebenfalls für die Annahme eines treuwidrigen Verhaltens nicht ausreiche.

Wer nach Linien und Gemeinsamkeiten in der Rechtsprechung des BGH sucht, wird etwa folgende Grundregeln zusammenfassen: Es soll stets einen grundlegenden Unterschied machen, ob sich der am Vertragsschluß beteiligte Vermieter oder der spätere Erwerber auf den Formmangel beruft. Wesentlich soll ferner sein, daß der Mietvertrag erst nachträglich formnichtig und der Zweck des § 566 BGB auch anderweitig erreicht wurde. Ausschlaggebendes Treuwidrigkeitsmerkmal könne weiterhin sein, wenn der Formmangel sich in der Vergangenheit wirtschaftlich günstig ausgewirkt habe und jetzt auch noch als Kündigungsvorteil genutzt wird. Im übrigen soll es auf ganz besondere Umstände wie "Existenzvernichtung", "böse Absicht" sowie hochrangige Betreuungs- und Fürsorgepflichten ankommen.

---

261 BGH, Urteil vom 26.2.1986 in: NJW-RR 1986, 944 f.
262 Vgl. BGH JZ 1987, 410, 412 = BGH NJW 1987, 948, 949.
263 BGH, Urteil vom 24.1.1990 in: ZMR 1990, 172, 174 = WM 1990, 890, 892.

b) Die Rechtsprechung der Tatsachengerichte

Soweit überhaupt veröffentlicht, hatten Tatsachengerichte bisher wenig Gelegenheit, sich über die letztlich vom BGH entschiedenen Fälle hinaus zum Zusammenspiel zwischen der Rechtsfolge des § 566 Satz 2 BGB und Billigkeitserwägungen zu äußern.

Das OLG Celle prüfte[264], ob der Mieter gegen die Kündigung des Konkursverwalters "Kündigungsschutz" genießt, weil er zuvor einen im Zeitpunkt der Kündigung noch nicht abgewohnten Baukostenzuschuß hingegeben hatte. Das OLG verneinte dies grundsätzlich, ließ allerdings "die Frage einer möglichen Arglisteinrede gegenüber dem Empfänger des Baukostenzuschusses" ausdrücklich offen. Das LG Kassel[265] sah die Dinge im Grundsatz anders: Das ordentliche Kündigungsrecht des Vermieters sei auch dann für die Dauer der Tilgung eines Baukostenzuschusses ausgeschlossen, wenn statt der üblichen Abwohnklausel unabhängig von den Mietzahlungen ein jährliches Zurückzahlen der Raten vereinbart sei. Nach einer Entscheidung des LG Köln[266] soll die Berufung auf Formnichtigkeit eines Mietvertrages nur dann gegen Treu und Glauben verstoßen, falls die Sachlage eine ganz außergewöhnliche sei, sei es, daß die Partei, die sich auf den Formmangel beruft, diesen entweder irrtümlich oder sogar arglistig bewirkt habe und entweder zunächst in Übereinstimmung mit ihrem Vertragspartner von der Gültigkeit des Vertrags ausgegangen sei oder aber ihren Partner bewußt in dem Glauben gelassen habe, der Vertrag sei in der von ihm gewählten Form ordnungsgemäß abgeschlossen und wirksam. Die zuletzt genannte Alternative enthält offenbar eine Art Hinweispflicht kraft überlegenem Wissen, die der BGH gerade nicht sehen will[267].

Von einer vorübergehenden Unkündbarkeit trotz Formmangels geht schließlich das LG Mannheim[268] für den Fall aus, daß der Mieter absprachegemäß für seine erheblichen Arbeitsleistungen bei der Erstellung des Wohnhauses darin eine Wohnung erhält und das Arbeitsentgelt in bestimmten Teilbeträgen auf den jeweiligen Mietzins verrechnet wird; die u.a. auf § 566 BGB gestützte Kündigung widerspreche solange Treu und Glauben, bis das durch die Arbeitsleistung erwirtschaftete Guthaben endgültig verrechnet sei.

Vergleichend zur Rechtsprechung des BGH läßt sich wohl lediglich festhalten, daß die Tatsachengerichte in der Tendenz zu einer etwas großzügige-

---

264 OLG Celle, Urteil vom 17.03.1956 in: ZMR 1956, 337 ff.
265 Vgl. OLG Kassel ZMR 1960, 175 (nur Leitsatz).
266 Siehe LG Köln MDR 1967, 1014.
267 Vgl. BGH NJW 1969, 1167 ff.
268 LG Mannheim ZMR 1970, 184 f.

ren Anwendung des § 242 BGB neigen und dabei der noch nicht abgewohnte – unter Umständen als Arbeitsleistung erbrachte – Baukostenzuschuß nicht selten eine dominante Rolle spielt.

3. Die Ungleichbehandlung von ursprünglichem und eintretendem Vermieter

Obgleich im Schuldrecht allgemein anerkannt ist, daß sich die Lage des Schuldners durch einen gesetzlichen Forderungsübergang nicht verschlechtern darf (§§ 404, 412 BGB), verneint der BGH[269] die entsprechende Anwendbarkeit dieses Gedankens auf die Fälle des § 571 BGB. Dieser Eintritt – so die Diktion des BGH – erfolge "kraft Gesetzes, unmittelbar im Anschluß an den dinglichen Veräußerungsakt, und zwar kraft selbständigen Rechts, nicht als Rechtsnachfolger". Ähnlich hatte bereits das RG argumentiert[270]: Es sei so, daß der rechtsgeschäftliche Erwerber eines vermieteten Grundstücks die Rechte und Pflichten des bisherigen Vermieters nicht auf Grund einer aktiven und passiven Rechtsnachfolge übernehme, sondern daß sie für die Dauer seines Eigentums als Ausfluß eben dieses Eigentums kraft Gesetzes in seiner Person nach Maßgabe des ursprünglichen Mietvertrags neu entstünden.

Dieser künstlich anmutenden Deutung des § 571 BGB ist sowohl im allgemeinen als auch hinsichtlich der Wirkungen des § 566 BGB im besonderen widersprochen worden. Mit beachtlichen Argumenten wird unter anderem bei Esser/Weyers[271] vertreten, nach dem Zweck des § 571 BGB müsse der Mieter sich kraft Vertragseintritts "in jeder Beziehung" so an den Erwerber halten können, als habe die Person seines Vertragspartners nicht gewechselt; wenn dies für aktive Ansprüche des Mieters gilt, muß es erst Recht für die Einrede nach § 242 BGB Gültigkeit haben. Dem entspricht die herrschende Lehre[272], wonach in dem Eintritt des Erwerbers eine vom Gesetz im Interesse des Mieters und der Schaffung klarer Rechtsverhältnisse angeordneten "Übergang des ganzen Mietverhältnisses auf den neuen Eigentümer" zu sehen ist. Ob die eine oder die andere rechtliche Konstruktion des Erwerbereintritts richtig ist, mag in anderen Zusammenhängen der Klärung bedürfen. Wenn es aber – wie hier – um die Anwendbarkeit von Treu und Glauben geht, die einredeweise geltendgemacht wird, für die die widerstreitenden Konstruktionen einen Billigkeitsfaktor unter vielen bilden und bei der die exakte dogmatische Einordnung des Eintrittmechanismus nicht verhindern kann, daß die Entscheidung

---

269 BGH NJW 1962, 1388.
270 Siehe RGZ 102, 177, 178.
271 Esser/Weyers II, § 22 1 (S. 190).
272 Vgl. statt vieler die Nachweise bei Larenz II/1 1 § 48 IV (S. 243).

aus anderen Billigkeitsgründen in eine bestimmte Richtung drängt[273]. Entscheidend ist vielmehr unabhängig von der Konstruktion des in § 571 BGB beschriebenen Vorgangs das Zusammenspiel der den beiden Vorschriften in § 571 BGB und § 566 BGB zugrundegelegten Zwecke. Deshalb hat sich der BGH[274] im Ergebnis zutreffend auch desweiteren damit befaßt, daß der Zweck des § 566 BGB (vor allem die zuverlässige und vollständige Unterrichtung des Erwerbers aus dem schriftlichen Mietvertrag) untergraben würde, wenn dem Erwerber das Verhalten des früheren Vermieters entgegengehalten werden könnte. Diese Bewertung zugrundegelegt, gilt zwangsläufig etwas anderes, wenn der Erwerber das Verhalten des früheren Vermieters bereits im Zeitpunkt seines Eintritts kannte[275]: Er ist dann nicht nur über den Inhalt informiert, sondern auch über die wesentlichen Umstände, die über § 242 BGB hinsichtlich der Laufzeit eine Abweichung vom schriftlich festgehaltenen ergeben können; seinem Schutzbedürfnis ist Genüge getan. Weiß er hingegen nichts vom Verhalten seines Vorgängers, dann muß er weiterhin über § 566 BGB geschützt werden[276]. Insoweit ist die unterschiedliche Behandlung von ursprünglichem und eintretendem Vermieter gerechtfertigt.

Nicht übersehen werden darf, daß die vorgenommene Unterscheidung die Einheitlichkeit des Mietverhältnisses berührt: Der Erwerber kann unter Umständen kündigen, wenn er von dem Verhalten seines Vorgängers nichts weiß, dem Vorgänger kann dagegen Treuwidrigkeit vorgeworfen werden. Das Mietverhältnis wird auf diese Weise durch Treu und Glauben "zerrissen". Ein derartige "Zerreißung" wollte der Gesetzgeber freilich ausschließen, als es bei den Vorarbeiten zum BGB darum ging, ob § 566 BGB nur dem Erwerber oder auch dem am Vertragsschluß Beteiligten das Recht zur vorzeitigen Kündigung geben soll, er sich aber bewußt für die weitere Lösung entschieden[277]. Je anerkennenswerter dieser Entschluß des Gesetzgebers ist, je größer also das Bedürfnis nach Aufrechterhaltung der Einheitlichkeit des Mietverhältnisses ist, desto stärkere Bedenken sprechen gegen die unterschiedliche Behandlung von ursprünglichem und späterem Vermieter. Hierfür ist wiederum von Bedeutung, ob aus der Ungleichbehandlung des Mietverhältnisses

---

273 So wohl auch die Einschätzung von Reinicke, S. 78, der noch weiter geht und den Meinungsstreit insoweit als bloße Formulierungsfrage ansieht.
274 Vgl. BGH NJW 1962, 1388.
275 Ob es auf den Zeitpunkt des Vertragsschlusses oder den dinglichen Veräußerungsakt ankommt, ist wohl noch nicht geklärt.
276 Im Ergebnis ebenso die h.M.; vgl. nur Bub/Treier-Heile, Kap II, Rz. 789; noch weitergehend offenbar Emmerich-Sonnenschein § 566, Rz. 58: Der Erwerber soll sich unabhängig von seiner Kenntnis stets auf den Formmangel berufen dürfen.
277 Vgl. Mugdan II, S. 828 f. und die Darstellung der Gesetzgebungsgeschichte oben S. 24 ff.

nach innen und außen besondere Schwierigkeiten erwachsen. Hätte wegen ihm nicht zurechenbarem Verhalten des ursprünglichen Vermieters nur der Erwerber das Kündigungsrecht, müßte der Mieter den vorzeitigen Abbruch des Mietverhältnisses nur im Veräußerungsfall befürchten. Häsemeyer[278] sähe darin kein besonderes Problem, wenn der Gesetzgeber den Eintrittmechanismus des § 571 BGB ganz weggelassen hätte; dann müßte der alte Vermieter dem Mieter für die Einhaltung der verabredeten Mietzeit durch den neuen Vermieter einstehen und die Fortsetzung des Mietverhältnisses durch entsprechende Vereinbarungen im Veräußerungsvertrag sicherstellen. Diese Überlegung hilft hier allerdings nicht weiter, weil § 571 BGB verbindlich in der Welt ist und der alte Vermieter nach Eintritt des neuen Eigentümers nur noch im Umfang der dann noch bestehenden Vermieterpflichten weiterhaftet (vgl. § 571 Abs.2 BGB).

Gegen das Damoklesschwert des Verkaufsfalls kann sich der Mieter wehren, wenn er vor dem Kauf Kontakt zum Käufer herstellt und dabei in der Weise "bösgläubig" macht, daß er ihm – soweit für die Geltendmachung des Schriftformmangels von Interesse – Kenntnis über das Verhalten des bisherigen Vermieters verschafft, wodurch der Käufer die durch die Rechtsprechung gewährte Privilegierung verliert. Der Mieter wird freilich nicht immer Gelegenheit zu einem solchen Kontakt erhalten und meist erst nachträglich von der Veräußerung erfahren. In diesen Fällen sieht sich der Mieter möglicherweise von heute auf morgen überraschend einem neuen, nicht vollständig informierten Vermieter gegenüber, dem er sein sicher geglaubtes Einrederecht nicht entgegenhalten kann, ohne daß er sich, liegen nicht ausnahmsweise die Voraussetzungen für c.i.c. oder deliktische Ansprüche vor, deswegen am alten Eigentümer schadlos halten kann.

Diese für ihn mißliche Situation wird dem Mieter allerdings an anderer Stelle ebenso zugemutet. So steht er nicht besser, wenn er mit dem Vermieter bei Vertragsschluß mündlich ausdrücklich vereinbart hatte, den Mietvertrag später noch schriftlich niederzulegen; der Vermieter kann dann nicht vorzeitig kündigen[279], der Erwerber ist daran aber nicht gehindert[280]. In Fällen der falsa demonstratio kann es ebenfalls dazu kommen, daß der Mietvertrag zwischen den alten Parteien einen anderen Inhalt hat als zwischen dem Mieter und dem Erwerber des Grundstücks: Haben die Parteien z.B. versehentlich in der Vertragsurkunde eine kürzere Laufzeit als die tatsächlich vereinbarte eingetragen (z.B. 5 statt 15 Jahren), ist der Vertrag zwar auf die längere Zeit geschlossen; Der Dritte, der das Grundstück erwirbt und sich auf den schriftli-

---

278 Häsemeyer, S. 35.
279 Vgl. zum vertraglichen Anspruch auf Nachholung der Form oben Abschnitt F II.
280 Dieses Beispiel nennt auch Reinicke, S. 79.

chen Mietvertrag verlassen darf, kann jedoch bereits nach der kürzeren Zeit kündigen.

Danach kann sich der Mieter vor jeglicher "Zerreißung" des Mietverhältnisses ohnehin nur schützen, wenn er schon bei Vertragsschluß sorgfältig auf Herbeiführung der Formwirksamkeit achtet und überhaupt keine formlose Abreden trifft. Hält er sich daran nicht, werden ihm auch Unterschiede in der Durchschlagskraft seines Einwands unzulässiger Rechtsausübung zugemutet werden können. Im Ergebnis ist gegen die behandelte Linie in der Rechtsprechung also nichts einzuwenden.

4. Die Bedeutung von Bereicherungs- und Schadensersatzansprüchen

Folgt man der herrschenden Ansicht[281], kann insbesondere dem unwissenden Grundstückserwerber, der sich auf den Formmangel beruft, Treuwidrigkeit im Zweifel nur vorgeworfen werden, wenn es zu einem "schlechthin untragbaren Ergebnis" käme. Wer auf dieser Grundlage wirtschaftlich bilanziert, wird zwangsläufig in Erwägung ziehen, ob und inwieweit die Nachteile des Betroffenen nicht durch anderweitige Ansprüche gemildert werden und ob der verbleibende Rest finanzieller Nachteile nicht mit Rücksicht auf den zwingenden Charakter der Formvorschrift und vorwerfbarer eigener Versäumnisse dem Geschädigten doch zumutbar ist. Anders als mit diesem Gedankengang ist wohl nicht zu erklären, warum der BGH den Fall formwidriger nachträglicher Mietzinssenkung, durch die der Vertrag insgesamt formnichtig wurde, zunächst in der Weise löste, daß er die Kündigung des ohnehin schon durch den Nachtrag bevorteilten Mieters für treuwidrig erklärte[282], später aber infolge besserer Einsicht zur Herstellung der Billigkeit den anderen Weg ging, die Wirksamkeit der Kündigung nicht anzuzweifeln, dem Vermieter aber einen Bereicherungsanspruch auf die Differenz der ursprünglichen und der ermäßigten Miete zuzusprechen[283]. Den gleichen Weg hatte der BGH schon einmal im Jahre 1960 eingeschlagen, als er dem vorzeitig gekündigten Mieter wegen eines formlos vereinbarten Baukostenzuschusses einen Bereicherungsanspruch zubilligte[284]. Daß anderweitige Ansprüche des Betroffenen in die Abwägung nach Treu und Glauben miteinzubeziehen sind, ist damit kein neues[285], aber zu oft vernachlässigtes Gedankengut. Vor allem

---

281 Vgl. BGH NJW-RR 1990, 518 = DB 1990, 877.
282 Vgl. BGHZ 65, 49, 55.
283 BGH ZMR 1986, 230.
284 Vgl. BGH ZMR 1960, 141.
285 Dieser Gedanke wird z.B. aufgegriffen von Bub/Treier- Heile, Kap II, Rz. 795; vgl. auch Palandt-Heinrichs § 125, Rz. 20 m.w.N.

wurde bei nicht abgewohnten Baukostenzuschüssen überwiegend Treuwidrigkeit der Kündigung angenommen, ohne eine Lösung über Bereicherungsansprüche in Betracht zu ziehen[286].

Die Abkehr von § 242 mit dem Hinweis auf Bereicherungs- und Schadensersatzansprüche scheint eine die Schwierigkeiten beseitigende und damit verlockende Lösung. Dies darf allerdings nicht darüber hinwegtäuschen, daß sie zu einer ungerechtfertigen Ungleichbehandlung der Betroffenen untereinander führen kann. Wird etwa ein mit der Kündigung konfrontierter Mieter auf den Erfüllungsersatz in Geld gemäß c.i.c. verwiesen, weil der Vermieter die Formwidrigkeit des Mietvertrags unter Verstoß gegen vorvertragliche Fürsorgepflichten herbeigeführt hat, steht er schlechter als der Mieter, der dem Vermieter nichts vorzuwerfen hat oder Mitschuld trägt, aber drohende Existenzvernichtung darlegt und so über Treu und Glauben volle Vertragserfüllung erlangt. Der redlichere Vermieter würde voll, der Unredlichere nur auf Erfüllungsersatz haften; die Billigkeitsprüfung würde so bezogen auf die Gleichbehandlung bestimmter Personenkreise im Rechtsverkehr, hier der Mietvertragspartner, gerade ein in bestimmter Hinsicht unbilliges Ergebnis hervorrufen. Dieser unerwünschte Nebeneffekt läßt sich nur vermeiden, indem jedenfalls die Mietvertragspartei, der durch die vorzeitige Beendigung des Vertragsverhältnisses Existenzvernichtung droht oder die andere Umstände vorbringt, die ohne Rücksicht auf schuldhaftes Fehlverhalten oder Bereicherung der anderen Vertragspartei für sich allein bereits den Einwand der unzulässigen Rechtsausübung begründen, ausnahmsweise nicht auf anderweitige Schadensersatz- oder Bereicherungsansprüche verwiesen werden darf. Mit dieser Einschränkung ist der vom BGH neuerdings eingeschlagene Weg der Richtige.

Ein konkret noch nicht behandeltes aber im vorliegenden Zusammenhang interessantes Sonderproblem ist, ob der von der vorzeitigen Kündigung betroffene Mieter, der gegen den Vermieter Bereicherungsansprüche oder Ansprüche aus c.i.c. hat, abweichend von der Regelung in § 556 Absatz 2 BGB gegenüber dem Räumungs- und Herausgabeanspruch des Vermieters abweichend von § 556 Absatz 2 BGB Zurückbehaltung geltend machen und somit seine Ansprüche, wenn er schon nicht die vorzeitige Beendigung über § 242 BGB verhindern kann, zumindest zeitgleich befriedigt erhält.

Die herrschende Meinung, wonach § 556 Absatz 2 BGB ausnahmsweise nicht gilt, wenn der Mietvertrag nichtig ist und der Herausgabeanspruch des Vermieters allein auf die §§ 985, 812 BGB gestützt wird[287], hilft dem Mieter

---

286 Als negative Beispiele können etwa genannt werden: LG Kassel ZMR 1960, 175 und LG Mannheim ZMR 1970, 184 f.
287 Siehe BGHZ 41, 341.

hier nicht weiter. Für ihre Anwendung reicht die mit § 566 BGB vorgegebene Teilnichtigkeit nicht aus, weil ein vertraglicher Rückgabeanspruch gemäß § 556 Absatz 1 BGB, wenn auch nur aus einem auf unbestimmte Zeit geschlossenen Vertrag, letztlich ja besteht. Der Ausschluß von Zurückbehaltungsrechten nach § 556 Absatz 2 BGB bleibt dem Vermieter erhalten, wenn vertragliche und gesetzliche Herausgabeansprüche miteinander konkurrieren[288], da der Eigentümer als Vermieter nicht schlechter gestellt sein soll als der vermietende Nichteigentümer.

Für ganz besondere Ausnahmefälle ist freilich anerkannt, daß Ansprüche des Mieters so gewichtig sein können, daß insoweit der Ausschluß des Zurückbehaltungsrechts gemäß § 556 Absatz 2 BGB gegen Treu und Glauben verstieße, z.B. bei vorsätzlicher unerlaubter Handlung des Vermieters[289] oder bei Bestehen eines wirksamen Vorvertrags[290]. Wenn dem im Zusammenhang mit der Formwidrigkeit gegebenen Bereicherungs- und Schadensersatzanspruch des Mieters bei der Abwägung nach Treu und Glauben so großes Gewicht beigemessen wird, daß er die Beendigungsnachteile auf ein tragbares (billiges) Maß reduziert, so sollte er konsequenterweise auch hinsichtlich der Anwendung des § 556 Absatz 2 BGB derart gewichtig sein, daß er dem Rückgabeanspruch des Vermieters als Zurückbehaltungsrecht entgegengehalten werden kann. Dafür spricht schließlich noch eine andere Erwägung: Wenn sich das Mietverhältnis schon wegen des Formmangels unglücklich entwickelt hat, so sollte die vollständige Beendigungsauseinandersetzung zwischen den Parteien auch in einem Rechtsstreit möglich sein.

5. Die Relevanz von Schutzzweckerwägungen bei der Abwägung nach § 242 BGB

Der BGH hat bereits einige Male bei der Bejahung unzulässiger Rechtsausübung darauf abgestellt, ob der Grundstückserwerber auch durch andere Umstände, z.B. aus einem öffentlichen Belastungsregister[291], als aus dem formnichtigen Mietvertrag von der langfristigen Belastung seines Grundstücks mit einem Nutzungsrecht erfahren hat oder erfahren konnte. Er setzt sich damit erkennbar in Widerspruch zu anderen Entscheidungen, wonach der Formzweck bloßes Motiv und kein Tatbestandsmerkmal der Formvorschrift sei[292],

---

288 Palandt-Putzo § 556, Rz. 16 a.E.
289 Vgl. Palandt-Putzo § 556, Rz. 17.
290 Siehe hierzu den Fall OLG Köln NJW-RR 1992, 1162.
291 Vgl. BGH WM 1967, 907, 908 f.
292 Siehe hierzu BGHZ 16, 334.

und unter anderem den Ausschlag dafür gaben, daß aus der Zweckerreichung allein kein Anspruch auf formwirksamen Abschluß des Vertrags folgt[293]. Schon wegen dieser Ungereimtheit bedarf es kritischer Prüfung, ob am Formzweck orientierte Faktoren überhaupt bei Abwägung nach Treu und Glauben eine Rolle spielen dürfen.

Nicht selten sind die Fälle, in denen dem Grundstückserwerber zwar alle Schriftstücke, aus denen er sich den Inhalt des Mietverhältnisses zusammensuchen kann, vorgelegt werden, diese aber nicht – wie es für die Beachtung der Schriftform erfoderlich wäre[294] – zu einer festen körperlichen Einheit verbunden sind. Wenn auch mit einigen Mühen, die ihm der Gesetzgeber eigentlich abnehmen wollte, mag es diesem Erwerber letztlich gelingen, etwa die verbalen Bezugnahmen unter der einzelnen Schriftstücken nachzuvollziehen und sich ein vollständiges Bild vom gesamten Inhalt des Mietverhältnisses zu machen, so daß hinsichtlich einer etwaigen Unzuverlässigkeit der nicht ganz formgerechten Vertragsurkunde nur noch ein tragbares Restrisiko verbleibt. Der geschilderte Fall käme – sieht man im Erwerberschutz den alleinigen Formzweck – einer vollständigen Zweckerreichung zumindest sehr nahe. Er kommt so häufig vor, daß von dem zwingenden Charakter der Vorschrift in § 566 Satz 2 BGB nicht mehr viel übrig bliebe, wenn man ihn stets zum Anlaß für eine Korrektur nach § 242 BGB nähme.

Seltener, aber doch gelegentlich, kommt vor, daß sich ein Rechtskundiger oder rechtlich gut beratener Erwerber gerade deshalb für den Kauf des Grundstücks interessiert, weil der Verkäufer von der Langfristigkeit des Mietverhältnisses ausgeht, der Erwerber aber in Kenntnis des Formmangels auf kurzfristige Entmietbarkeit spekuliert[295]. In derartigen Fällen will der Erwerber von dem Schutz, den er nach § 566 BGB erfahren soll, überhaupt nichts wissen. Auch auf den Schutz des späteren Erwerbers muß dann kein Wert mehr gelegt werden: Wegen der geplanten Entmietung wird es das Mietverhältnis zukünftig nicht mehr geben und es muß folgerichtig auch niemand bestrebt sein, dem späteren Erwerber des (dann neubebauten) Grundstücks zuverlässige Kenntnis des (dann nicht mehr existierenden) Vertragsinhalts zu sichern.

Beide Sachverhaltsgruppen zusammen genommen, also der schriftlich, aber nicht schriftformgemäß informierten Erwerber und der ohnehin auf kurzfristige Entmietung spekulierenden Grundstücksinvestor, decken wohl

---

293 Vgl. dazu oben F VIII 3.
294 BGHZ 40, 255.
295 Es geht zurück auf anwaltliche Erfahrungen des Autors, daß profihaft agierende Kaufinteressenten (Investoren) großen Wert auf die Prüfung von Formmängeln legen, wenn sie den Abriß des Gebäudes zum Zwecke der späteren Neubebauung planen.

einen nicht unerheblichen Teil der Praxis ab. Wollte man sie mit dem Instrument der unzulässigen Rechtsausübung lösen, würde die als zwingend vorgegebene Formvorschrift weitgehend entwertet. Schon dies spricht gegen die Anwendbarkeit von Schutzzwecküberlegungen bei der Abwägung nach Treu und Glauben.

Hinzu kommt, daß – anders als die noch herrschende Meinung dies sehen will – § 566 BGB nicht nur den Erwerberschutz bezweckt, sondern darüber hinaus noch weitere Zwecke verfolgt. Auf die Darlegungen in Abschnitt C I 2) kann dazu verwiesen werden[296]. Zeitgerecht interpretiert will § 566 BGB in Annäherung an die Schriftform im allgemeinen insbesondere auch vor Übereilung schützen, Nachweise erleichtern und Allgemeininteressen dienen. Von daher ist die Frage nach der zuverlässigen Kenntnis bzw. Kenntnisnahmemöglichkeit des Erwerbers zu eng gestellt. Sie müßte folgerichtig dahin ergänzt werden, ob sich die Parteien bei Vertragsschluß auch der weitgehenden Folgen der langfristigen Bindung bewußt waren (Übereilungsschutz) und ob denn auch die mitgeschützten Allgemeininteressen (Entlastung der Rechtspflege und staatliche Kontrolle) im Hinblick auf den vorhandenen Dokumentationsbestand (z.B.: reichen die vorhandenen Schriftstücke als Beweis aus, obwohl es an der festen körperlichen Verbindung fehlt?) nicht zu kurz gekommen sind. Ein solch umfassendes Prüfungsprogramm kann der Richter realistisch betrachtet nicht bewältigen; er soll es auch nicht, weil im gesamten Anwendungsbereich zwingender Formvorschriften, also selbst bei der Billigkeitsprüfung nach Treu und Glauben, Motivforschung ihm vom Gesetzgeber nicht als Aufgabe zugewiesen wurde.

Nach alledem sollte der richtige Standpunkt, wonach ein Formzweck bloßes Motiv und nicht Tatbestandsmerkmal der Formvorschrift ist, ohne Einschränkung auch auf die die Abwägung nach Treu und Glauben bestimmenden Umstände durchschlagen. Insbesondere ist kein Raum für die Erwägung, der bezweckte Erwerberschutz sei im Einzelfall auf andere Weise erreicht bzw. sichergestellt. Insoweit ist eine Korrektur der Rechtsprechung angebracht.

6. Die vorzeitige Beendigung als unzulässiger weiterer Vorteil

Ausgangspunkt der Erwägung, wonach die auf den Schriftformmangel gestützte Beendigung des Mietverhältnisses gegen Treu und Glauben verstoße, wenn der sich vom Vertrag Lossagende aus den die Formnichtigkeit begründenden Umständen bisher nur Vorteil gezogen habe, ist das Urteil des BGH

---

296 Siehe oben C I 2) (S. 37).

vom 02.07.1975 (VIII. Senat)[297]. Es ging um einen formgerecht geschlossenen Mietvertrag, der später formlos durch Senkung des Mietzinses geändert und dadurch insgesamt formnichtig wurde. Der BGH entschied salomonisch, aus einer vorteilhaften Abrede dürfe nicht noch der weitere Vorteil gezogen werden, sich von "dem lästig gewordenen Mietvertrag zu lösen". Möglicherweise bedachte der BGH bei seiner Entscheidung nicht nur die materielle Ausgewogenheit, sondern nicht weniger den Umstand, daß die Parteien ursprünglich alles für die Beachtung des Formgebots getan hatten und jetzt eine kleine Unachtsamkeit alle früheren Bemühungen zunichte machen soll. Diese Auffasung stieß kaum auf Kritik; sie wird in der Literatur meist unbesehen aufgeführt[298].

Dogmatisch betrachtet ist die Argumentation des BGH bedenklich. Sie basiert auf der unzulässigen Verknüpfung zweier verschiedener Dinge: Die formale Frage, ob ein Formmangel im Ergebnis durchschlägt, soll von materiellen Überlegungen, nämlich dem günstigen Inhalt formloser Abreden, abhängig sein. Mit einer bestimmten Lösung der Formfrage soll ein inhaltlich als ungerecht empfundener Leistungsaustausch ausgeglichen werden. Diese Verknüpfung der formalen mit der inhaltlichen Seite des Geschäfts läßt sich zwar ausnahmsweise dann rechtfertigen, wenn sich materielle Billigkeit im Einzelfall ausschließlich über eine gewisse Behandlung der Formfrage erreichen läßt. Hierzu muß jedoch zunächst geprüft werden, ob nicht das materielle Recht selbst ausreichende Instrumentarien zur Verfügung stellt. Das ist zumindest für die nachträgliche (formlose) Mietzinsermäßigung, über die der BGH zu entscheiden hatte, der Fall: War die Ermäßigung aus formalen Gründen unwirksam und hätte deshalb eigentlich der höhere Mietzins weitergegolten, kann der mit der vorzeitigen Lossagung konfrontierte Vermieter die Differenz zwischen der ursprünglichen und der ermäßigten Miete wegen ungerechtfertigter Bereicherung des Mieters zurückverlangen. Dann aber ist die materielle Unausgewogenheit, die der BGH zur Aufrechterhaltung des formnichtigen Vertrags für die formale Seite heranzieht, aus der Welt. Ein jüngeres Urteil[299] deutet erfreulicherweise darauf hin, daß sich der BGH von seiner ursprünglichen Konstruktion abkehrt; er hat jetzt einen vergleichbaren Fall auf der materiellen Ebene gelöst und dem durch die vorzeitige Kündigung infolge unausgewogenem Leistungsaustausch benachteiligten Vermieter einen Bereicherungsanspruch auf die Mietdifferenz zugebilligt. Jedenfalls ist verallgemeinernd festzuhalten, daß die materielle Unausgewogenheit des Lei-

---

[297] BGH, Urteil vom 2.7.1975 in: BGHZ 65, 49 ff. = NJW 1975, 1653 ff. = ZMR 1975, 307 ff.
[298] Vgl. statt vieler nur: Sternel, Kap I, Rz. 205, und Bub/Treier-Heile, Kap II, Rz. 794.
[299] BGH ZMR 1986, 230.

stungsaustauschs die formale Seite des Rechtsgeschäfts – auch über Treu und Glauben – unberührt läßt.

Nichts anderes gilt für die Überlegung, der Mietvertrag sei immerhin vor dem Hinzutreten des formnichtigen Nachtrags formwirksam gewesen und in einem solchen Fall ursprünglicher Formwirksamkeit sei der Mietvertrag über § 242 BGB leichter aufrechtzuerhalten. Es mag zwar sein, daß der Gesetzgeber dem Rechtsverkehr mit der Handhabung der Formvorschriften gerade bei Nachträgen, die weniger bewußt auf der Grundlage eines bereits bestehenden Vertragsverhältnisses abgeschlossen werden, viel zugemutet und geschäftsgewandten Parteien Mißbrauchsmöglichkeiten zum Nachteil ihrer weniger bewanderten Geschäftspartner eröffnet hat. Da jedoch der gesamte Inhalt des Vertrags von der Schriftform gedeckt sein muß, ist die durch formlose nachträgliche Vereinbarungen hervorgerufene Formnichtigkeit qualitativ nicht geringwertiger als die von Anfang an vorhandene. Die Ungleichbehandlung von ursprünglicher und nachträglich herbeigeführter Formnichtigkeit wäre somit ein unzulässiger Kunstgriff. Dem möglicherweise überforderten Rechtsverkehr könnte stattdessen bei Nachträgen auch unter Beibehaltung des Formverständnisses gedient werden, wenn an der ausnahmslosen (und gleichwertigen) Formnichtigkeit festgehalten und dafür die Fehleranfälligkeit der formgebundenen Mietverträge durch Anpassung der Formgebote an die Bedingungen des Rechtsverkehrs vermindert würde[300]. Ein großer Schritt in diese Richtung ist bereits mit erheblichen Auflockerungen der Formerfodernisse für Nachträge, wie sie in Abschnitt E IV dargestellt wurden[301], getan.

In Fällen, in denen bei der Gestaltung von Nachtragsvereinbarungen selbst gegen die stark aufgelockerten Formerfordernisse verstoßen wird, mag die eine oder andere Vertragspartei sicherlich bemitleidenswert sein, weil sie ursprünglich – bewußt oder unbewußt – alles für Formwirksamkeit des Vertrags getan hatte und ihr spätere Sorglosigkeit in unwichtiger empfundenen Dingen wieder alles zunichte macht. Solches Mitleid schlägt aber an der falschen Stelle um, wenn mit ihm auf fragwürdige Weise die Formnichtigkeit aus Gründen der Billigkeit begrenzt würde.

7. Besonderes Vertrauens-, Fürsorge- oder Betreuungsverhältnis

Es entspricht allgemeiner Ansicht, daß die Mißachtung eines engen Vertrauens-, Fürsorge- oder Betreuungsverhältnisses über Treu und Glauben zu einer

---

300 Ähnliches schlägt Häsemeyer, JuS 1980, 8, allgemein für Formgebote vor.
301 Siehe dazu oben E IV.

Bindung an das formfehlerhafte Geschäft führen kann[302]. Im Detail sollen jedoch Feinheiten den Ausschlag für oder gegen die Bindung geben[303]. So wird etwa einem Siedlungsunternehmen (Siedlungsträger) gegenüber dem Siedler im Rahmen des bestehenden Geschäftsbesorgungsvertrages eine weitgehende Betreuungspflicht auferlegt, die durch besonderes Ansehen des Siedlungsträgers und das ihm entgegengebrachte Vertrauen des vermeintlich rechtsunkundigen Siedlers, in dieser Rechtsangelegenheit werde für ihn gesorgt, geprägt sei[304]. Im Unterschied dazu soll es freilich beim öffentlich geförderten Wohnungsbauunternehmen an einem besonderen Betreuungsverhältnis fehlen, weil ein rein kaufrechtliches Verhältnis bestehe und die soziale Ausrichtung des Wohnungsbaus allein für die Annahme einer besonderen Fürsorgepflicht noch nicht ausreiche[305]. Etwas anderes gelte wiederum, wenn der Käufer ein einfacher Handwerker im vorgerückten Alter sei, der als Genosse einer gemeinnützigen Wohnungsbaugenossenschaft ein Gebäude für seinen Lebensabend erworben habe und nach der Organisation des Unternehmens auf ordnungsgemäße und rechtlich einwandfreie Vertragsgestaltung habe vertrauen dürfen[306]; offenbar soll die besondere Verbundenheit von "Genossen" untereinander eine wichtige Rolle spielen. Diesen Gedanken verallgemeinernd scheint allerdings unverständlich, warum eine besonderes Vertrauens- und Betreuungsverhältnis nicht gerade auch unter Angehörigen angenommen wird[307], zumal – jedenfalls soweit es um Fürsorge, Vertrauen und Betreuung geht – die enge familiäre Verbundenheit nicht weniger zählen dürfte als eine genossenschaftsrechtliche. Dem BGH reicht jedenfalls das "Wort als Mutter und Schwiegermutter" für die Vertragserfüllung nicht aus[308].

Die unterschiedliche Handhabung zeigt, daß es an einer klaren Linie fehlt. Sie zu ziehen ist aber schon deshalb wichtig, weil sich Vertragsparteien stets auch hinsichtlich der Rechtskundigkeit des jeweiligen Partners mit bestimmten Erwartungen begegnen und der Rahmen vorgegeben sein muß, innerhalb dessen (kraft bestimmter Vorstellungen über die Rechtskundigkeit des anderen) erwartete Fürsorge und Betreuung selbst unter Berücksichtigung von Treu und Glauben folgenlos bleibt. Dabei kommt es neben allgemeinen Überlegungen zur privatautonomen Interessenwahrung auch auf die für die jewei-

---

302 Vgl. statt vieler z.B.: Palandt-Heinrichs § 125, Rz. 23; BGHZ 16, 334; BGH NJW 1972, 1189.
303 Vgl. die Fallgruppenbeschreibung bei MüKo-Förschler § 125, Rz. 69.
304 So BGHZ 16, 334.
305 BGH NJW 1965, 812; BGH NJW 1969, 1169.
306 Siehe hierzu BGH NJW 1972, 1189.
307 So z.B. BGH NJW 1975, 43.
308 Vgl. BGH WuM 1975, 95.

lige Geschäftsart typische Kommunikationssituation an. Beiden Gesichtspunkten soll nachgegangen werden:

Ausfluß der Privatautonomie ist, daß die Wahrung eigener Interessen beim Vertragsschluß grundsätzlich alleinige Sache der jeweiligen Partei bleibt[309]. Dazu gehört auch das Bemühen um überlegene Rechtskundigkeit. Häufig ist der Vertragsinhalt für eine Partei nicht deshalb günstiger, weil sie die überlegene Marktposition hat, sondern da sie juristisch besser beraten oder auf andere Weise rechtskundiger ist. Rechtskundigkeit ist somit kein Makel privatautonomen Handelns, sondern eine lautere Chance, für sich selbst zum Nachteil des anderen eine günstige Rechtslage zu schaffen[310]. Dies gilt für die Einhaltung der vorgeschriebenen Form nicht weniger wie für die sachlichen Inhalt des Vertrags, wobei die Zweiteilung in Form und Inhalt bei langfristigen Mietverträgen ohnehin aufgelockert ist, weil durch die Fiktion des § 566 BGB über die Form auf den sachlichen Inhalt, nämlich die Laufzeit, Einfluß genommen wird[311].

Das Maß der Eigenverantwortlichkeit für die Wahrung der Form ist umso größer, je enger sich die Einheit zwischen Form und Rechtsgeschäft darstellt. Gehören, wie der Gesetzgeber dies wohl sah[312], Rechtsgeschäft und Form zusammen, läßt sich nicht überzeugend argumentieren, der Vertragspartner sei für den sachlichen Inhalt des Vertrages (das Rechtsgeschäft) voll eigenverantwortlich und müsse die Konsequenzen tragen, werde aber über Treu und Glauben in bestimmten Fällen hinsichtlich der formalen Seite von seiner Eigenverantwortlichkeit befreit. Je mehr man hingegen die Form als bloße Formalie betrachtet[313], desto eher kann sie als Nebensächlichkeit angesehen werden, um die sich die vermeintlich rechtskundigere Partei auch im Interesse der anderen zu kümmern hat. Die Herstellung der Form läßt sich dann als ein vorgezogener Teil der späteren Vertragsabwicklung ansehen[314], die

---

309 Vgl. allgemein hierzu Baumann, S. 33.
310 In diesem Sinne rügt Gernhuber, Festschrift f. Schmidt-Rimpler, S. 169, zurecht Überempfindlichkeit des Rechtsverkehrs, wenn dieser sich daran stört, daß es gelegentlich "... einer Partei gelingt, mit Hilfe eines besonders tüchtigen Juristen ..." Vorteile zu erlangen.
311 Siehe hierzu bereits ausführlich oben S. 27 ff.
312 Vgl. oben S. 36 ff.
313 Siehe dazu Pawlowski, S. 18 und Häsemeyer ....; Gernhuber, a.a.O., S. 169 f., beschreibt das Verkümmern der Einheit zwischen Rechtsgeschäft und Form wie folgt: ".. Die Formverehrung früheren Zeiten ist dahin und hat einer betonten Absage an allen "formalen Kram" Platz gemacht...".
314 Am nächsten kommt dieser Vergleich insoweit dem Grundstückskaufvertrag, wo sich die Parteien oft die Vertragsabwicklung aufteilen: Während z.B. der Verkäufer die Lastenfreimachung übernommen hat, muß der Käufer die Unbedenklichkeitsbescheinigung des Finanzamts beschaffen. Auch die Herstellung der Formwirksamkeit

stillschweigend der vermeintlich kenntnisreicheren Partei aufgebürdet wird. Bereits an anderer Stelle[315] wurde allerdings aufgezeigt, daß und warum an der Einheit von Rechtsgeschäft und Form im Grundsatz festzuhalten ist. Es mag zwar sein, daß die Form retardierend und damit abstossend wirkt auf diejenigen, denen der flüssige Verkehr über alles geht[316]. Unausweichliche Gepflogenheiten und Bedürfnisse des modernen Rechtsverkehrs rechtfertigen jedoch kein Verkümmern der Form zur bloßen Formalie, da sich mit Auflockerungen der Formerfordernisse, wie sie z.b. für Nachtragsvereinbarungen zum Mietvertrag anerkannt sind[317], ausreichend helfen läßt[318].

Aus dem Bekenntnis zur Zusammengehörigkeit von Rechtsgeschäft und Form folgen zwangsläufig grundsätzliche Bedenken gegen jede Art der Ausklammerung der (nicht zur Nebensächlichkeit degradierbaren) Form von der privatautonomen Eigenverantwortlichkeit.

Ein Abrücken von der Formverantwortlichkeit kommt allerdings in Betracht, wenn bei Vertragsschluß bereits eine Vebindung zwischen den Parteien besteht, die Rücksichtnahme auf die Interessen der anderen Partei gebietet[319]. Welche Qualität diese Verbindung haben muß, ist Einzelfallfrage und für den Geschäftstyp Mietvertrag speziell zu beantworten. An einer rechtlichen Verbundenheit, die von der Eigenverantwortlichkeit für die formale Seite des Geschäfts befreien kann, fehlt es sicher, wenn der Mieter erstmals mit dem Vermieter zusammentrifft, mag der Vermieter auch als Großvermieter bzw. als Vermietungsprofi auf dem Markt bekannt sein und beim Vermieter die Erwartung hervorrufen, er sei in Formfragen erfahren und werde Fehler vermeiden. Vertrauen in vermeintliche Rechtskenntnisse und Erfahrungen allein reicht zur Begründung von Fürsorge- und Betreuungspflichten niemals aus, weil der Mieter als Teilnehmer im Rechtsverkehr in Kenntis der "Spielregeln" immer damit rechnen muß, daß sein Gegenüber ausschließlich eigene

---

könnte dann Sache einer Partei sein. Wegen der Einschaltung des Notars werden die Parteien freilich gerade beim Grundstückskaufvertrag der Verantwortung für die Form enthoben.
315 Vgl. oben F III 1.
316 Eine Analyse der formfeindlichen Zeitströmung, die sogar in die Zeit vor dem Nationalsozialismus zurückzuverfolgen sein soll, versucht etwa Gernhuber, Festschrift f. Schmidt-Rimpler, S. 170, m.w.N.
317 Vgl. Nachweise oben S. 104 ff.
318 So wohl auch Häsemeyer, JuS 1980, 8, der trotz teilweiser Überforderung des Rechtsverkehrs "... an der ausnahmslosen Formnichtigkeit ..." festhalten und dafür die Fehleranfälligkeit formgebundener Rechtsgeschäfte "... mit der .. Anpassung der Formgebote an die Bedingungen des Rechtsverkehrs vermindern ..." will.
319 In der Tendenz wohl ähnlich aber noch vorsichtiger Bub/Treier-Heile, Kap II, Rz. 793, der einen ähnlichen Ansatzpunkt in der Rechtsprechung des BGH "mit aller Zurückhaltung" erkannt haben will.

Interessen verfolgt und überlegenes Wissen gerade zur Vorteilserlangung ausnutzt. Mit anderen Worten ist Mißtrauen geboten; Mißtrauen ist aber gerade der Gegensatz von Vertrauen, wonach sich die Vertragspartei auf die (Mit-) Wahrung seiner Interessen durch den anderen verlassen darf. Auf überlegenes juristisches Wissen läßt sich somit die Aufrechterhaltung eines formfehlerhaften Mietvertrags nicht stützen. Es bedarf einer qualitativ hochwertigeren Verbundenheit, für die in der Mietvertragspraxis überhaupt nur drei Fallgruppen typischerweise in Betracht kommen:

Im Bereich der Wohnraummiete kommt vor, daß ein Mieter von einer Genossenschaft anmietet, die dem Wohnungsgemeinnützigkeitsgesetz (WGG)[320] unterliegt, und der Vertragsschluß davon abhängt, daß der Mieter entweder bereits Genosse ist oder durch Erwerb eines Genossenschaftsanteils noch Genosse wird[321]. Auf diese Weise vermietende Genossenschaften sind gemeinhin unter den Bezeichnungen "Bauverein", "Baugenossenschaft", Wohnungsgenossenschaft" oder "Wohnungsbaugenossenschaft" bekannt[322]. Ihr Gegenstand ist die Förderung ihrer Mitglieder durch Überlassung von Wohnungen in allen Rechts- und Nutzungsformen zum Zwecke der Wohnungsfürsorge[323]. Da die Förderung der Mitglieder einziger zulässiger Zweck einer Genossenschaft ist und deren Grundauftrag darstellt, muß die Förderungspflicht weit gehen. So folgt z.b. aus dem Förderauftrag das unentziehbare Recht eines jeden Mitglieds, die Einrichtungen der Genossenschaft zu benutzen[324]. Die umfassende Bestimmung des Förderzwecks einer Wohnbaugenossenschaft ist nicht Zweck dieser Abhandlung; indessen genügt die Feststellung, daß die Genossenschaft, die im Rahmen ihrer Geschäftstätigkeit eine besondere, rechtskundige Abteilung für den Abschluß von Verträgen als Einrichtung unterhält, diese auch zum Vorteil (zur Förderung) des einzelnen Genossen einsetzen muß, und dies erst recht, wenn anders als z.B. bei der Vereinbarung der Miethöhe, mit der Herstellung der Form konforme Interessen verfolgt werden. Die genossenschaftliche Verbundenheit rechtfertigt es somit, den Vermieter unter Fürsorge- und Betreuungsgesichtspunkten an einem formnichtigen Mietvertrag festzuhalten.

Von rechtlicher Verbundenheit zwischen den Mietparteien könnte auch die Rede sein, wenn Nachträge im Rahmen eines bereits bestehenden Mietverhältnisses abgeschlossen werden. Das erlangt vor allem für die Fälle Bedeutung, in denen ein formnichtiger Nachtrag zur Formunwirksamkeit des ge-

---

320 RGBl 1940 I, 1012.
321 Vgl. zu dieser Konstellation Sternel, Kap I, Rz. 37.
322 Vgl. Lang/Weidmüller-Metz § 1, Rz. 72.
323 Lang/Weidmüller-Metz, a.a.O.
324 Siehe hierzu Müller, Komm. z. G. Erwerbs- u. Wirtschaftsgen. § 18, Rz. 29.

samten Mietvertrags führt[325]. Im Laufe eines Mietverhältnisses kann der Vermieter/Mieter den Eindruck gewonnen haben, daß Mißtrauen mit dem Inhalt, der andere werde stets ausschließlich eigene Interessen verfolgen und die des anderen nicht berücksichtigen, nicht mehr angebracht ist, da der Vertragspartner sich bisher um inhaltliche Ausgewogenheit und Formwirksamkeit des Vertragswerks bemüht hat. Ursprünglich angebrachtes Mißtrauen kann so gesehen durch spätere Erfahrungen in begründetes Vertrauen umgeschlagen haben. Die eine Partei kann ferner im Laufe des Mietverhältnisses eine Dominanz dahin entwickelt haben, daß sie sich kraft besonderer Kenntnisse und Vorlieben immer um die formale Seite gekümmert hat, die andere Partei hingegen andere Kenntnisse wie z.B. besonderes Wissen um die Marktlage, Vergleichsmieten und Nutzbarkeiten für den Abschluß der Nachtragsvereinbarung einbringt. Nachträge können auf diese Weise in einer Art Arbeitsteilung entstehen, bei der jede Partei in bestimmter Hinsicht die größere Verantwortung übernimmt. In solchen Fällen liegt der Schluß nahe, jedenfalls die für die Form "zuständige" Partei müsse sich nach Treu und Glauben am formnichtigen Mietvertrag festhalten lassen.

Wer die Beachtung der Form berechtigterweise vertrauend in die Hände seines Vertragspartners gibt, mag zwar Rechtsschutz verdienen. Ob dieser Schutz jedoch in Gestalt der Aufrechterhaltung des formnichtigen Rechtsgeschäfts gewährt werden sollte oder ob nicht etwaige Bereicherungs- bzw. Schadenersatzansprüche ausreichen, ist eine ganz andere Frage[326]. Enttäuscht wird die Erwartung der einen Partei, die andere werde die formale Seite des Geschäfts für sie richtig miterledigen. Wer sich seiner Eigenverantwortung derart begibt, riskiert – wenngleich auf die Nichtverwirklichung des Risikos hoffend – bewußt den Bestand des Rechtsverhältnisses, dessen durch Formunwirksamkeit bedingten Wegfall anders als etwa bei einem Mietvertrag zwischen einer Wohnungsbaugenossenschaft und einem Mieter, der unabhängig von der Wirksamkeit des Vertrages Genosse bleibt, die rechtliche Verbundenheit insgesamt beseitigt[327]. Bei riskantem Verhalten einer Partei scheint es aber gerade nicht unbillig, daß die gesetzliche Unwirksamkeitsfolge bestehen und § 242 BGB insoweit als schützendes Korrektiv außer Betracht bleibt. Wo diese Konsequenz den vertrauenden Vertragspartner im Einzelfall hart trifft, kann gegebenfalls ein anderes Rechtsinstitut angemessen helfen: War das

---

325 Vgl. BGHZ 50, 39.
326 Ähnlich wohl der Ansatz bei MüKo-Förschler § 125, Rz. 66, der im Zusammenhang mit der Kenntnis des Formmangels einer Partei fragt, ob nicht Bereicherungs- oder Schadenersatzansprüche genügen.
327 Als "rechtliche Verbundenheit" soll ein etwaiges Rückabwicklungsverhältnis wegen bereits erbrachter Leistungen hier unberücksichtigt bleiben: Denn die Rückabwicklung hat mit der Aufrechterhaltung des formnichtigen Rechtsgeschäfts nichts zu tun.

enttäuschte Vertrauen qualitativ so hochwertig, daß der anderen Partei die schuldhafte Verletzung einer Verhaltenspflicht vorgeworfen werden kann, ist ein Schadenersatzanspruch wegen positiver Forderungsverletzung, also höchstens Erfüllungsersatz in Geld, denkbar[328]. War das Vertrauen nicht schützenswert, bleibt es hingegen bei der vollen Eigenverantwortlichkeit; in diesem Fall besteht keinerlei Anlaß zur Wiederherstellung der Billigkeit mit Hilfe eines Korrektivs.

Nicht selten wird Wohnraum an Angehörige[329] vermietet. Auch bei dieser Fallgruppe scheint die Annahme von besonderen Fürsorge- und Betreuungspflichten im Zusammenhang mit dem Vertragsschluß nahe zu liegen, wenngleich der BGH[330] in einer älteren Entscheidung klargestellt hat, die Berufung auf Formmängel sei grundsätzlich auch im Verhältnis zwischen "nahen Angehörigen"[331] unbedenklich. Der Gedanke, daß sich Angehörige gegenseitig Schutz und Fürsorge schulden, ist dem Mietrecht nicht fremd: Schutzwirkung des Mietvertrags zugunsten eines Angehörigen des Mieters, der sich in der Wohnung aufhält, wird allgemein anerkannt, da der Mieter gewissermaßen für das Wohl und Wehe seines Angehörigen derart mitverantwortlich sei, daß ihm dessen Ergehen selbst berühre[332]. Was im Verhältnis des Mieters zum Dritten gilt, kann möglicherweise auch auf die Beziehung zwischen Vermieter und Mieter übertragen werden und der Geltendmachung von Formmängeln entgegenstehen.

Die Aufrechterhaltung eines formnichtigen Mietvertrags kommt umso eher in Betracht, je näher sich die Vertragsparteien als Angehörige in rechtlicher Hinsicht stehen. Soweit keine rechtliche, sondern lediglich eine persönliche Verbundenheit besteht, kann § 242 BGB nicht ersetzen, was die Vertragspartner schon sozial bzw. gesellschaftlich nicht verbindet. Eine ausreichende rechtliche Verbundenheit im beschriebenen Sinne ist nur zwischen Verwandten denkbar; sie verbindet das Verwandtschaftsverhältnis, das auf Dauer angelegt ist[333] und selbst dann nicht an rechtlicher Qualität verliert, falls die Verwandten sich sozial und gesellschaftlich voneinander abkehren. Dies be-

---

328 Verletzt sein könnten die Pflichten zur Rücksichtnahme und loyaler Zusammenarbeit, vgl. hierzu allgemein Larenz I, § 24 I a (S. 365).
329 Angehörige müssen nicht miteinander verwandt sein; der Begriff "Angehöriger" ist deshalb weiter als die Begriffe "Familie", "naher Angehöriger" und "Verwandter", vgl. hierzu etwa Staudinger-Göppinger § 1589, Rz. 31 m.w.N.
330 Siehe BGH WuM 1975, 95.
331 Vgl. die gesetzliche Begriffsbestimmung in § 107 BSHG.
332 Sternel, Kap II, Rz. 494; vgl. allgemein zu Schutz- und Fürsorgepflichten im Mietrecht: Soergel-Kummer § 535, Rz. 276.
333 Gernhuber, FamR, § 2 I 3 (S. 15), spricht in diesem Zusammenhang von einem Dauerrechtsverhältnis.

deutet freilich nicht, daß Formmängel unter Verwandten stets im Ergebnis unerheblich wären; wäre das gewollt, müßte der (Teil-)Nichtigkeitsanordnung des § 566 Satz 2 BGB und auch den anderen Formvorschriften stets das negative Tatbestandsmerkmal: "... es sei denn, die Parteien sind miteinander verwandt..." hinzugedacht werden, was in der Konsequenz ein Sondervertragsrecht für Verwandten schaffen würde. Verwandtschaft kann vielmehr formnichtige Rechtsgeschäfte über Treu und Glauben nur aufrechterhalten, wenn über sie hinaus besondere Umstände wie z.b. unzumutbare Folgen oder überlegene Kenntnisse einer Partei hinzukommen, die mit ihr zusammengenommen die Berufung auf den Formmangel unbillig erscheinen lassen. Kurz zusammengefaßt: Die Verwandtschaft ist ein wichtiger Umstand unter vielen, der allein und als solcher jedoch die Anwendung des § 242 BGB nicht rechtfertigt.

Mit den beschriebenen Einschränkungen sind demnach Betreuungs- und Fürsorgepflichten unter Angehörigen auch für die Aufrechterhaltung formnichtiger Mietverträge relevant.

8. Weitere Fallgruppen

In der der Literatur[334] sind im Bemühen um die Entwicklung einer einheitlichen Linie weitere Fallgruppen gebildet worden, in denen die Aufrechterhaltung eines formnichtigen Rechtsgeschäfts über Treu und Glauben in Betracht kommen soll. Als Beispiele genannt seien Vertragsänderungen, die auf den Wunsch der "stärkeren" Partei zurückgehen[335], die ein- oder beiderseitige Kenntnis der Formbedürftigkeit sowie die "hinterhältige und arglistige Vorteilsverschaffung"[336]. Die Behandlung dieser Sachverhalte verlangt weniger klare dogmatische Einordnung und Linie als die Betrachtung/Bewertung der jeweiligen Umstände des Einzelfalls. Sie soll deshalb hier ausgeklammert bleiben; Fallmaterial als Orientierungshilfe findet sich im praxisorientierten Schrifttum[337].

---

334 Siehe z.B. Staudinger-Dilcher § 125, Rz.38 ff.
335 Bub/Treier-Heile, Kap II, Rz. 793 a.E.
336 Vgl. dazu MüKo-Säcker § 125, Rz. 64-66, 70.
337 Siehe allen voran Palandt-Heinrichs § 125, Rz. 21ff.

G. Die Geltung des § 566 BGB im Beitrittgebiet

I. Der Konflikt zwischem altem und neuem Recht

Mit der Vereinigung von Ost- und Westdeutschland traf verschiedenartiges Recht aufeinander. Auch das Mietrecht mußte harmonisiert werden, was nach Maßgabe des Einigungsvertrags[1] vom 31.08.1990 geschah und die Geltung des § 566 BGB in den neuen Bundesländern problematisiert.

1. Schriftform nach dem ZGB

Der Abschluß von Mietverträgen in der ehemaligen DDR war in § 100 Abs.1 ZGB[2] geregelt. Diese Vorschrift lautet:

> "Das Mietverhältnis entsteht durch Abschluß eines Vertrages zwischen Vermieter und Mieter. Der Vertrag soll schriftlich abgeschlossen werden".

Die gesetzlichen Vorgaben sind unmißverständlich: Die Einhaltung der Schriftform wird zwar empfohlen; Wirksamkeitserfordernis war sie aber nicht. Eine dem § 566 BGB vergleichbare Regelung bestand nach DDR-Recht nicht[3]. Demgemäß konnten nicht nur auf unbestimmte Zeit laufende, sondern auch langfristige Mietverträge in der DDR wirksam sogar durch schlüssiges Verhalten begründet werden[4]. Dies geschah häufig. Leerstehende Wohnungen wurden von Bürgern in Benutzung genommen, die erst später die Zustimmung der Verwalter hierfür einholten oder einfach begannen, Miete zu bezahlen. Selbst wenn Miete nicht gezahlt wurde, verfügte die Verwaltung nicht immer die Räumung und setzte diese noch seltener durch[5]. Insbesondere

---

1 BGBl II, S. 889.
2 Vgl. z.B. die Textsammlung von Brunner, S. 66; zum Vertragsschluß nach DDR-Recht; vgl ferner Kinne, WuM 1992, 403ff.
3 Vgl. Hartmann, ZMR 1992, 282.
4 Vgl. Fruth, WuM 1991, 9, 10; BezG Erfurt WuM 1992, 357.
5 Hartmann, ZMR 1992, 280 m.w.N.

in der Zeit nach der Grenzöffnung ist es so zu zahlreichen faktischen Vertragsbeziehungen gekommen[6].

Häufig vorzufinden sind auch mündliche Verträge, die nicht nachträglich, auch nicht nach der Vereinigung im Hinblick auf die Geltung des neuen Mietrechts, schriftlich abgefaßt wurden[7]. Grund hierfür ist vor allem, daß die kommunalen Wohnungsverwaltungen in der DDR keine schriftlichen Mietverträge ausgeben konnten oder wollten[8]. Im übrigen verpflichtete die Einführung des BGB keinen Mieter zum Abschluß eines neuen Mietvertrags[9].

2. Folgen des Einigungsvertrags

Nach Art. 232 § 2 EGBGB unterliegen auch solche schuldrechtlichen Verträge, die vor dem Beitritt der neuen Bundesländer abgeschlossen wurden, sog. Altverträge[10], ab 03.10.1990 grundsätzlich den Regelungen des BGB. Nach altem Recht begründete und gewachsene Mietverhältnisse werden damit gewissermaßen rechtlich neu eingekleidet. Daß dies nicht nur mit Umstellungen und Härten verbunden ist, sondern auch im Detail zu Konflikten zwischen dem altem und neuen Recht führt, die trotz sorgfältiger Erarbeitung des Einigungsvertrags erst während der Abwicklung der Rechtsharmonisierung zutage treten, liegt auf der Hand. Insbesondere ergab sich die Problematik, ob die Folge des § 566 Satz 2 BGB auch auf die zahlreichen mündlichen bzw. faktischen Altverträge in den neuen Bundesländern[11] anzuwenden ist. Hierzu haben sich bisher nur ein kleiner Teil des Schrifttums[12] und – soweit aus Veröffentlichungen ersichtlich – nur wenige Gerichte geäußert. Der Problematik soll deshalb nachfolgend ausführlicher nachgegangen werden.

II. Lösungsansätze in Art. 232 § 2 Absatz 1 EGBGB

Die Unterscheidung nach Mietverhältnissen, die vor und nach dem Einigungsstichtag begründet wurden, war ausdrückliches Anliegen der Partner

---

6 Vgl. für die Fälle, in denen die Nutzung ohne, nicht gegen den Willen des Vermieters erfolgte: MüKo-Voelskow, Einigungsvertrag, Rz. 74.
7 Vgl. Fruth, WuM 1991, 9, 10; MüKo-Voelskow, a.a.O.
8 Näher dazu Hartmann, a.a.O.
9 Siehe dazu Gramlich, WmR n. d. EV, S. 92.
10 So z.B. bezeichnet von Voelskow, NJ 1991, 430.
11 Vgl. die Beschreibung des Vertragsbestands oben G I 1.
12 Am ausführlichsten bisher Hartmann, ZMR 1992, 279, 282; eine kurze Stellungnahme findet sich auch bei Sternel, MietR akt., Rz. A 52.

des Einigungsvertrages[13]. Ihre spezifische Umsetzung erfolgte in Art. 232 § 2 EGBGB.

1. Interpretationsspielräume

Gemäß Art. 232 § 2 Absatz 1 EGBGB richten sich "Mietverhältnisse aufgrund von Verträgen, die vor dem Wirksamwerden des Beitritts geschlossen worden sind", vom Zeitpunkt des Beitritts an nach den Vorschriften des BGB, soweit nicht (ausnahmsweise) anderes gesetzlich bestimmt wird. Das Schicksal langfristiger (mündlicher oder faktischer) Altverträge läßt sich daraus nicht eindeutig ableiten. Grund für die Mehrdeutigkeit ist der Begriff "Mietverhältnisse", der sich abweichend interpretieren läßt[14]. Er kann den Gesamtsachverhalt erfassen und so zu verstehen sein, daß auch Vorgänge aus DDR-Zeiten, die noch jetzt Bedeutung für den Bestand und den Inhalt des Mietverhältnisses haben, vom Gericht nunmehr nach BGB zu beurteilen sind; diesem Verständnis folgend hat z.b. das Kreisgericht Dresden[15] das Zustandekommen eines Altvertrags, der nach dem Beitrittsstichtag weiterbestand, nach § 535 BGB beurteilt.

Ganz anders hat hingegen das Bezirksgericht Dresden[16] die Regelung in Art. 232 § 2 Absatz 1 EGBGB ausgelegt und entschieden, für die rechtliche Beurteilung aller Ereignisse (Einzelsachverhalte), die vor dem 03.10.1990 liegen, sei das ZGB anwendbar. Auf § 566 BGB bezogen konkretisiert sich der Meinungsstreit auf die Frage, ob – im Sinne des Einigungsvertrags – die Beachtung der Schriftform einen abgeschlossenen Vorgang (Einzelsachverhalt) darstellt oder über den Beitrittsstichtag hinaus Dauerwirkung hat (Gesamtsachverhalt).

2. Die Argumentation von Hartmann

Außer Hartmann[17] hat sich bisher niemand grundlegender mit der Anwendbarkeit des § 566 BGB auf Altverträge beschäftigt. Er plädiert für einen weitgehenden Schutz des Altbestandes, weil sonst dem Grundsatz widersprochen werde, wonach die nach ZGB wirksamen Altverträge nach Möglichkeit im

---

13 Vgl. hierzu etwa Göhring, DtZ 1990, 317; Marko, NJ 1991, 18 u. 59.
14 So auch Hartmann, ZMR 1992, 280.
15 KrG Dresden DtZ 1991, 347.
16 BezG Dresden WuM 1991, 391, 392.
17 Vgl. Hartmann ZMR 1992, 281 f.

Status quo zu übernehmen seien[18]. Insbesondere werde mit § 566 BGB die nach dem ZGB wirksame Vereinbarung einer "Miete auf Lebenszeit" ausgehöhlt. Endlich wiege in der Gesamtbetrachtung die Mißachtung der vormalig wirksamen Parteivereinbarungen schwerer als eine "gewisse Rechtsunsicherheit"[19], die der Mangel an Schriftlichkeit zugegebenermaßen mit sich bringe.

Der von Hartmann befürwortete Schutz des Altbestands unter Aufgabe der Schriftformerfordernisse scheint bedenklich, da er den Gesamtbestand der aktuell wirksamen Mietverhältnisse in zwei Klassen aufteilt, nämlich in priviligierte alte und streng zu handhabende sonstige Mietverträge. Mag diese Aufteilung zwar jetzt noch von allgemeiner Akzeptanz getragen werden, solange die Rechtsharmonisierung als schwieriges und nicht immer befriedigend lösbares Problem bewußt ist, so dürfte sie jedoch in absehbarer Zukunft auf Unverständnis stoßen, etwa dann, wenn in 20 Jahren ein mündlicher Altvertrag "auf Lebenszeit" vom Grundstückserwerber gemäß § 571 BGB übernommen werden muß, nicht hingegen ein nach BGB zustandegekommener Mietvertrag, der sogar im Detail schriftlich niedergelegt ist, aber dem Prinzip der Einheitlichkeit der Urkunde[20] wegen einer kleinen Unachtsamkeit der Parteien nicht entspricht. Wegen dieser weitreichenden Folgen bedarf die Ansicht von Hartmann, der sich auch Sternel[21] angeschlossen hat, kritischer Überprüfung. Dabei wird unter anderem die Folgenanalyse eine wichtige Rolle spielen.

3. Verfassungsrechtliche Bedenken

Die Anwendung des § 566 BGB auf Altverträge würde bedeuten, daß diese Vorschrift auf einen Zeitpunkt (Abschluß des Mietvertrags vor dem Beitrittsstichtag) zurückwirkt, in dem sie in den neuen Bundesländern noch gar nicht in Kraft getreten war; das Mietverhältnis würde somit in einem wesentlichen Punkt so behandelt werden, als hätten sie die abschließenden Parteien schon damals an westdeutschem Recht orientiert und auch orientieren müssen. Dies ist nicht nur realitätsfern[22], sondern überdies verfassungsrechtlich bedenklich.

Es verstößt gegen das Rechtsstaatsprinzip (Art. 20 Absatz 3, 28 Absatz 1 Satz 1 GG), wenn durch ein späteres Gesetz ein bereits in der Vergangenheit

---

18 Hartmann, a.a.O., S. 282.
19 Hartmann, a.a.O. S. 282.
20 Vgl. zu den strengen Anforderungen vgl. BGHZ 40, 255.
21 Sternel, MietR akt., Rz. A 52, ohne nähere Begründung.
22 Selbst wer schon damals auf die Einigung hoffte und mit einer Rechtsharmonisierung rechnete, wird sich keine Gedanken über § 566 BGB gemacht haben.

abgeschlossener Tatbestand nachträglich anders geregelt und der Bürger dadurch schwerer belastet wird als nach dem vorher geltenden Recht (sog. echte Rückwirkung)[23]. Nur wenn das Vertrauen des Bürgers nicht schutzwürdig ist, weil er z.b. mit einer Neuregelung rechnen mußte oder zwingende Gründe des gemeinen Wohls dies unumgänglich machen, könnte eine echte Rückwirkung ausnahmsweise zulässig sein[24]. Einen solchen Ausnahmefall vermag § 566 BGB sicher nicht zu begründen. Soweit der Anwendung des § 566 BGB auf Altverträge danach echte Rückwirkung beigemessen wird, weil das Zustandekommen des Mietvertrags als in der Vergangenheit abgeschlossener Vorgang anzusehen sei, ist sie verfassungsrechtlich unzulässig[25]. Folgerichtig ist allgemeine Ansicht, daß für abgeschlossene Vorgänge aus der Zeit vor dem 03.10.1990 (ausschließlich) das DDR-Recht maßgeblich ist[26].

Nichts anderes gilt, wenn man den Einfluß des § 566 BGB auf die Kündbarkeit des Mietvertrags in den Vordergrund stellt und damit die Einhaltung der Form nicht als abgeschlossenen Vorgang, sondern als fortwirkenden Akt mit Dauerwirkung ansieht. Dann liegt ein Fall der sog. unechten Rückwirkung vor, der sich dadurch auszeichnet, daß Dispositionen enttäuscht werden, die die DDR-Bürger in der Vergangenheit im Vertrauen auf die Fortwirkung des seinerzeit geltenden Rechts getroffen haben. Zwar muß der Bürger stets mit Rechtsänderungen rechnen; unechte Rückwirkung eines Gesetzes ist aber insbesondere dann unzulässig, wenn der Staat selbst einen besonderen Vertrauenstatbestand geschaffen und auf diese Weise ein bestimmtes Verhalten seiner Bürger veranlaßt hat[27], wobei sich der neue Gesetzgeber Verhalten seines DDR-Vorgängers zurechnen lassen muß. Ein derartiger oder zumindest gleichwertiger Fall dürfte hier gegeben sein: Die DDR-Bürger hatten bei Abschluß der Altverträge auf die Fortgeltung der Regelung in § 100 Abs.1 ZGB[28] vertraut und durften dies auch[29], weshalb dieses Vertrauen Vorrang gegenüber der Rückwirkung des § 556 BGB hat. Unter Berücksichtigung des Rechtsstaatsprinzips interpretiert spricht also Art. 232 § 2 EGBGB deutlich gegen die Anwendung des § 556 BGB auf Altverträge.

---

23 Vgl. dazu bereits BVerfGE 13, 261, 270 f.
24 Grundlegend BVerfGE 30, 367, 381 ff.; BVerfG 37, 363, 397 f.
25 So klar MüKo-Heinrichs Art. 170, Rz. 6.
26 Vgl. z.B. Sternel, MDR 1991, 289; Seitz, DtZ 1992, 72, 73; Schultz, DtZ 1991, 285; Mansel, DtZ 1991, 124, 125; Hartmann, ZMR 1992, 281; LG Berlin DtZ 1991, 247, 248; BezG Schwerin, WuM 1991, 391.
27 Vgl. zu diesem Problemkreis BVerfGE 48, 403, 413 ff.; BVerfGE 50, 386, 394 ff.
28 Vgl. zum Gesetzeswortlaut oben S. 196.
29 Es mag zwar sein, daß vereinzelt schon damals mit einer Vereinigung und der Übernahme des westdeutschen Rechts gerechnet wurde; die Auswirkungen des § 566 BGB hat aber sicher kein DDR- Bürger bei Vertragsschluß bedacht.

4. Spannungsfeld zwischen Rechtssicherheit und Mißachtung vormalig wirksamer Perteivereinbarungen

Allgemein anerkannter Zweck des § 566 BGB ist, dem späteren Grundstückserwerber wegen seines Eintritts in das Mietverhältnis (§ 571 BGB) zu ermöglichen, sich anhand des schriftlich festgehaltenen ein genaues Bild vom Inhalt des Mietverhältnisses zu verschaffen[30]. Das Schutzbedürfnis des Erwerbers gilt gleichermaßen für westdeutsche und neue wie für zu DDR-Zeiten nur faktisch oder mündlich abgeschlossene alte Mietverträge, denn die Eintrittspflicht des § 571 BGB differenziert nicht zwischen den genannten Vertragsarten. Im Zusammenspiel mit § 571 BGB hätte § 566 BGB damit gewissermaßen nicht nur Rückwirkung auf den abgeschlossenen Vorgang des Vertragsschlusses; er wirkt auch auf den zukünftigen Veräußerungsfall fort. Letzteres läßt eine Anwendung des § 566 BGB auf Altverträge auf den ersten Blick vertretbar erscheinen.

Die Vertretbarkeit hängt desweiteren von den Folgen ab, die die Anwendung des § 566 BGB für die ursprünglichen Parteien des Altvertrags hätte. In den neuen Bundesländern gelten gemäß Art. 232 § 2 Absätze 2 – 7 EGBGB Kündigungserschwernisse, die die Konsequenzen der vorzeitigen Kündbarkeit in manchen Fällen mildern[31]. So werden z.B. für eine Übergangszeit Kündigungsfristen verlängert (Absatz 7) und das berechtige Interesse, das zur Kündigung von Wohnraummietverhältnissen erforderlich ist, eingeschränkt (Absätze 2 und 3). Dem Gewerberaummieter wird sogar für eine gewisse Zeit ein dem Recht der Wohnraummiete vergleichbares Widerspruchsrecht eingeräumt (vgl. Absatz 5). Das würde freilich die Folgen des § 566 BGB nur für den Mieter erträglicher machen; der Vermieter bliebe weitgehend ungeschützt, wenn sich sein Mieter unter Berufung auf den Formmangel vorzeitig vom Mietvertrag lossagen würde.

Aber auch im übrigen würde die Anwendung des § 566 BGB nachteilige Folgen für beide Parteien nach sich ziehen. Wendet man die Vorschrift auf mündliche Zeitmietverträge an, hatte der Vermieter zuvor Sicherheit über die Dauer des Mietverhältnisses; nun muß er aber einerseits eine (ungewisse) vorzeitige Kündigung befürchten und kann er sich andererseits selbst nicht mehr auf das vereinbarte Mietende berufen, weil er auf seine durch Art. 232 § 2 EGBGB eingeschränkten Kündigungsrechte verwiesen wird. Eine Schlechterstellung des Mieters tritt z.B. beim mündlich geschlossenen Ver-

---

[30] Streitig ist nur, ob darüber hinaus weitere Zwecke und wenn ja, mit welchem Gewicht, verfolgt werden; dazu bereits ausführlich oben S. 35 ff.
[31] Vgl. z.B. die Übersicht von Voelskow, NJ 1991, 430, 434.

trag auf Lebenszeit ein: Da § 566 BGB für solche Verträge ebenfalls gälte[32], erhielte der Vermieter ein Kündigungsrecht, das die nach dem ZGB wirksame Vereinbarung "auf Lebenszeit" aushöhlen würde[33]. Das Ergebnis wäre eine massive Mißachtung vormals (nach DDR-Recht) wirksamer Vertragsabreden, die in das neue Recht übergeführt werden sollten.

Derart tiefe Eingriffe in alte Schuldverhältnisse waren nicht Ziel der Rechtsharmonisierung im Einigungsvertrag. Zu DDR-Zeiten erworbene Rechte sollte grundsätzlich anerkannt und nicht grundlegend umgestaltet werden; beabsichtigt war vielmehr die möglichst konfliktfreie Überleitung bestehender Schuldverhältnisse auf den neuen Rechtszustand[34]. Deshalb sind die Bestimmungen des ZGB noch für das Zustandekommen sowie für Art und Umfang der begründeten Rechte und Pflichten aus dem alten Mietvertrag zu beachten. Die Rechtsunsicherheit zum Nachteil des Grundstückserwerbers, die eigentlich eine Anwendung des § 566 BGB auf Altverträge verlangt, hat demgegenüber weniger Gewicht. Ihr könnte, ohne den Übergangsvorschriften des Einigungsvertrags zu widersprechen, ausreichend dadurch abgeholfen werden, daß der Kaufinteressent vor Erwerb des Grundstücks vom Vermieter/Verkäufer die schriftliche Fixierung des mündlichen Vertragsinhalts verlangt und dem Vermieter/Verkäufer gemäß Treu und Glauben ein entsprechender Anspruch gegen den Mieter zugebilligt wird[35].

Zusammenfassend läßt sich nach alledem festhalten, daß die Anwendung des § 566 BGB auf Altverträge nicht nur verfassungsrechtlich bedenklich ist, sondern auch einer grundlegenden Zielsetzung des Einigungsvertrags widerspricht. Von ihr sollte deshalb abgesehen werden. Stattdessen muß der Vermieter im Interesse des Erwerberschutzes schriftliche Fixierung des mündlichen Vertrags verlangen können.

III. Nachträge zu Altverträgen

Weder in der Rechtsprechung noch in der Literatur[36] ist bislang behandelt, ob und wie sich ein nach dem Beitritt abgeschlossener Nachtrag auf die Formwirksamkeit des Altvertrags auswirkt. Die Frage ist theoretisch und praktisch von nicht zu unterschätzender Bedeutung: In theoretischer Hinsicht bedarf sie

---

32 Vgl. Palandt-Putzo § 566, Rz. 7 m.w.N.
33 So auch erkannt von Hartmann, ZMR 1992, 282.
34 Siehe hierzu Lübchen-Lübchen Art. 232, § 1, Anm. 1.
35 So auch Hartmann, a.a.O.; Anspruch auf Abschluß eines neuen Mietvertrags besteht hingegen nicht, vgl. Gramlich, WmR n. d. EV, S. 92.
36 Selbst im ausführliche Fallmaterial bei Sternel, MietRakt., finden sich keine Nachweise; die Feststellung bezieht sich freilich nur auf veröffentlichte Entscheidungen.

der Klärung, weil nach strengem BGB-Recht ein formnichtiger Nachtrag der Formwirksamkeit des Vertrags insgesamt schaden kann[37]. Praktisch ist sie wichtig, da Nachtragsvereinbarungen häufig schon aus geringen Anlässen getroffen werden[38].

1. Lösungsalternativen

Bei Nachträgen zu Altverträgen nimmt der Konflikt zwischen der Geltung von altem und neuem Recht noch komplexere Formen an: Für den Haupt-/Ursprungsvertrag gilt das nicht auf Formalien bedachte DDR-Recht; für die Nachträge, die nach dem Beitrittsstichtag geschlossen werden, ist hingegen das trotz Auflockerungen[39] vergleichsweise in formaler Hinsicht erheblich strengere Recht des BGB zu beachten. Ein zu DDR-Zeiten abgeschlossener rechtlicher Vorgang trifft auf einen neuen Einzelsachverhalt, der sich auf das zurückliegende Geschehen auswirken kann. Folgende Lösungen dieses Konflikts sind denkbar:

Erste Alternative: Auch für Nachträge zu alten Verträgen gilt das frühere DDR-Recht weiter; § 566 BGB ist deshalb überhaupt nicht anwendbar (umfassender formaler Bestandsschutz von Altverträgen).

Zweite Alternative: Nachträge zu Altverträgen werden in jeder Hinsicht ohne Einschränkungen behandelt wie Nachträge zu BGB- Verträgen. § 566 BGB gilt dann für Nachträge mit der auflockernden Maßgabe, daß auf eine feste körperliche Verbindung mit der Haupt- /Ursprungsurkunde unter bestimmten Voraussetzungen verzichtet werden kann[40]. Ist der Nachtrag dennoch wegen Nichtbeachtung der aufgelockerten Erfordernisse formnichtig, beseitigt dies die Formwirksamkeit des Mietvertrags insgesamt[41].

Dritte Alternative: Nachträge zu Altverträgen unterliegen zwar der Schriftform des BGB; dessen Nichtbeachtung berührt aber den Bestand des noch zu DDR-Zeiten abgeschlossenen Mietvertrags nicht, sondern führt lediglich zur Unwirksamkeit der Regelungen im Nachtrag, also insgesamt zu einer Teilunwirksamkeit.

Die erste und zweite Alternative sind Extremlösungen, die Dritte ein Kompromiß. Es wird diejenige zu bevorzugen sein, die den Zielen des Eini-

---

37 Vgl. BGHZ 50, 39, m.w.N.
38 Z.B. wegen geringfügiger Anpassung der Nebenkostenvorauszahlungen oder einer Mieterhöhung.
39 Hierzu ausführlich Abschnitt E IV.
40 Vgl. Nachweise in Abschnitt E IV.
41 Vgl. BGHZ 50, 39.

gungsvertrags am besten entspricht und unzumutbare Folgen für die Parteien vermeidet.

2. Zielsetzung des Einigungsvertrags

Die Regelungen in Art. 232 § 2 EGBGB bezwecken die möglichst konfliktfreie Überleitung bestehender Schuldverhältnisse auf den neuen Rechtszustand unter grundsätzlicher Anerkennung der zu DDR- Zeiten erworbenen Rechte[42]. Diese Zielrichtung verbietet einerseits eine grundlegende Umgestaltung der Altverträge durch Anwendung des BGB auch in formaler Hinsicht. Andererseits verlangt sie nicht, daß nachträgliche Parteiabreden, die den Inhalt des Mietverhältnisses abändern und damit ebenfalls in gewisser Weise umgestalten wollen, für die Restlaufzeit des Vertrags[43] nach ZGB zu beurteilen sind. Wenn die Parteien den Vertrag aber selbst umgestalten wollen und dadurch in den Bestand des Altvertrags eingreifen, ist Schutz vor Umgestaltung durch das Überleitungsgesetz nicht mehr gerechtfertigt. Denn nicht die Überleitung auf das neue Recht, sondern einverständliche Parteiaktivitäten während der Geltung des neuen Rechts gefährden hier den geschützten Bestand des Altvertrags.

Ein umfassender Bestandsschutz von Altverträgen, der den formlosen Abschluß von Nachträgen zuläßt, geht damit über die Zielsetzung des Einigungsvertrags hinaus. Er scheidet deshalb aus der weiteren Betrachtung aus.

3. Konfliktfreie Rechtsharmonisierung durch entsprechende Anwendung des § 139 BGB

Steht somit fest, daß § 566 BGB grundsätzlich auch für Nachträge zu Altverträgen gilt, bleibt immer noch problematisch, welche konkreten Folgen die Formnichtigkeit des Nachtrags für die Formwirksamkeit des gesamten Vertrags nach sich zieht. Nach dem strengeren BGB-Recht schadet der formlose Nachtrag regelmäßig auch der Form des Haupt-/Ursprungsvertrags und deshalb des Vertrags insgesamt[44]. Jede Nachlässigkeit bei der Gestaltung von Nachträgen würde somit den Bestand des Altvertrags gefährden und auf diese Weise in zahlreichen Fällen zu Ergebnissen führen, die von vielen als unbefriedigend bzw. unbillig empfunden würden, ohne daß sich jedoch über

---

42 Vgl. statt vieler nur Lübchen, S.41
43 Beim Vertrag "auf Lebenszeit" also bis zum Lebensende des Mieters.
44 Vgl. BGHZ 50, 39.

Hilfskonstruktionen wie Treu und Glauben[45] der härter betroffenen Partei helfen ließe. Eine Milderung solcher Härten ließe sich mit der entsprechenden Anwendung des § 139 BGB dergestalt erreichen, daß der zu DDR-Zeiten begründete Altbestand des Vertrags und der nach dem Beitrittsstichtag durch Nachtrag geschaffene Zusatzbestand getrennte Einheiten bilden, deren Gültigkeit nicht zwingend voneinander abhängt. Damit ist gemeint, daß die zu DDR-Zeiten getroffenen Abreden als formgültig anzusehen sind, nach dem Beitritt hinzugekommene Abreden aber nur, wenn sie den strengen Formerfordernissen entsprechen. Ist letzteres nicht der Fall, muß der Mietvertrag in einen formwirksamen (langfristigen) und in einen formunwirksamen (ordentlich kündbaren) Teil aufgespalten werden.

Bereits im Abschnitt "Fehlerfolgen und Korrektive"[46] ist aufgezeigt worden, daß die analoge Anwendung des § 139 BGB systemwidrig ist und deshalb regelmäßig nicht in Betracht kommt: § 566 Satz 2 BGB ist die Spezialnorm, die die Anwendbarkeit des § 139 BGB ausschließt[47]. Der gemäß § 571 BGB eintretende Erwerber soll im übrigen gerade von der Last befreit werden, den Weiterbestand des Vertrags im ganzen oder in den einzelnen Regelungspunkten festzustellen[48]. Diese Bedenken, auf die die Rechtsprechung[49] und Teile der Literatur[50] schon seit einiger Zeit nur noch wenig Rücksicht zu nehmen scheinen, wenn es unbefriedigende Ergebnisse zu mildern gilt[51], können freilich zurückgestellt werden, wenn – wie hier – nicht in erster Linie die Konkurrenz zwischen zwei Normen des BGB, der § 566 Satz 2 und 139, zu lösen ist, sondern die zwischen der Geltung von DDR-Recht und BGB. Im Kern geht es nämlich konkret darum, die Fortwirkung des § 100 Absatz 1 ZGB und die Rückwirkung des § 566 Satz 2 BGB auf DDR-Vorgänge voneinander abzugrenzen.

Zu diesem Zweck ist die entsprechende Anwendung des § 139 BGB ungeachtet dogmatischer Bedenken, die ein Konkurrenzproblem innerhalb des neuen Rechts betreffen, ein geeignetes Instrument der Rechtsharmonisierung, das der Zielsetzung der Überleitungsvorschriften genügt und unbillige Ergebnisse vermeiden hilft.

---

45 Vgl. hierzu ausführlich oben F IX.
46 Siehe oben F I, S. 118 ff.
47 Vgl. Nachweise und Herleitung in Abschnitt B II. 3.
48 So auch Müller, JR 1970, 86, 89, allerdings mit anderem Ergebnis.
49 Z.B. BGH NJW 1968, 1229; NJW 1975, 1653, 1655.
50 Etwa AK-BGB-Derleder § 566, Rz.4 u.a.
51 So das offene Bekenntnis von Wolf/Eckert, Rz.38.

H. Zusammenfassung/Resümee

Die Regelung in § 566 Satz 2 BGB ist eine mit mehreren Nichtigkeitsdogmen brechende, den Inhalt des Mietvertrags unter Mißachtung der Privatautonomie geltungserhaltend korrigierende, vom Parteiwillen losgelöste gesetzliche Fiktion sui generis, die einen Fremdkörper im System der Rechtsgeschäftslehre bildet. Es verwundert deshalb nicht, daß sie nicht selten verkannt und fehlinterpretiert wird. Andere Rechtsordnungen kennen eine auch nur annähernd verleichbare Vorschrift nicht; nur das Italienische Recht (Art. 1572 Codice Civile) verlangt Schriftform für einen Miet- oder Pachtvertrag, der neun Jahre überdauern soll, ohne allerdings bei Nichtbeachtung einen anderen Vertragsinhalt zu fingieren.

Die ratio des § 566 BGB wird zu Unrecht auf Erwerberschutz reduziert. Die zeitgerechte und an der Gesetzgebungshistorie orientierte Sinninterpretation ergibt vielmehr eine besondere Zweckvielfalt, die sich der Schriftform im allgemeinen annähert. Der Gesetzgeber wollte auch den Vermieter vor Übereilung einer weitreichenden Bindung, die sich wie eine Grundstücksbelastung auswirken kann, schützen. Ferner läßt sich die inzwischen anerkannte Anwendung des § 566 BGB auf Untermietverträge nur mit der Zweckvielfalt rechtfertigen. Aus der hervorragenden sozialen und wirtschaftlichen Bedeutung langfristiger Mietverträge (Sicherung des Lebensmittelpunkts oder wirtschaftlicher Aktivitäten) folgt ein starkes Bedürfnis nach Beweissicherung, Inhaltsklarheit und Warnung, dem mit der gesetzlichen Schriftform unabhängig vom Erwerberschutz Rechnung getragen werden sollte. Schließlich gewinnt die Einhaltung der gesetzlichen Schriftform auch im Allgemeininteresse zunehmend an Bedeutung, weil staatliche Kontrolle des Vertragsinhalts (z.B. durch das Amt für Wohnungswesen oder die Finanzämter) immer wichtiger und der Überlastung der Gerichte durch Zeugenprozesse entgegengewirkt wird.

Die Zweckvielfalt führt konsequenterweise auch zur Anwendbarkeit des § 566 BGB auf Mietvorverträge. Soll eine Formvorschrift auch vor Übereilung schützen, dann kommt der Schutz zu spät, wenn er nicht bereits für den Vorvertrag, sondern erst für den Hauptvertrag gilt. Da die herrschende Meinung § 566 BGB neuerdings auf Untermietverträge mit der Begründung anwendet, die Vorschrift habe über § 571 BGB hinaus Bedeutung, ist nicht einzusehen, warum sie im Streit um die Anwendbarkeit auf Mietvorverträge allein auf den Erwerberschutz abstellt.

Für die Haupt-/Ursprungsurkunde verlangt der BGH zurecht die Herstellung einer festen körperlichen Verbindung, die nur durch Substanzzerstörung oder Gewaltanwendung wieder gelöst werden kann. Anders läßt sich wegen der Manipulationsgefahr Erwerberschutz nicht erreichen und würde die gesetzliche Schriftform vom ehemals unzertrennlichen Bestandteil des Rechtsgeschäfts zur bloßen Formalie verkümmern. Erwägungen, der moderne Rechtsverkehr werde durch die Formstrenge überfordert bzw. behindert, müssen dahinter zurücktreten. Dem Geschäftsverkehr wird außerdem in den meisten Fällen die Herstellung einer mechanisch-physischen Verbindung zwischen den einzelnen Schriftstücken durch Klammern mit einer Heftmaschine möglich und zumutbar sein. Im übrigen lassen sich Auflockerungen beim Abschluß von Nachträgen (unter Umständen genügt bereits die eindeutige verbale Bezugnahme auf andere Urkunden) nur rechtfertigen, wenn wenigstens die Haupt-/Ursprungsurkunde, auf die gedanklich verwiesen wird, den strengen Schriftformerfordernissen entspricht und dem Erwerber ein einigermaßen zuverlässiges Bild vom Inhalt des Mietverhältnisses verschafft. Dogmatisch läßt sich dies allerdings nur als Rechtsfortbildung darstellen.

Die Versuche, formnichtige langfristige Mietverträge in deren Langfristigkeit aufrechtzuerhalten, sind zahlreich, jedoch größtenteils untauglich. Eine aus faktischem/sozialtypischem Verhalten, Verschulden bei Vertragsschluß oder deliktisch (z.B. § 826, 249 BGB) hergeleitete Erfüllungshaftung scheidet aus, da es an aussagekräftigen bzw. eindeutigen Übungen, die Ausdruck der gewollten Langfristigkeit sein könnten, fehlt und der Geschädigte aufgrund dogmatischer Grenzen der Naturalrestitution zwar unter Umständen Erfüllungsersatz in Geld, nicht aber Erfüllung in Natur verlangen kann (keine Haftung auf formgerechten Vertragsschluß). Die von Flume vorgeschlagene Erfüllungshaftung in Analogie zu § 116 BGB kommt ebenfalls nicht in Betracht, weil die Formnichtigkeit nicht aus dem "insgeheimen Vorbehalt", sondern aus der Nichtbeachtung der gesetzlichen Formvorschrift folgt, d.h. das Erklärte formlos gar nicht gewollt werden kann. Ferner ist eine Teilaufrechterhaltung in entsprechender Anwendung des § 139 BGB grundsätzlich nicht möglich: Diese Norm wird von der spezielleren Vorschrift des § 566 Satz 2 BGB verdrängt. Selbst der Wohnraumkündigungsschutz kann die Folgen der Formnichtigkeit nur in krassen Ausnahmefällen mildern; im übrigen kommt ihm keine nennenswerte Korrektivwirkung zu. Schließlich läßt sich ein vertraglicher Anspruch auf Nachholung der gesetzlichen Form in aller Regel nur darlegen, wenn er – was in der Praxis nur selten der Fall ist – ausdrücklich und konkret vereinbart wurde.

Die einzige für die Aufrechterhaltung formloser Verträge geeignete Hilfskonstruktion ist Treu und Glauben (§ 242 BGB). Entgegen weit verbreiteter Ansicht stellt § 242 BGB dabei aber keine "immanente Begrenzung" der

Nichtigkeitsfolgen dar: Strenges formales Recht zeichnet sich gerade dadurch aus, daß es auch noch gelten will und soll, wenn die Billigkeit in die andere Richtung drängt. Der Rechtsanwender darf mit seiner eigenen Wertewelt nicht die des Gesetzgebers ersetzen. Im übrigen bliebe von dem Formverständnis, wonach Rechtsgeschäft und Form in einer bestimmten Weise wirkungsbildend zusammengehören, nichts mehr übrig, wenn sich die Form stets durch § 242 BGB ersetzen ließe.

Große Bedeutung für die Aufrechterhaltung formloser Mietverträge kann hingegen die Einrede unzulässiger Rechtsausübung haben. Damit die Form nicht zur bloßen Formalie wird, ist bei ihrer Anwendung aber Zurückhaltung geboten. Dabei sollten folgende Grundsätze beachtet werden: Obwohl dadurch das Mietverhältnis "zerrissen" wird, kann dem Erwerber, der am (formunwirksamen) Vertragsschluß nicht mit gewirkt hat, unzulässige Rechtsausübung regelmäßig nicht bzw. ungleich schwerer als der vertragsschließenden Partei vorgeworfen werden. Können die Nachteile, die der von der Formnichtigkeit Betroffene erleidet, im Rahmen einer wirtschaftlichen Gesamtbilanz durch Bereicherungs- und/oder Schadensersatzansprüche gegen den Vertragspartner aufgewogen werden, besteht im Zweifel kein Anlaß mehr für die Aufrechterhaltung des formnichtigen Geschäfts. Da Formzwecke bloßes Motiv und nicht Tatbestandsmerkmale der Formvorschrift sind, ist kein Raum für die Argumentation, die Berufung auf Formmängel sei treuwidrig, weil der bezweckte Schutz auch anderweitig erreicht bzw. sichergestellt sei. Wegen der Eigenverantwortlichkeit einer jeden Partei, die auch die formale Seite des Rechtsgeschäfts umfaßt, muß ein Vertrauens-, Fürsorge- oder Betreuungsverhältnis ganz besonderer Art sein, damit es die Einrede der unzulässigen Rechtsausübung begründen kann; eine ausreichende rechtliche Verbundenheit ist im Mietrecht regelmäßig nur bei Mietverträgen zwischen Wohnungsbaugenossenschaften und deren Mitgliedern sowie zwischen Verwandten denkbar, wobei stets weitere Voraussetzung bleibt, daß eine Partei von der vorzeitigen Beendigung des Mietverhältnisses hart und unzumutbar getroffen wird.

Die Geltung des § 566 BGB in den Beitrittsländern ist ein Sonderproblem, das mit den Überleitungsvorschriften in Art. 232 § 2 EGBGB nur ansatzweise gelöst wurde. Es würde vor allem der Zielsetzung des Einigungsvertrags (möglichst konfliktfreie Überleitung zu DDR-Zeiten begründeter Schuldverhältnisse auf den neuen Rechtszustand) widersprechen, wollte man § 566 BGB auf Altverträge (nach ZGB geschlossene Haupt-/Ursprungsverträge) ebenfalls anwenden; stattdessen genügt zum Zwecke der Rechtsharmonisierung ein Anspruch des Vermieters auf schriftliche Fixierung des mündlichen Vertrags. Soweit formlose, nach neuem Recht abgeschlossene Nachträge den zu DDR-Zeiten begründeten Altbestand des Vertrags gefährden, ist ausnahmsweise § 139 BGB in der Weise anzuwenden, daß lediglich die Bestimmungen im Nachtrag formnichtig sind und die ursprünglichen Vereinbarungen unverändert wirksam bleiben. Das vermeidet grob unbillige Ergebnisse und genügt der Zielrichtung der Überleitungsvorschriften.

Selbst bei Beachtung aller dieser Grundsätze wird § 566 BGB ein Fremdkörper und Quelle von Rechtsunsicherheiten bleiben. Die bisher ungehört gebliebenen Rufe nach Abschaffung dieser Formvorschrift sollten deshalb nicht in Vergessenheit geraten.

Anhang 1

DEUTSCHER EINHEITSMIETVERTRAG
1934

Zwischen dem _____ in _____ als Vermieter
(Beruf, Vor- und Zuname)
und dem _____ sowie seiner Ehefrau _____
geborene _____ beide zur Zeit in _____ wohnhaft, als
Mieter, wird folgender Mietvertrag geschlossen:

§ 1. Miträume

1. Zur Benutzung als _____ werden vermietet folgende im Hause _____ Treppen _____ belegene Räume:
   (Ort, Straße und Nr.) (Vorder-, Hinterhaus)
   __ Zimmer, __ Kammer, __ Küche, __ Korridor, __ Bad, __ Mädchenstube
   __ Laden _____, __ Kellerraum __ Nr. __, __ Bodenraum Nr. __,
   Fabrikraum, __ Werkstatt, __ Garage, __ Stallung, _____
2. Der Mieter ist berechtigt, Waschküche und Trockenboden gemäß der Hausordnung mitzubenutzen.
3. Dem Mieter werden vom Vermieter für die Mietzeit ausgehändigt:__Haus-, ___ Korridor-, ___ Zimmer-, ___ Boden-, ___ Kellerschlüssel.

§ 2. Mietzeit

1. Der Abschluß des Mietvertrages erfolgt auf __ Jahre. Das Mietverhältnis beginnt mit dem _____ und endet am _____. Wird es nicht spätestens _____ Monate vor Ablauf der Mietzeit gekündigt, so verlängert es sich jedesmal um ein Jahr.

(Nur für Wohnungs- mietverträge von un- bestimmter Dauer)	2. Das Mietverhältnis beginnt mit dem _____ Es läuft auf unbestimmte Zeit und kann von jedem Teil mit dreimonatiger Frist zum Ende eines jeden Monats, spätestens am 3. Werktage des ersten Monats dieser Frist, gekündigt werden.

3. Die Kündigung muß schriftlich erfolgen. Für die Rechtzeitigkeit der Kündigung kommt es nicht auf die Absendung, sondern auf die Ankunft des Kündigungsschreibens an.

§ 4. Zahlung des Mietzinses

1. Der Mietzins ist - monatlich - vierteljährlich - jährlich -im voraus, spätestens am dritten Werktage des - Monats - Vierteljahres - Jahres- an den Vermieter oder an die von ihm zur Entgegennahme ermächtigte Person oder Stelle zu zahlen.

2. Die Nebenabgaben sind zusammen mit dem Mietzins zu zahlen, jedoch sind folgende Nebenabgaben innerhalb von _____ nach besonderer Aufforderung zu zahlen:

_____

3. Für die Rechtzeitig der Zahlung kommt es nicht auf die Absendung, sondern auf die Ankunft des Geldes an.

§ 5. Vom Vermieter zugesagte Arbeiten in den Mieträumen

1. Der Vermieter verpflichtet sich - vor dem Einzug des Mieters oder, wenn dies nicht möglich ist, - bis spätestens zum _____ folgende Arbeiten in den Mieträumen vornehmen zu lassen:

_____

§ 6. Aufrechnung mit Gegenforderungen, Minderung des Mietzinses, Zahlungsrückstand

1. Der Mieter kann gegenüber dem Mietzins mit einer Gegenforderung nur aufrechnen oder ein Minderungs- oder Zurückbehaltungsrecht nur ausüben, wenn er dies mindestens einen Monat vor der Fälligkeit des Mietzinses dem Vermieter angekündigt hat.
2. Ist der Mieter trotz Zahlungsaufforderung mit mehr als der Hälfte des fälligen Betrages länger als 10 Tage im Rückstande, so kann der Vermieter das Mietverhältnis fristlos kündigen. Er kann nicht mehr kündigen, wenn der Mieter noch vor der Kündigung zahlt. Die Kündigung ist unwirksam, wenn der Mieter aufrechnen, zurückbehalten oder mindern kann und alsbald nach der Kündigung eine entsprechende schriftliche Erklärung abgibt.

§ 7. Benutzung der Mieträume, Untervermietung

1. Vermieter und Mieter versprechen, im Haus sowohl untereinander wie mit den übrigen Mietern im Sinne einer vertrauensvollen Hausgemeinschaft zusammen zu leben und zu diesem Zwecke jede gegenseitige Rücksichtnahme zu üben. Die Hausordnung ist Bestandteil des Mietvertrages.
2. Der Mieter verpflichtet sich, die Mieträume und die gemeinschaftlichen Einrichtungen schonend und pfleglich zu behandeln.
3. Der Mieter darf die Mieträume nur zu den vertraglich bestimmten Zwecken benutzen. Will er sie zu anderen Zwecken benutzen, so bedarf es der schriftlichen Zustimmung des Vermieters.
4. Der Mieter darf die Mieträume nur mit Zustimmung des Vermieters untervermieten. Eine im einzelnen Fall erteilte Zustimmung kann der Vermieter das Hauptmietverhältnis ohne Einhaltung einer Kündigungsfrist kündigen. Diese Rechte kann er nur unverzüglich geltend machen, nachdem er die gegen den Untermieter sprechenden Gründe erfahren hat oder nachdem die Frist zur Kündigung des Untermietverhältnisses fruchtlos verstrichen ist.

§ 8 Ausbesserungen und bauliche Veränderungen

1. Der Vermieter darf Ausbesserungen und bauliche Veränderungen, die zur Erhaltung des Hauses oder der Mieträume oder zur Abwendung drohender Gefahren oder zur Beseitigung von Schäden notwendig werden, auch ohne Zustimmung des Mieters vornehmen.
2. Ausbesserungen und bauliche Veränderungen, die zwar nicht notwendig, aber doch zweckmäßig sind, dürfen ohne Zustimmung desMieters vorgenommen werden, wenn sie den Mieter nur unwesentlich beeinträchtigen.
3. Soweit die Mieter die Arbeiten dulden muß, kann er weder den Mietzins mindern noch ein Zurückbehaltungsrecht ausüben noch Schadenersatz verlangen. Diese Rechte stehen ihm jedoch zu, wenn es sich um Arbeiten handelt, die den Gebrauch der Räume zu dem vereinbarten Zweck ganz oder teilweise ausschließen oder erheblich beeinträchtigen.

§ 9 Instandhaltung der Mieträume

1. Schäden an den Mieträumen hat der Mieter, sobald er sie bemerkt, dem Vermieter anzuzeigen.
2. Der Mieter haftet dem Vermieter für Schäden, die nach dem Einzug durch ihn, seine Familienmitglieder, Hausgehilfen, Untermieter sowie die von ihm beauftragten Handwerker, Lieferanten und dergleichen schuldhaft verursacht werden. Insbesondere haftet er für Schäden, die durch fahrlässiges Umgehen mit der Wasser-, Gas- oder elektrischen Licht- und Kraftleitung, mit der Klosett- und Heizungsanlage, durch Offenstehenlassen von Türen oder durch Versäumung einer vom Mieter übernommenen sonstigen Pflicht (Beleuchtung usw.) entstehen.
3. Dem Mieter obliegt der Beweis dafür, daß ein schuldhaftes Verhalten nicht vorgelegen hat.

§ 10. Pfandrecht des Vermieters an eingebrachten Sachen

Der Mieter erklärt, daß die beim Einzug in die Mieträume eingebrachten Sachen sein freies Eigentum und nicht gepfändet oder verpfändet sind, mit Ausnahme folgender Gegenstände: _____

§. 11. Betreten der Mieträume durch den Vermieter

1. Der Vermieter oder ein von ihm Beauftragter kann die Mieträume betreten, um die Notwendigkeit unaufschiebbarer Hausarbeiten festzustellen.
2. Will der Vermieter oder sein Beauftragter das Grundstück verkaufen, so darf er die Mieträume zusammen mit den Kauflustigen an Wochentagen von _____ bis _____ Uhr, an Sonn- und Feiertagen von _____ bis _____ Uhr betreten.
3. Ist das Mietverhältnis gekündigt, so darf er oder sein Beauftragter die Räume mit den Mietlustigen zu den gleichen Stunden betreten.
4. Der Mieter muß dafür sorgen, daß die Räumeauch in seinerAbwesenheit betreten werden können.

§ 12. Beendigung der Mietzeit

1. Die Miethräume sind bei Beendigung der Mietzeit besenrein und mit sämtlichen Schlüsseln zurückzugeben.
2. Einrichtungen, mit denen der Mieter die Räume versehen hat, kann er wegnehmen. Der Vermieter kann aber verlangen, daß die Sachen in den Räumen zurückgelassen, wenn der Vermieter so viel zahlt, wie zur Herstellung einer neuen Einrichtung erforderlich wäre, abzüglich eines angemessenen Betrages für die inzwischen erfolgte Abnutzung. Dem Vermieter steht das Recht auf die Einrichtung nicht zu, wenn der Mieter ein berechtigtes Interesse daran hat, sie mitzunehmen.

§ 13. Vorzeitige Beendigung der Mietzeit

Endet das Mietverhältnis durch fristlose Kündigung des Vermieters (vertragswidriger Gebrauch der Räume, Mietrückstand), so haftet der Mieter für den Schaden, den der Vermieter dadurch erleidet, daß die Räume nach dem Auszuge des Mieters eine Zeitlang leer stehen oder billiger vermietet werden müssen. Die Haftung dauert bis zum Ende der vereinbarten Mietzeit, jedoch höchstens für ein Jahr nach dem Auszug. Sie besteht nicht, wenn der Vermieter sich um einen Ersatzmieter nicht genügend bemüht hat.

§ 14. Ehegatten als Mieter

1. Ehegatten haften für alle Verpflichtungen aus dem Mietverhältnis als Gesamtschuldner.
2. Erklärungen, deren Wirkung beide Ehegatten berührt, sind wirksam, wenn sie von oder gegenüber einem von ihnen abgegeben werden.
3. Tatsachen, die für einen Ehegatten eine Verlängerung oder Verkürzung des Mietverhältnisses herbeiführen oder für ihn einenSchadensersatz- oder ähnlichen Anspruch oder eine Schadensersatzpflicht begründen, haben für den anderen Ehegatten die gleiche Wirkung.

§ 15. Änderungen und Ergänzungen des Mietvertrages

Nachträgliche Änderungen und Ergänzungen dieses Vertrages müssen schriftlich erfolgen.

§ 16. Sonstige Vereinbarungen

(Gartenbenutzung, Anbringung von Schildern usw.) _____
_____, den _____ 19____
                                    Ehemann: _____
                                    Ehefrau: _____
_____   geborene: _____
                                              als Mieter

(Es folgt eine sehr umfangreiche Hausordnung!)

Anhang 2

Wohnraummietvertrag

Zwischen
in
                                                              als Vermieter

und
in
                                                               als Mieter

wird folgender Mietvertrag geschlossen:

§ 1 Mieträume

1. Auf dem Grundstück _____

   werden zur Benutzung als Wohnung folgende Räume vermietet:
   _____ bestehend aus ___ Zimmern
   (Geschoß, links/rechts/Mitte)
   ___ Küche, ___ Flur, ___ Bad, ___ WC, ___ Kellerraum, ___ Bodenraum ___
2. Mitvermietet werden _____
3. Die Wohnfläche beträgt _____ m2.

4. Der Mieter ist berechtigt, folgende Einrichtungen und Anlagen nach Maßgabe der Benutzungsordnung mitzubenutzen (z.B. Waschküche, Trockenboden):
   _____
   _____

5. Dem Mieter werden für die Dauer der Mietzeit beim Einzug folgende Schlüssel ausgehändigt _____
   _____

§ 2 Mietzeit

1. Mietvertrag von unbestimmter Dauer
   Das Mietverhältnis beginnt am _____ und läuft auf unbestimmteZeit. Die Kündigungsfrist beträgt für beide Vertragsparteien 3 Monate, wenn das Mietverhältnis weniger als 5 Jahre gedauert hat, 6 Monate, wenn das Mietverhältnis mindestens 5 Jahre gedauert hat, 9 Monate, wenn das Mietverhältnis mindestens 8 Jahre gedauert hat, 12 Monate, wenn das Mietverhältnis mindestens 10 Jahre gedauert hat. Die Kündigung muß schriftlich bis zum 3. Werktag des ersten Monats der Kündigungsfrist erfolgen. Für die Rechtzeitigkeit der Kündigung kommt es nicht auf die Absendung, sondern auf den Zugang des Kündigungsschreibens an.

2. Mietvertrag von bestimmter Dauer
   Das Mietverhältnis beginnt am _____ und endet am _____
3. Setzt der Mieter den Gebrauch der Miträume nach Ablauf der Mietzeit fort, so gilt das Mietverhältnis nicht als verlängert. § 568 BGB findet keine Anwendung.

§ 3 Fristlose Kündigung

Das Recht zur Kündigung ohne Einhaltung einer Frist bei Vorliegen der gesetzlichen Voraussetzungen bleibt unberührt. Die Kündigung muß schriftlich erfolgen.

§ 4 Miete, Betriebskosten

1. Die Nettokaltmiete beträgt monatlich _____ DM
   zuzüglich einer Vorauszahlung für die Betriebskosten gemäß
   der Anlage 3 zu § 27 der Zweiten Berechnungsverordnung mit
   Ausnahme der Heiz- und Warmwasserkosten von monatlich _____ DM
   zuzüglich einer Vorauszahlung für die Heiz- und Warmwasserkosten von monatlich _____ DM
   zuzüglich Garagen-/Stellplatzmiete- von monatlich _____ DM

   Gesamtbetrag der Miete monatlich _____ DM

2. Zu den Betriebskosten gem. Ziffer 1 gehören folgende Kosten: Laufende öffentliche Lasten des Grundstücks (z.B. Grundsteuer), Wasserversorgung, Entwässerung, Heizung, Warmwasserversorgung, Fahrstuhl, Straßenreinigung und Müllabfuhr, Hausreinigung und Ungezieferbekämpfung, Gartenpflege, Beleuchtung, Schornsteinreinigung, Sach- und Haftpflichtversicherung, Hauswart, Gemeinschaftsantenne/Breitbandkabel, maschinelle Wascheinrichtung, sonstige Betriebskosten:

3. Der Vermieter rechnet über die Betriebskosten einmal jährlich ab. Soweit zulässig, ist der Vermieter bei einer Erhöhung oder Neuentstehung von Betriebskosten berechtigt, die monatliche Vorauszahlung der Kostenentwicklung anzupassen.
4. Der Mieter trägt von den Betriebskosten mit Ausnahme der Heiz- und Warmwasserkosten einen Anteil von _____ % oder - sofern der Anteil nicht festgelegt ist - einen Anteil nach dem Verhältnis der Wohn-/Nutzflächen des Hauses, bei Eigentumswohnungen nach dem Verhältnis der Miteigentumsanteile.
5. Die Heiz- und Warmwasserkosten werden nach der Heizkostenverordnung zu _____ % nach dem durch Verbrauchmeßgeräte erfaßten Verbrauch und zu _____ % nach dem Verhältnis der Wohn-/Nutzflächen des Hauses, bei Eigentumswohnungen nach dem Verhältnis der Miteigentumsanteile, verteilt. Bei einem Mieterwechsel ist der Vermieter berechtigt, den Verbrauch entsprechend der Gradtagstabelle abzurechnen. Erfolgt eine Zwischenablesung, sind die Kosten hierfür von dem ausziehenden Mieter zu tragen.

§ 5 Staffelmiete

Die in § 4 Ziff. 1 vereinbarte Nettokaltmiete erhöht sich jährlich,

ab _____ auf _____ DM, ab _____ auf _____ DM,
ab _____ auf _____ DM, ab _____ auf _____ DM,
ab _____ auf _____ DM, ab _____ auf _____ DM,
ab _____ auf _____ DM, ab _____ auf _____ DM,

Den Vertragsparteien ist bekannt, daß während der Geltung der Staffelmiete keine Mieterhöhung nach §§ 3,5 des Gesetzes zur Regelung derMiethöhe(MHG) möglich sind.

§ 6 Zahlung der Miete

1. Die Miete ist monatlich im voraus, spätestens am 3. Werktag eines Monats, an den Vermieter zu bezahlen, und zwar auf das
Konto-Nr.: _____ bei _____ BLZ _____
für die Rechtzeitigkeit der Bezahlung kommt es nicht auf die Absendung, sondern auf den Eingang des Geldes an.
2. Der Mieter ermächtigt den Vermieter, die Miete sowie die Nachzahlungen aus den Betriebs- und Heizkostenabrechnungen im Lastschrift-Einzugsverfahren von einem vom Mieter zu benennenden Konto abzubuchen. Der Mieter verpflichtet sich, dem Vermieter eine Einzugsermächtigung zu erteilen.

§ 7 Mietsicherheit

1. Der Mieter leistet bei Beginn des Mietverhältnisses eine Mietsicherheit in Höhe von _____ DM, höchstens jedoch in Höhe der dreifachenNettokaltmiete. Der Mieter kann die Mietsicherheit in drei gleichen monatlichen Teilbeträgen leisten. In diesem Fall ist der erste Teilbetrag bei Beginn des Mietverhältnisses fällig.
2. Der Vermieter legt die Mietsicherheit von seinem Vermögen getrennt bei einer öffentlichen Sparkasse oder bei einer Bank zu dem für Spareinlagen mit gesetzlicher Kündigungsfrist üblichen Zinssatz an. Die Zinsen stehen dem Mieter zu, sie erhöhen die Mietsicherheit.
3. Die Rückzahlung der Mietsicherheit erfolgt, sobald der Mieter die Mietsache geräumt hat und feststeht, daß dem Vermieter keinerlei Ansprüche gegen den Mieter mehr zustehen.

§ 8 Haftungsausschluß

Der Vermieter haftet nicht für Schäden, die dem Mieter an den ihm gehörenden Einrichtungsgegenständen durch Feuchtigkeitseinwirkungen entstehen, gleichgültig welcher Art, Herkunft, Dauer und welchen Umfangs die Feuchtigkeitseinwirkung ist, es sei denn, daß der Vermieter den Schaden vorsätzlich oder grob fahrlässig herbeigeführt hat.

§ 9 Benutzung der Mieträume

1. Der Mieter verpflichtet sich, die Mieträume und die gemeinschaftlichen Einrichtungen schonend und pfleglich zu behandeln und ordnungsgemäß zu reinigen.
2. Der Mieter darf die Mieträume nur zu dem vertraglich vereinbarten Zweck benutzen. Will er die Mieträume zu anderen Zwecken nutzen, so ist dazu die Zustimmung des Vermieters erforderlich.
3. Der Mieter ist berechtigt, in den Mieträumen Haushaltsmaschinen (z.B. Wasch- und Geschirrspülmaschinen) aufzustellen, wenn und soweit die Kapazität der vorhandenen Installation ausreicht und Belästigungen der Hausbewohner sowie Beeinträchtigungen der Mietsache und des Grundstücks nicht zu erwarten sind.

§ 10 Tierhaltung

Der Mieter bedarf der Zustimmung des Vermieters, wenn er in den Mieträumen ein Tier halten will, es sei denn, es handelt sich um Kleintiere (Wellensittich, Zierfisch). Der Vermieter darf die Zustimmung zur Tierhaltung nicht verweigern, wenn Belästigungen der Hausbewohner oder Beeinträchtigungen der Mietsache nicht zu erwarten sind.

§ 11 Instandhaltung und Instandsetzung der Mieträume

1. Der Mieter hat in den Mieträumen auftretende Schaden unverzüglich anzuzeigen, sobald er sie bemerkt.
2. Der Mieter haftet gegenüber dem Vermieter für Schaden, die durch ihn, seine Familienangehörigen oder von ihm beauftragte Handwerker schuldhaft verursacht werden.
3. Der Mieter trägt die Kosten für in den Mieträumen anfallendeKleinreparaturen. Die Kleinreparaturen umfassen des Beheben kleiner Schäden an den Installationsgegenständen für Elektrizität, Wasser und Gas, den Heiz- und Kocheinrichtungen, den Fenster- und Türverschlüssen sowie den Verschlußeinrichtungen der Fensterläden. Der Mieter trägt die Reparaturkosten bis zu 150,-- DM pro Einzelfall. Pro Mietjahr ist der Einwand für den Mieter auf 400,-- DM, höchstens jedoch auf 50 % der monatlich zu zahlenden Nettokaltmiete begrenzt.
4. Thermen sind einmal jährlich von einer Fachfirma zu warten. Der Mieter trägt die jährlich entstehenden Wartungskosten bis zu 150,-- DM.

§ 12 Schönheitsreparaturen

1. Der Mieter verpflichtet sich, während der Mietzeit die Schönheitsreparaturen innerhalb der Mieträume auszuführen. Dazu gehören folgendeArbeiten: Das Tapezieren, Anstreichen oder Kalken der Wände und Decken, das Streichen der Innentüren, Fenster und Außentüren von innen. Das Streichen der Heizkörper und Heizrohre sowie das Pflegen und Reinigen des Fußbodens (Teppichbodens).
2. Der Mieter ist verpflichtet, die Schönheitsreparaturen in Küchen, Bädern und Duschräumen alle drei Jahre, in Wohn- und Schlafräumen, Flure, Dielen und Toiletten alle

fünf Jahre, in sonstigen Räumen alle 7 Jahre fachgerecht auszuführen. Die maßgeblichen Fristen beginnen mit dem Anfang des Mietverhältnisses.
3. Endet das Mietverhältnis vor Ablauf des Fristenplans gemäß Ziff. 2 und gibt der Mieter die Wohnung nicht fachgerecht renoviert zurück, so ist der Mieter verpflichtet, aufgrund des eingeholten Kostenvoranschlags eines vom Vermieter ausgewählten Malerfachbetriebs zur Abgeltung der Renovierungspflicht folgende Zahlungen zu leisten: Liegen die Schönheitsreparaturen während der Mietzeit länger als 1 Jahr zurück, so zahlt der Mieter 20 % der Kosten des Kostenvoranschlags, liegen sie länger als 2 Jahre zurück 40 %, liegen sie länger als 3 Jahre zurück 60 %, liegen sie länger als 4 Jahre zurück 80 %. Der Mieter ist berechtigt, zur Vermeidung der anteiligen Zahlungsverpflichtung die fachgerechte Renovierung selbst vorzunehmen.

§ 13 Bauliche Veränderungen durch den Vermieter

1. Der Vermieter darf bauliche Veränderungen, die zur Erhaltung des Gebäudes oder der Mieträume oder zur Abwendung drohender Gefahren oder zur Beseitigung von Schaden erforderlich werden, auch ohne Zustimmung des Mieters vornehmen.
2. Maßnahmen zur Verbesserung der Mieträume oder des Gebäudes oder zur Einsparung von Heizenergie hat der Mieter zu dulden, es sei denn, daß deren Durchführung oder bauliche Auswirkung oder die zu erwartende Mieterhöhung für den Mieter oder seine Familie eine Härte bedeuten würde,die auch unter Würdigung der berechtigten Interessen des Vermieters und anderer Mieter in dem Gebäude nicht zu rechtfertigen ist. Der Vermieter hat dem Mieter zwei Monate vor dem Beginn der Maßnahmen deren Art, Umfang, Beginn und voraussichtliche Dauer sowie die zu erwartende Erhöhung des Mietzinses schriftlich mitzuteilen.
3. Soweit der Mieter die Arbeiten dulden muß, kann er nur dann die Miete mindern, ein Zurückbehaltungsrecht ausüben oder Schadenersatz verlangen, wenn es sich um Arbeiten handelt, die den Gebrauch der Mieträume zu dem vereinbarten Zweck ganz oder teilweise ausschließen oder erheblich beeinträchtigen.

§ 14 Bauliche Veränderung durch den Mieter

1. Bauliche Veränderungen durch den Mieter, insbesondere Um- und Einbauten, dürfen nur mit schriftlicher Zustimmung des Vermieters vorgenommen werden. Eine etwa erforderliche Baugenehmigung hat der Mieter auf seine Kosten einzuholen. Alle durch die baulichen Veränderungen entstehenden Kosten hat der Mieter zu tragen.
2. Der Mieter haftet für alle Schäden, die im Zusammenhang mit den von ihm vorgenommenen baulichen Veränderungen stehen. Das gilt auch dann, wenn der Vermieter seine Zustimmung zu den Arbeiten erteilt hat.

§ 15 Untervermietung

1. Der Mieter darf die Mieträume oder Teile hiervon nur mit Zustimmung des Vermieters untervermieten. Das Recht des Mieters, bei berechtigtem Interesse an der Untervermie-

tung die Erlaubnis des Vermieters hierzu zu verlangen, bleibt unberührt (§ 549 Abs. 2 BGB).
2. Hat der Vermieter einer Untervermietung oder sonstigen Gebrauchsüberlassung der Mieträume an Dritte zugestimmt, bleibt der Mieter als Gesamtschuldner mit dem Dritten für die Erfüllung der Verpflichtungen aus dem Mietvertrag haftbar.

§ 16 Betreten der Mieträume durch den Vermieter

1. Dem Vermieter oder einem von ihm Beauftragten ist es gestattet, in angemessenen zeitlichen Abständen die Mieträume zu betreten, um festzustellen, ob sich die Mieträume in einem vertragsgemäßen Zustand befinden. Auf eine persönliche Verhinderung des Mieters ist Rücksicht zu nehmen.
2. Bei Beendigung des Mietverhältnisses oder bei Verkauf des Grundstücks ist es dem Vermieter oder einem von ihm Beauftragten gestattet, die Mieträume zusammen mit Mietinteressenten bzw. Kaufinteressenten an Wochentagen in der Zeit von 10.00 Uhr bis 12.00 Uhr und 15.00 bis 17.00 Uhr nach rechtzeitiger Ankündigung zu betreten.
3. Der Mieter verpflichtet sich, Vorkehrungen dafür zu treffen, daß dieMieträume auch in seiner Abwesenheit betreten werden können.

§ 17 Beendigung des Mietverhältnisses

1. Bei Beendigung des Mietverhältnisses hat der Mieter die Mieträume in einem bezugsfertigen Zustand zu übergeben und sämtliche Schlüsselzurückzugeben.
2. Der Mieter kann die von ihm in den Mieträumen geschaffenen Einrichtungen wegnehmen. Der Vermieter kann aber verlangen, daß diese Einrichtungen in den Mieträumen verbleiben. In diesem Fall hat der Vermieter an den Mieter einen Geldbetrag zu leisten, der für die Neuanschaffung der jeweiligen Einrichtungen erforderlich wäre, abzüglich eines angemessenen Betrages für die bereits eingetretene Abnutzung der Einrichtungen.
3. Verlangt der Vermieter die Wiederherstellung des früheren Zustandes, so hat der Mieter die erforderlichen Arbeiten auf seine Kosten auszuführen.
4. Bei Rückgabe der Mieträume an den Vermieter ist ein Protokoll aufzunehmen, in dem der Zustand der Mieträume aufgrund einer gemeinsamen Besichtigung durch die Vertragsparteien festgestellt wird.

§ 18 Personenmehrheit als Mieter

1. Sind mehrere Personen Mieter (z.B. Ehegatten), so haften sie für alle Verpflichtungen aus dem Mietverhältnis als Gesamtschuldner.
2. Erklärungen müssen von oder gegenüber allen Mietern abgegeben werden. Die Mieter bevollmächtigen sich jedoch gegenseitig zur Entgegennahme von Erklärungen des Vermieters. Diese Bevollmächtigung gilt nicht für die Entgegennahme von Mieterhöhungserklärungen und Kündigungserklärungen des Vermieters sowie für eine Änderung und Aufhebung dieses Vertrags.

§ 19 Zusätzliche Vereinbarungen

(zum Beispiel Wegereinigung und Streupflicht, Gartennutzung und -pflege)

_____
_____
_____
_____
_____

(Falls erforderlich, zusätzliches Blatt verwenden)

_____	_____
Ort, Datum	Ort, Datum
_____	_____
Unterschrift des Vermieters	Unterschrift des Mieters

Anhang 3

MIETVERTRAG
Gewerbepark

zwischen

und

- nachstehend "Mieter" genannt -

§ *1*
Mietgegenstand

1.1 Vermieter ist Eigentümer des Grundstücks

1.2 Vermieter errichtet auf diesem Grundbesitz ein Gebäude A 1 als Teil eines einen Gewerbeparks nach Maßgabe der Pläne Anlage 2 bis Anlage   und der Baubeschreibung Anlage   .
1.3 Vermieter vermietet an Mieter im vorstehend beschriebenen Gebäude folgende Flächen:
1.3.1 Lagerhalle einschließlich Zufahrt
im Plan Anlage   rot eingerahmt
als Lagerfläche zum Zwecke des Betriebs eines
1.3.2 im OG
im Plan Anlage   rot eingerahmt
zum Zwecke des Betriebs eines Büros
1.3.3 auf dem Parkdeck insgesamt Pkw-Stellplätze
im Plan Anlage   mit den Nummern gekennzeichnet
1.3.4 Freifläche
im Plan Anlage   rot eingerahmt
zur Nutzung als Pkw-Stellplatz
einschließlich anteilig angemieteter Allgemeinflächen zusammen mit einer Bruttogeschoßfläche von ca.   m2.
1.4 Die Lagerung gefährlicher, insbesondere explosiver oder leicht entzündlicher Stoffe und Produkte ist nicht zulässig. Unzulässig sind auch Tätigkeiten des Mieters, mit deren Ausübung gegen öffentlich-rechtliche Vorschriften oder behördliche Bestimmungen verstoßen wird oder die zu einer Erhöhung des Versicherungsrisikos für den Vermieter führen.
Vermieter übernimmt keine Haftung dafür, daß Genehmigungen für den Betrieb des Mieters erteilt werden bzw. erteilte Genehmigungen fortbestehen. Das gilt insbesondere für Konzessionen. Der Mieter hat auf seine Kosten sämtliche Voraussetzungen für den Betrieb seines Gewerbes zu schaffen und aufrecht zu erhalten, insbesondere Auflagen der Gewerbeaufsicht, der Berufsgenossenschaft und der Versicherungen auf eigene Kosten zu erfüllen. Die Baugenehmigung ist auf Büro und Lagernutzung begrenzt.

1.5.1 Eine Änderung der sich aus 1.3 ergebenden Nutzungszwecke ist nur mit schriftlicher Zustimmung des Vermieters zulässig.
1.5.2 Etwaige Zustimmungserklärungen des Vermieters werden stets, auch wenn dies in der Zustimmungserklärung nicht ausdrücklich gesagt ist, vorbehaltlich einer etwa erforderlicher behördlicher Genehmigungen zur Nutzungsänderung erteilt, deren Beschaffung und Aufrechterhaltung dem Mieter auf seine Kosten obliegt.
1.5.3 Vor Durchführung der genehmigten Nutzungsänderung hat der Mieter dem Vermieter nachzuweisen, entweder daß die hierfür erforderlichen behördlichen Genehmigung rechtsbeständig erteilt sind, oder daß behördliche Genehmigungen nicht erforderlich sind.
1.6 Aus Auflagen der Bauaufsichtsbehörde können sich noch Änderungen der Pläne und der Baubeschreibung ergeben. Mieter ist verpflichtet, diesen zuzustimmen, sofern sich die Änderungen im Rahmen des beabsichtigten Nutzungszweckes und einer gleichwertigen Ausstattung halten und sofern sich die Mietfläche gem. 1.3.1 und 1.3.2 hierdurch nicht um mehr als +/- 3 % verändert.
1.7.1 Die Berücksichtigung von Änderungswünschen desMieters, die innerhalb von Monaten nach Abschluß dieses Vertrages geäußert werden, ist möglich, sofern und soweit sich die Fertigstellung des Gesamtbauvorhabens dadurch nicht verzögert. Änderungsvereinbarungen sind schriftlich zu treffen.
1.7.2 Etwa erforderliche behördliche Genehmigungen für Änderungswünsche gem. 1.5.1 holt der Vermieter ein, ohne damit für deren Genehmigungsfähigkeit Gewähr zu leisten.
1.7.3 Der Mieter ist verpflichtet, alle mit den Änderungen verbundenen Kosten und Folgekosten, einschl. der Genehmigungskosten, zu tragen. Dies gilt auch dann, wenn dies in der Änderungsvereinbarung nicht noch einmal ausdrücklich gesagt ist.
Aus einer Verzögerung der Fertigstellung der Mieträume aufgrund von Mieterwünschen kann der Mieter keine Ansprüche herleiten.
1.7.4 Unabhängig von einer etwaigen Verzögerung der Fertigstellung der Mieträume durch Änderungswünsche des Mieters beginnt das Mietverhältnis mit der Folge der Verpflichtung der Mietzahlung bereits zu dem Zeitpunkt, zu dem es ohne die Änderungswünsche des Mieters begonnen haben würde.
1.8 Vermieter haftet dafür, daß das Bauvorhaben entsprechend der Baubeschreibung und den Plänen erstellt wird. Baubeschreibung und Pläne sind jedoch nicht als zugesicherte Eigenschaften des Mietgegenstandes zu verstehen, sondern dienen nur der Beschreibung des Inhalts der Verpflichtung des Vermieters zu Herstellung des Mietgegenstandes.
Bei Widersprüchen zwischen Baubeschreibung und den Plänen gilt die Baubeschreibung. Objekt- und Inventarzeichnungen in den Bauplänen sind nicht Vertragsbestandteil und Mietgegenstand. Insoweit ist allein die Baubeschreibung maß geblich.

§ 2
Mietbeginn und Mietdauer

2.1 Das Mietverhältnis beginnt am Tag der Übergabe der Mieträume. Das Mietverhältnis beginnt an dem dem Mieter gem. 2.2.3 mitgeteilten Tag auch ohne Übergabe
2.1.1 im Fall des 1.7.4 und des Annahmeverzuges des Mieters sowie
2.1.2 im Fall, daß die Sicherheit gem. § 5 noch nicht geleistet ist; die Übergabe erfolgt insoweit Zug um Zug gegen die Sicherheitsleistung.
2.2.1 Die Übergabe erfolgt voraussichtlich im   1992.
2.2.2 Vermieter wird die voraussichtliche Woche der Übergabe zwei Monate vorher mitteilen.
2.2.3 Vermieter wird den genauen Tag der Übergabe 14 Tage vorher mitteilen.
2.2.4 Die sich aus 2.2.1 und 2.2.2 ergebenden Termine können sich insbesondere infolge von Schlechtwettertagen, Streiks, höherer Gewalt oder sonstigen vom Vermieter nicht zu vertretenden Umständen verzögern. Im Fall der Nichteinhaltung dieser Termine hat der Mieter nur dann Anspruch auf Erstattung eines Verzugsschadens, wenn der Verzugseintritt vom Vermieter infolge Vorsatz oder grober Fahrlässigkeit zu vertreten ist.
2.2.5 Der Termin gem. 2.2.3 ist verbindlich. Er kann sich nur noch infolge Streiks, höherer Gewalt oder aus vom Vermieter nicht zu vertretenden Gründen verschieben.
2.2.6 Wird der sich aus 2.2.1 ergebende Termin um mehr als ... Monate überschritten, kann der Mieter vom Vertrag zurücktreten. Weitergehende Ansprüche sind im Falle des Rücktritts ausgeschlossen.
2.3 Bei Übergabe vorhandene geringfügige Mängel, die den Betriebsablauf des Mieters nicht beeinträchtigen und auch ohne Beeinträchtigung des Betriebsablaufs des Mieters behoben werden können, verzögern die Übergabenicht. Sie sind jedoch dann unverzüglich zu beheben. Der Mieter wird Mängelbeseitigungsarbeiten auch während seiner Geschäftszeiten dulden.
2.4 Das Mietverhältnis endet zehn Jahre nach Mietbeginn.
2.5 Das Mietverhältnis verlängert sich jeweils um ein Jahr, falls es nicht spätestens zwölf Monate vor Ablauf der Mietzeit gekündigt wird.
2.6 Für die Einhaltung aller Fristen ist der Eingang der jeweiligen Erklärung beim Erklärungsempfänger maßgebend.

§ 3
Mietzins

3.1 Der Mietzins beträgt für die Flächen gem.1.3 und 1.4 zusammen monatlich pauschal DM
zuzüglich Mehrwertsteuer in jeweils gesetzlicher Höhe.
3.2 Abweichungen von den Flächenangaben dieses Vertrages bis zu +/- 3 % führen nicht zu einer Änderung des Mietzinses.
3.3 Der Mietzins ändert sich am 01.01. eines Jahres automatisch, d.h. ohne daß es hierfür einer besonderen Mitteilung oder Aufforderung bedarf, erstmalig am 01.01.   , jeweils entsprechend der Veränderung des Lebenshaltungskostenindex für die

Bundesrepublik Deutschland (4- Personen-Arbeitnehmerhaushalt mit mittlerem Einkommen, 1980 = 100), herausgegeben vom Statistischen Bundesamt, von Beginn bis Ende des vorangegangenen Kalenderjahres.

3.4 Die vorstehende Wertsicherungsklausel bedarf der Zustimmung der zuständigen Landeszentralbank. Diese wird vom Vermieter eingeholt. Für den Fall, daß diese Zustimmung versagt werden sollte, vereinbaren die Parteien vorsorglich folgende Klausel:
Die Parteien sind berechtigt, jeweils zum 01.01. eines Jahres, erstmalig zum 01.01. ..., eine Anpassung des Mietzinses zu verlangen. Bei der Anpassung ist insbesondere die Veränderung des Lebenshaltungskostenindex für die Bundesrepublik Deutschland (4-Personen-Arbeitnehmerhaushalt mit mittlerem Einkommen, 1980 = 100), herausgegeben vom Statistischen Bundesamt, für den vorangegangenen Monat Dezember gegenüber dem Stand bei Beginn des Mietverhältnisses bzw. gegenüber dem Stand bei der letzten Mietveränderung zu berücksichtigen. Einigen sich die Parteien nicht innerhalb von 6 Wochen nach Zugang des Verlangens der einen Partei bei der anderen, so entscheidet auf Antrag einer Partei ein von der zuständigen Industrie- und Handelskammer zu benennendes international auf dem Immobilienmarkt tätiges und erfahrenes Unternehmen als Schiedsgutachter darüber, ob und in welcher Höhe eine Änderung der Miete insbesondere unter Berücksichtigung der Index-Veränderung gem. vorstehendem Absatz eintreten soll. Beide Parteien teilen dem Schiedsgutachter zu Beginn des Schiedsgutachterverfahrens mit, welches nach Ihrer Auffassung die geänderte Miete ist. Die Kosten des Schiedsgutachterverfahrens hat die unterlegene Partei zu tragen. Wenn jede Partei teils obsiegt, teils unterliegt, so werden die Kosten verhältnismäßig geteilt. Der von den Parteien oder vom Schiedsgutachter festgelegte neue Mietzins gilt jeweils vom 01.01. des Jahres, zu dem die Anpassung verlangt wurde, gegebenenfalls also rückwirkend.
Der Mietzins gem. 3.1 bleibt jedoch die Mindestmiete.

3.5 Die Miete ist monatlich im voraus bis zum 3. Werktag eines jeden Monats an den Vermieter auf ein von ihm zu benennendes Konto zu entrichten.
Auf Wunsch des Vermieters ist der Mieter verpflichtet, eine Abbuchungsermächtigung zu erteilen.

§ 4
Nebenkosten

4.1 Sämtliche Betriebskosten und die Kosten der Hausverwaltung sowie die Kosten der Abrechnung gem. 4.3 tragen die Mieter. Betriebskosten sind alle in der Anlage 3 zu § 27 Abs. 1 der zweiten Berechnungsverordnung, Anlage zu diesem Vertrag, aufgeführten Kosten sowie die Kosten der Fassadenreinigung, des Betriebs der Garagentore, der Klima-, Be- und Entlüftungsanlagen, der Aufzugsreparaturen, der Portiers und des sonstigen für den Betrieb des Gebäudes benötigten Personals (einschl. der Kosten einer etwa durchzuführenden Gebäudebewachung), die Beleuchtungsmittel für Flächen, die der gemeinschaftlichen Nutzung dienen, die Kosten für die Neubepflanzung und Pflege der Garten- und Grünanlagen, sowie alle künftig etwa entstehenden Betriebskosten und alle auf Gesetz, Verordnung oder

Ortssatzung beruhenden Gebühren, Steuern und Abgaben, die etwa künftig neu für das Mietgrundstück eingeführ twerden. Bei Vorhandensein oder bei Einrichtung von Sammelschildanlagen, Wegweisern o.ä. ist der Mieter verpflichtet, diese zu benutzen und die Kosten von deren Installation, Er- und Unterhaltung zu tragen.

4.2 Alle Kosten i.S. von 4.1 werden, soweit sie nicht vom Mieter unmittelbar beglichen oder nach Verbrauch ermittelt werden, im Verhältnis der Mietfläche auf die Mieter umgelegt.
Welche Betriebskosten nach Verbrauch umgelegt werden, entscheidet, soweit nicht gesetzliche Regelungen bestehen, der Vermieter.

4.3 Die Abrechnung der Kosten gem. 4.1 erfolgt jährlich. Abrechnungszeitraum ist das Kalenderjahr.
Der Vermieter ist nach billigem Ermessen berechtigt, den Abrechnungszeitraum und Umlegungsmaßstab zu ändern.

4.4 Auf alle Kosten i.S. von 4.1 wird zunächst eine monatliche Vorauszahlung in Höhe von pauschal DM   zuzüglich Mehrwertsteuer erhoben, die fällig wird zusammen mit dem monatlichen Mietzins.
Etwa sich aus der jährlichen Abrechnung ergebende Forderungen werden fällig einen Monat nach Zustellung der Abrechnung.

4.5 Eine Anpassung der monatlichen Vorauszahlungen an geänderte Verhältnisse nimmt der Vermieter nach billigem Ermessen vor. Die geänderte Vorauszahlung ist in diesem Falle ab dem dem Zugang der Anpassungsmitteilung folgenden Monat zu leisten.

4.6 Endet das Mietverhältnis während der Abrechnungsperiode, wird die Abrechnung nicht zwischenzeitlich, sondern nur im Rahmen der allgemeinen Abrechnung erstellt.

4.7 Zu allen Kosten i.S. von 4.1 kommt die Mehrwertsteuer in jeweils gesetzlicher Höhe hinzu.

§ 5
Sicherheit

5.1 Der Mieter stellt spätestens innerhalb von einem Monat nach Abschluß dieses Vertrages eine Sicherheit für die Erfüllung aller Verpflichtungen aus diesem Vertrag durch selbstschuldnerische Bürgschaft einer deutschen Großbank oder eines deutschen öffentlich-rechtlichen Kreditinstituts gemäß Muster, Anlage   , in Höhe des 3-fachen der sich aus § 3 ergebenden Brutto-Monatsmietzinses zuzüglich des 3-fachen der sich aus § 4 ergebenden monatlichen Brutto-Vorauszahlung.

5.2 Im Falle von Änderungen des Mietzinses oder der monatlichen Vorauszahlung oder der Mehrwertsteuer ist die Sicherheit innerhalb eines Monats nach Inkrafttreten der Veränderung dieser anzupassen.

5.3 Sollte die Sicherheit während der Dauer des Mietverhältnisses vom Vermieter in Anspruch genommen werden, ist der Mieter verpflichtet, sie unverzüglich wieder aufzufüllen.

5.4 Die Bürgschaft ist zurückzugeben, wenn das Mietverhältnis beendet ist, alle Nebenkosten abgerechnet sind und dem Vermieter aus dem Mietverhältnis keine Ansprüche mehr zustehen.

§ 6
Kündigung aus wichtigem Grund/Rücktrittsrecht

6.0 Für die Kündigung des Mietverhältnisses aus wichtigem Grund gelten die gesetzlichen Bestimmungen. Vermieter kann das Mietverhältnis auch dann fristlos kündigen, wennüber das Vermögen des Mieters das Konkurs- oder Vergleichsverfahren eröffnet wird oder eine entsprechender Antrag gestellt ist oder die Eröffnung des Konkursverfahrens mangels Masse abgelehnt wird oder Zwangsvollstreckungsmaßnahmen betrieben und nicht innerhalb von 4 Wochen zurückgenommen bzw. aufgehoben werden.

§ 7
Bauliche Veränderungen durch den Mieter

7.1 Bauliche Veränderungen innerhalb des Mietgegenstandes und die Installation etwa für den Gewerbebetrieb des Mieters erforderlicher Zusatzeinrichtungen bedürfen der schriftlichen Zustimmung des Vermieters. Ihre Kosten gehen zu Lasten des Mieters. 1.7.2 und 1.7.3 gelten entsprechend.
Ferner darf die Gestaltung der Fenster (z.B. andersfarbige Lamellenvorhänge, Schriftzüge auf Fensterscheiben, Abdecken der Scheiben von innen o.ä.) nur nach vorheriger schriftlicher Zustimmung des Vermieters geändert werden.

7.2 Bei Beendigung des Mietverhältnisses hat der Mieter den ursprünglichen Zustand wieder herzustellen, sofern Vermieter die - ihm vorher anzubietende - Übernahme etwa vom Mieter veranlaßter Veränderungen bzw. in dem Mietobjekt angebrachter Einrichtungen ablehnt. Ist der Vermieter mit der Übernahme einverstanden, vergütet er den Zeitwert. Kann eine Einigung über den Zeitwert nicht erzielt werden, ist dieser von dem Sachverständigen als Schiedsgutachter zu ermitteln, den die für das Objekt zuständige Industrie- und Handelskammer zu benennen hat.

7.3 Elektrogeräte dürfen nur in dem Umfang an das vorhandene Leitungsnetz angeschlossen werden, als die vorgesehene Belastung, über die sich der Mieter vorher zu informieren hat, nicht überschritten wird. Beim Anschluß und Betrieb der Elektrogeräte sind sämtliche einschlägigenVorschriften sowie die Instruktionen und Empfehlungen der Gerätehersteller zu beachten. Weitere Geräte dürfen nur mit schriftlicher Zustimmung des Vermieters angeschlossen werden. In diesem Falle hat der Mieter die Kosten für die er forderliche Änderung des Netzes zu tragen.

§ 8
Haftung für den Zustand des Mietobjekts

8.1 *Haftung des Vermieters:*
8.1.1 Der Mietgegenstand wird dem Mieter neu übergeben und vom Vermieter in funktionsfähigem Zustand erhalten, soweit die Instandhaltung und Instandsetzung nicht vom Mieter übernommen werden.
8.1.2 Für Beleuchtungsmittel im Bereich des Mietgegenstandes wird eine Gewährleistung nicht übernommen.

8.1.3 Minderung der Miete und Schadensersatzansprüche des Mieters wegen vom Vermieter nicht zu vertretender Immissionen oder Störungen der Zugänge des Gebäudes oderwegen Baumaßnahmen Dritter außerhalb des Gebäudes sind ausgeschlossen.
8.1.4 Schadensersatz- oder Minderungsansprüche wegen Mängeln des Mietgegenstandes bzw. wegen Störungen im Betrieb des Gebäudes und seiner technischen Einrichtungen hat der Mieter nur dann, wenn der Vermieter den Mangel bzw. die Störung vorsätzlich oder grob fahrlässig zu vertreten hat oder der Vermieter mit der Mängelbeseitigung vorsätzlich odergrob fahrlässig in Verzug gerät.
8.1.5 Die Haftungsbeschränkungen gem. 8.1.4 gelten nicht während der Dauer der Gewährleistungszeit des mit der Errichtung des Gebäudes beauftragten Generalunternehmers, soweit Mängel, Störungen oder Schäden vorliegen, für die der Generalunternehmer gewährleistungspflichtig ist. Die mit dem Generalunternehmer vereinbarte Gewährleistungsdauer beträgt für sämtliche Maschinen und Aufzüge , für Dichtigkeit des Daches , der Fassade und der unterirdischen Bauteile , für alle anderen Leistungen   Jahre ab Abnahme.
8.1.6 Dem Mieter ist bekannt, daß andere Gebäudeteile desGewerbeparks zu unterschiedlichen Zeitpunkten fertiggestellt werden bzw. nachträgliche Erweiterungen des Gewerbeparks beabsichtigt sind. Etwaige Beeinträchtigungen durch die Fertigstellung der übrigen oder nachträglich errichtet er weiterer Gebäudeteile und den Einzug anderer Mieter einschließlich damit etwa verbundener Umbauarbeiten während der Mietzeit berechtigen den Mieter nicht zu Schadensersatzansprüche mit Ausnahme von Ansprüchen aus unerlaubter Handlung. Minderungsansprüche stehen dem Mieter nur bei nicht nur vorübergehenden wesentlichen Beeinträchtigungen zu. Als solche gelten Beeinträchtigungen, wenn sie im Einzelfall länger als 4 Wochen andauern.
8.2 Haftung des Mieters:
8.2.1 Der Mietgegenstand, insbesondere auch Zufahrts- und Freiflächen, sind vom Mieter pfleglich zu behandeln, zu reinigen und von Ungeziefer freizuhalten.
8.2.2 Alle Schönheitsreparaturen innerhalb des ausschließlich vom Mieter genutzten Mietgegenstands führt der Mieter auf seine Kosten aus, desgleichen die Pflege, Wartung, Instandhaltung und Instandsetzung dieser Räume, Flächen und innerhalb des Mietgegenstands gelegener Anlagen, Einrichtungen und Installationen (einschl. der Zu- und Ableitungen zu den Ver- und Entsorgungsanlagen von/bis zu den Hauptsträngen, der Rolläden, der Fensterrahmen und der den Mietgegenstand abschließenden Türen).
8.2.3 In denjenigen Räumen des Mietgegenstandes, die gemeinschaftlichen Nutzung durch mehrere oder alle Mieter dienen (vgl. insbesondere 1.3.3), führt der Vermieter die in 8.2.2 bezeichneten Arbeiten aus und legt die Kosten nach Maßgabe von § 4 um.
8.2.4 Die Instandsetzungsverpflichtung gem. 8.2.2 und die entsprechende Kostenbeteiligungspflicht gem. 8.2.3 bestehen nicht während der Gewährleistungszeit des Generalunternehmers (vgl. 8.1.5 Satz 2), soweit das Instandsetzungsbedürfnis auf einem Mangel des Mietgegenstandes beruht, für den Generalunternehmer gewährleistungspflichtig ist.
8.2.5 Defekte Fensterscheiben an den ausschließlich der Nutzung des Mieters dienenden Räumen ersetzt der Vermieter auf Kosten des Mieters, es sei denn, der Defekt ist

vom Vermieter zu vertreten. Bezüglich der in 8.2.3 bezeichneten Teile des Mietgegenstandes gilt Satz 1 entsprechend.

8.2.6 Verstopfungen von Abflußleitungen hat derjenige Mieter zu beseitigen, der sie verursacht hat. Der Verursacher haftet auch für etwaige Folgeschäden. Läßt sich bei einer Verstopfung nicht feststellen, wer Verursacher ist, so läßt der Vermieter den Schaden beseitigen. Kosten und Folgeschäden tragen in diesem Falle alle Mieter anteilig, die an die betreffende Abflußleitung angeschlossen sind, mit Ausnahme derjenigen Mieter, die nachweisen können, daß sie die Verstopfung nicht verursacht haben können.

8.2.7 Bei Beendigung des Mietverhältnisses hat der Mieter die ausschließlich von ihm gemieteten Räume fachgerecht renoviert und instandgesetzt zu übergeben. Dazu gehören insbesondere: Neuverlegung des Fußbodenbelags in den Büroräumen, Neutapezierung der Wände, Neuanstrich der Klimatisierungsinstallationen, Heizkörper und Leitungen, Fenster- und Türrahmen wie der Türen, alles in Qualität wie dem Mieter bei Bezug übergeben.

Auf Wunsch des Vermieters wird der Mieter dem Vermieter den für die Ausführung der Arbeiten gem. Sätze 1 und 2 erforderlichen Geldbetrag erstatten.

8.2.8 Gibt der Mieter den Mietgegenstand zurück, ohne daß die in 8.2.7 bezeichneten Arbeiten vom Mieter ausgeführt sind und führt der Mieter die Arbeiten auch innerhalb einer ihm vom Vermieter gesetzten Nachfrist nicht aus, kann der Vermieter alle erforderlichen Arbeiten auf Kosten des Mieters ausführen; der Kostenerstattungsanspruch besteht auch dann, wenn die Arbeiten vom Nachmieter ausgeführt werden. Weiterhin hat der Vermieter in diesem Falle Anspruch auf Erstattung des etwaigen Schadens, insbesondere des Mietausfalls.

8.2.9 Vor Aufstellung von Einrichtungen und Geräten (Maschinen, Geldschränken etc.) hat sich der Mieter über die Zulässigkeit der Belastung der Geschoßdecken beim Vermieter zu erkundigen. Die zulässige Belastung darf nicht überschritten werden. Wird sie doch überschritten, haftet der Mieter für alle daraus entstehenden Schäden und Folgeschäden und ist verpflichtet, den Vermieter von etwa deswegen bestehenden Ansprüchen Dritter freizustellen.

8.2.10 Für jede Beschädigung innerhalb des Mietgegenstandes ist der Mieter verantwortlich, auch wenn die Beschädigung von seinen Angehörigen, Angestellten, Mitarbeitern, Untermietern, Besuchern, Lieferanten oder Handwerkern verursacht ist.

Etwaige Beschädigungen oder Verunreinigungen an Grundstück und Gebäude außerhalb des Mietgegenstandes, die von dem Mieter, seinen Angehörigen, Angestellten, Mitarbeitern, Untermietern, Besuchern, Lieferanten oder Handwerkern verursacht und zu vertreten sind, sind vom Mieter unaufgefordert unverzüglich zu beseitigen.

8.2.11 Der Mieter haftet insbesondere für Beschädigungen oder Verunreinigungen, die er, seine Angehörigen, Angestellten, Mitarbeiter, Untermieter, Besucher, Lieferanten oder Handwerker an Zufahrten und Eingangstoren schuldhaft verursachen. Schäden, die der Mieter nicht unverzüglich beseitigt, kann der Vermieter nach Fristsetzung auf Kosten des Mieters beheben lassen.

8.3 *Gemeinsames zu 8.1 und 8.2:*
Die Parteien sind verpflichtet, die ihnen obliegenden Instandhaltungs- und Instandsetzungsarbeiten in einer angemessenen Frist ausführen zu lassen. Kommt eine Partei einer ihr obliegenden Instandhaltungs- oder Instandsetzungspflicht trotz

Mahnung und Nachfristsetzung nicht fristgemäß nach, so ist die jeweils andere berechtigt, dringend notwendige Arbeiten auf Kosten der säumigen Partei ausführen zu lassen.
Bei Gefahr im Verzuge ist jede Partei verpflichtet, die Gefahr beseitigende Maßnahme zu veranlassen.

§ 9
Betreten der Mieträume und Mietflächen

9.0 Dem Vermieter bzw. dessen Beauftragten und Bevollmächtigten steht die Besichtigung des Mietobjekts zu angemessener Geschäftszeit des Mieters nach vorheriger Anmeldung frei. Für Gefahrenfälle ist dem Vermieter jederzeit Zutritt zu ermöglichen.

§ 10
Bauliche Veränderungen durch den Vermieter

10.1 Der Vermieter darf Ausbesserungen, Verbesserungen und bauliche Veränderungen, die zur Erhaltung oder Unterhaltung oder zum Ausbau des Gebäudes oder des Mietgegenstands oder zur Abwendung drohender Gefahren oder zur Beseitigung von Schäden notwendig oder zweckmäßig sind, auch ohne Zustimmung des Mieters vornehmen. Der Mieter hat die in Betracht kommenden Räume zugänglich zu halten und darf die Ausführung der Arbeiten nicht behindern oder verzögern.
10.2 Der Vermieter hat das Recht, jederzeit an und im Gebäude Modernisierungsmaßnahmen durchzuführen.
10.3 Wegen Maßnahmen gem. 10.1 und 10.2 stehen dem Mieter Ansprüche nur insofern und insoweit zu, als sie mit einer länger als zwei Wochen anhaltenden erheblichen Beeinträchtigung des Betriebes des Mieters verbunden sind.

§ 11
Gestaltung der Werbung, Namens- und Firmenschilder

11.1 Namens- und Firmenschilder werden einheitlich gestaltet und angebracht. Das Bestimmungsrecht liegt beim Vermieter, der, soweit eine einheitliche Gestaltung dies zuläßt, Wünsche der Mieter berücksichtigt.
Die Kosten von Namens- und Firmenschildern und deren Anbringung trägt der Mieter.
11.2 Soweit Werbeflächen vermietet sind, bedarf deren Gestaltung, die ebenfalls einheitlich vorgenommen werden soll, der vorherigen Zustimmung des Vermieters. Durch Werbeanlagen dürfen andere Mieter und Dritte weder gestört noch beeinträchtigt werden.
11.3 Auch für Werbeanlagen gilt 1.7.2 und 1.7.3 entsprechend.

§ 12
Untervermietung

12.1 Untervermietung ist nur mit vorheriger schriftlicher Zustimmung des Vermieters zulässig. Die Zustimmung kann aus wichtigem Grund widerrufen werden.

12.2 Verweigerung und Widerruf der Zustimmung berechtigen nicht zur Kündigung des Mietvertrages.

12.3 Bei unbefugter Untervermietung kann der Vermieter verlangen, daß der Mieter sobald wie möglich, spätestens jedoch innerhalb Monatsfrist, das Untermietverhältnis kündigt. Geschieht dies nicht, kann der Vermieter das Hauptmietverhältnis fristlos kündigen.

12.4 Vermieter ist berechtigt, seine Zustimmung zur Untervermietung von der Vereinbarung eines Untermietzuschlages von bis zu   % abhängig zu machen.

12.5 Im Falle einer Untervermietung haftet der Mieter für alle Handlungen oder Unterlassungen des Untermieters ohne Rücksicht auf eigenes Verschulden.

12.6 Im Falle der Untervermietung tritt der Mieter dem Vermieter schon jetzt die ihm gegenüber dem Untermieter zustehenden Forderungen mit Pfandrecht bis zur Höhe der Forderung des Vermieters sicherungshalber ab.

12.7 Als Untervermietung gilt auch jede sonstige nicht nur vorübergehende Gebrauchsüberlassung.

§ 13
Veräußerung

13.0 Im Falle einer Veräußerung ist § 571 Abs.2 BGB ausgeschlossen.

§ 14
Schlüssel

14.1 Mieter erhält bei Übergabe einen Satz Schlüssel und eine Codekarte pro Parkplatz gem. 1.3.3 wie im Übergabepro tokoll festgelegt. Die vom Mieter zusätzlich benötigten Schlüssel oder Codekarten werden ihm auf seine Kosten zur Verfügung gestellt. Seinen entsprechenden Bedarf wird der Mieter spätestens unverzüglich nach Empfang der Mitteilung gem. 2.2.2 dem Vermieter schriftlich mitteilen.

14.2 Alle Schlüssel und die Schließanlage einschließlich etwa vom Mieter gefertigter Nachschlüssel und alle Codekarten sind bei Beendigung des Mietverhältnisses zurückzugeben.

14.3 Geschieht dies trotz Mahnung und Nachfristsetzung nicht, ist der Vermieter berechtigt, die entsprechenden Schlösser auf Kosten des Mieters auszutauschen.

§ 15
Tod des Mieters

15.0 Der Mieter verzichtet für seine Erben auf das vorzeitige Kündigungsrecht aus § 569 BGB.

§ 16
Ablauf der Mietzeit

16.0 Bei Ablauf der Mietzeit findet § 568 BGB keine Anwendung.

§ 17
Mehrere Personen als Mieter

17.0 Mehrere Personen als Mieter ermächtigen sich gegenseitig zur Abgabe und Entgegennahme aller das Mietverhältnis betreffenden Erklärungen. Diese Vollmacht ist erteilt unter Befreiung von den Beschränkungen des § 181 BGB. Sie ist unwiderruflich.

§ 18
Kein Konkurrenzschutz

18.0 Der Vermieter gewährleistet innerhalb des Gewerbeparks keinen Konkurrenzschutz.

§ 19
Müllentsorgung

19.1 Vermieter stellt gemeinschaftliche Müllbehälter für Büro- und Haushaltsabfälle zur Verfügung. Die hierfür anfallenden Kosten sind Betriebskosten im Sinne des § 4.
19.2 Für die Entsorgung bei ihm anfallender gewerblicher Abfälle ist der Mieter auf eigene Kosten verantwortlich. Er hält den Mietgegenstand, insbesondere die Zufahrts- und Gemeinschaftsflächen, von gewerblichen Abfällen sauber. Abfallbehälter dürfen ausschließlich in derLagerhalle und nicht auf Freiflächen abgestellt werden.
Wird Vermieter öffentlich-rechtlich auf Entsorgung der Abfälle des Mieter in Anspruch genommen, so hat ihn der Mieter von sämtlichen Kosten dieser Inanspruchnahme freizustellen.

§ 20
Versicherungen

20.1 Vermieter unterhält eine Gebäudeversicherung. Die hierfür anfallenden Kosten (Abschlußgebühren, Prämienetc.) sind Betriebskosten im Sinne des § 4.
20.2 Einbauten des Mieters gem. 7.1 sind nicht Bestandteil der Gebäudeversicherung. Mieter ist jedoch berechtigt, einen den Einbauten angemessene Erhöhung der Gebäudeversicherung zu verlangen, sofern er dem Vermieter die dadurch entstehenden Mehrkosten ersetzt.

20.3 Die Versicherung von Beschädigungen eingebrachter Sachen des Mieters, die nicht Bestandteil der Gebäudeversicherung ist und für die der Vermieter nach diesem Vertrag nicht haftet, ist Sache des Mieters. Vermieter haftet nicht für Diebstahlschäden.

20.4 Mieter unterhält eine Betriebshaftpflichtversicherung, deren Deckungssumme für Personen, Sach- und sonstige Schäden mindestens DM   je Schadensfall beträgt. Auf Verlangen wird der Mieter den Vermieter jederzeit entsprechenden Versicherungsschutz nachweisen.

§ 21
Gerichtsstand

21.1 Ist der Mieter Vollkaufmann oder eine juristische Person des öffentlichen Rechts, gilt: Gerichtsstand Mainz.

21.2 Gehört der Mieter nicht zu dem in 21.1 bezeichneten Personenkreis, gilt: Als Gerichtsstand wird vereinbart für den Fall, daß Mieter in der Bundesrepublik keinen allgemeinen Gerichtsstand hat und für den Fall, daß die im Klageweg in Anspruch zu nehmende Partei nach Vertragsabschluß ihren Wohnsitz, Geschäftssitz oder gewöhnlichen Aufenthaltsort aus dem Geltungsbereich der ZPO verlegt oder der Wohnsitz, Geschäftssitz oder gewöhnliche Aufenthaltsort zum Zeitpunkt der Klageerhebung nicht bekannt ist. Vermieter kann nach seiner Wahl Klage auch am Sitz des Mieters erheben.

§ 22
Beschränkung der Aufrechnung

22.0 Der Mieter kann nur mit solchen Ansprüchen gegenüber dem Mietzins und den Nebenkosten aufrechnen, die entweder rechtskräftig festgestellt oder von Vermieter anerkannt sind.

§ 23
Verzug

23.0 Im Falle des Verzuges mit der Zahlung des Mietzinses und der Betriebskosten ist der Mieter zur Zahlung von Verzugszinsen in Höhe von 3 % über dem jeweiligen Bundesbankdiskontsatz verpflichtet. Der Vermieter ist berechtigt, auch einen etwaigen weitergehenden Schaden geltend zu machen. Dem Mieter ist der Nachweis, daß nur ein geringerer Schaden entstanden ist, nicht abgeschnitten.

§ 24
Schriftformklausel

24.1 Änderungen und Ergänzungen dieses Vertrages bedürfen der Schriftform. Auf die Schriftform kann nur schriftlich verzichtet werden. Das gleiche gilt für alle Erklärungen, für welche in diesem Vertrag Schriftform vorgesehen ist.

24.2 Das Schriftformerfordernis gilt insbesondere auch für die Vereinbarungen, die die Parteien über den Ausbau des Mietgegenstandes noch treffen müssen.
24.3 Den Parteien sind die besonderen gesetzlichen Schriftformerfordernisse der §§ 566 Satz 1, 126 BGB bekannt. Sie verpflichten sich gegenseitig, auf jederzeitiges Verlangen einer Partei alle Handlungen vorzunehmen und Erklärungen abzugeben, die erforderlich sind, um dem gesetzlichen Schriftformerfordernis, insbesondere im Zusammenhang mit dem Abschluß von Nachtrags- (Änderungs- und Ergänzungs-) verträgen, Genüge zu tun und bis zu diesem Zeitpunkt den Mietvertrag nicht unter Berufung auf die Nichteinhaltung der gesetzlichen Schriftform vorzeitig zu kündigen.

§ 25
Teilunwirksamkeit

25.0 Sollte ein Teil dieses Vertrages nichtig oder anfechtbar sein, so wird die Gültigkeit des Vertrages davon nicht berührt. Anstelle des rechtsunwirksamen Teils gilt sodann als vereinbart, was dem in gesetzlich zulässiger Weise am nächsten kommt, was die Vertragsschließenden vereinbart hätten, wenn sie die Unwirksamkeit gekannt hätten. Entsprechendes gilt für den Fall, daß dieser Vertrag eine Lücke haben sollte.

§ 26
Sonstiges

26.1 Verkehrssicherungs-/Reinigungspflicht:
Die Pflicht zur Reinigung des Mietgegenstands gem. 1.3 und zur Schnee- und Eisbeseitigung liegt beim Mieter. Der Mieter ist insoweit auch verkehrssicherungspflichtig.
26.2 Der Vermieter ist berechtigt, eine Hausordnung zu erlassen und deren Inhalt nach billigem Ermessen zu bestimmen.
26.3 Eine Nutzung des Parkdecks durch PKW, die mit Gas betrieben werden, ist nicht zulässig.
26.4 Soweit Lieferanten und Hersteller technischer Anlagen Bedienungs- und Pflegeanleitungen herausgeben, werden diese dem Mieter übergeben und sind, soweit Bedienung und Pflege ihm obliegen, von ihm zu beachten.

, den   , den

(Vermieter)   (Mieter)

Anhang 4.1

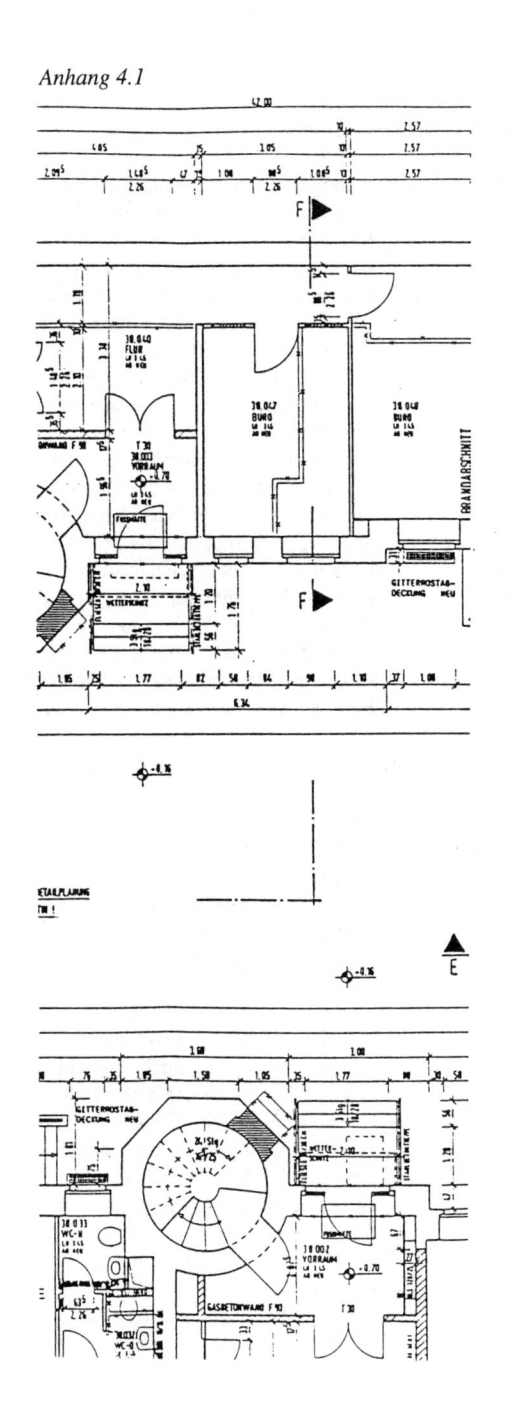

Anhang 4.1
Lageplan Mietobjekt

Anhang 4.2

Aufstellung der Betriebskosten

Betriebskosten sind nachstehende Kosten, die dem Eigentümer (Erbbauberechtigten) durch das Eigentum (Erbbaurecht) am Grundstück oder durch den bestimmungsmäßigen Gebrauch des Gebäudes oder der Wirtschaftseinheit, der Nebengebäude, Anlagen, Einrichtungen und des Grundstücks laufend entstehen, es sei denn, daß sie üblicherweise vom Mieter außerhalb der Miete unmittelbar getragen werden:

1. *Die laufenden öffentlichen Lasten des Grundstücks*

   Hierzu gehört namentlich die Grundsteuer, jedoch nicht die Hypothekengewinnabgabe.

2. *Die Kosten der Wasserversorgung*

   Hierzu gehören die Kosten des Wasserverbrauchs, die Grundgebühren und die Zählermiete, die Kosten der Verwendung von Zwischenzählern, die Kosten des Betriebs einer hauseigenen Wasserversorgungsanlage und einer Wasseraufbereitungsanlage einschließlich der Aufbereitungsstoffe.

3. *Die Kosten der Entwässerung*

   Hierzu gehören die Gebühren für die Haus- und Grundstücksentwässerung, die Kosten des Betriebs einer entsprechenden nicht öffentlichen Anlage und die Kosten des Betriebs einer Entwässerungspumpe.

4. *Die Kosten*

   a) des Betriebs der zentralen Heizungsanlage einschließlich der Abgasanlage;
   hierzu gehören die Kosten der verbrauchten Brennstoffe und ihrer Lieferung, die Kosten des Betriebsstroms, die Kosten der Bedienung, Überwachung und Pflege der Anlage, der regelmäßigen Prüfung ihrer Betriebsbereitschaft und Betriebssicherheit einschließlich der Einstellung durch einen Fachmann, der Reinigung der Anlage und des Betriebsraums, die Kosten der Messungen nach dem Bundes-Immissionsschutzgesetz, die Kosten der Anmietung oder anderer Arten der Gebrauchsüberlassung einer Ausstattung zur Verbrauchserfassung sowie die Kosten der Verwendung einer Ausstattung zur Verbrauchserfassung einschließlich der Kosten der Berechnung und Aufteilung;
   oder
   b) des Betriebs der zentralen Brennstoffversorgungsanlage;
   hierzu gehören die Kosten der verbrauchten Brennstoffe und ihrer Lieferung, die Kosten des Betriebsstroms und die Kosten der Überwachung sowie die Kosten der Reinigung der Anlage und des Betriebsraums;
   oder
   c) der eigenständig gewerblichen Lieferung von Wärme, auch aus Anlagen im Sinne des Buchstabens a;
   hierzu gehören das Entgelt für die Wärmelieferung und die Kosten des Betriebs der zugehörigen Hausanlagen entsprechend Buchstabe a;
   oder
   d) der Reinigung und Wartung von Etagenheizungen;
   hierzu gehören die Kosten der Beseitigung von Wasserablagerungen

und Verbrennungsrückständen in der Anlage, die Kosten der regelmäßigen Prüfung der Betriebsbereitschaft und Betriebssicherheit und der damit zusammenhängenden Einstellung durch einen Fachmann sowie die Kosten der Messungen nach dem Bundes-Immissionsschutzgesetz

5. *Die Kosten*

a) des Betriebs der zentralen Warmwasserversorgungsanlage;
hierzu gehören die Kosten der Wasserversorgung entsprechend Nummer 2, soweit sie nicht dort bereits berücksichtigt sind, und die Kosten der Wassererwärmung entsprechend Nummer 4 Buchstabe a;
oder

b) der eigenständig gewerblichen Lieferung von Warmwasser, auch aus Anlagen im Sinne des Buchstabens a;
hierzu gehören das Entgelt für die Lieferung des Warmwassers und die Kosten des Betriebs der zugehörigen Hausanlagen entsprechend Nummer 4 Buchstabe a;
oder

c) der Reinigung und Wartung von Warmwassergeräten;
hierzu gehören die Kosten der Beseitigung von Wasserablagerungen und Verbrennungsrückständen im Innern der Geräte sowie die Kosten der regelmäßigen Prüfung der Betriebsbereitschaft und Betriebssicherheit und der damit zusammenhängenden Einstellung durch einen Fachmann.

6. *Die Kosten verbundener Heizungs- und Warmwasserversorgungsanlagen*

a) bei zentralen Heizungsanlagen entsprechend Nummer 4 Buchstabe a und entsprechend Nummer 2, soweit sie nicht dort bereits berücksichtigt sind;
oder

b) bei der eigenständig gewerblichen Lieferung von Wärme entsprechend Nummer 4 Buchstabe c und entsprechend Nummer 2, soweit sie nicht dort bereits berücksichtigt sind;
oder

c) bei verbundenen Etagenheizungen und Warmwasserversorgungsanlagen entsprechend Nummer 4 Buchstabe d und Nummer 2, soweit sie nicht dort bereits berücksichtigt sind.

7. *Die Kosten des Betriebs des maschinellen Personen- oder Lastenaufzuges*

Hierzu gehören die Kosten des Betriebsstroms, die Kosten der Beaufsichtigung, der Bedienung, Überwachung und Pflege der Anlage, der regelmäßigen Prüfung ihrerBetriebsbereitschaft und Betriebssicherheit einschließlich der Einstellung durch einen Fachmanns sowie die Kosten der Reinigung der Anlage.

8. *Die Kosten der Straßenreinigung und Müllabfuhr*

Hierzu gehören die für die öffentliche Straßenreinigung und Müllabfuhr zu entrichtenden Gebühren oder die Kosten entsprechender nicht öffentlicher Maßnahmen.

9. *Die Kosten der Hausreinigung und Ungezieferbekämpfung*

Zu den Kosten der Hausreinigung gehören die Kosten für die Säuberung der von den Bewohnern gemeinsam benutzten Gebäudeteile, wie Zugänge, Flure, Treppen, Keller, Bodenräume, Waschküchen, Fahrkorb des Aufzuges.

10. *Die Kosten der Gartenpflege*

Hierzu gehören die Kosten der Pflege gärtnerisch angelegter Flächen einschließlich der Erneuerung von Pflanzen und Gehölzen, der Pflege von Spielplätzen einschließlich der Erneuerung von Sand und der Pflege von Plätzen, Zugängen und Zufahrten, die dem nicht öffentlichen Verkehr dienen.

11. *Die Kosten der Beleuchtung*

Hierzu gehören die Kosten des Stroms für die Außenbeleuchtung und die Beleuchtung der von den Bewohnern gemeinsam benutzten Gebäudeteile, wie Zugänge, Flure, Treppen, Keller, Bodenräume, Waschküchen.

12. *Die Kosten der Schornsteinreinigung*

Hierzu gehören die Kehrgebühren nach der maßgebenden Gebührenordnung, soweit sie nicht bereits als Kosten nach Nummer 4 Buchstabe a berücksichtigt sind.

13. *Die Kosten der Sach- und Haftpflichtversicherung*

Hierzu gehören namentlich die Kosten der Versicherung des Gebäudes gegen Feuer-, Sturm- und Wasserschäden, der Glasversicherung, der Haftpflichtversicherung für das Gebäude, den Öltank und den Aufzug.

14. *Die Kosten für den Hauswart*

Hierzu gehören die Vergütung, die Sozialbeiträge und alle geldwerten Leistungen, die der Eigentümer (Erbbauberechtigte) dem Hauswart für seine Arbeit gewährt, soweit diese nicht die Instandhaltung, Instandsetzung, Erneuerung, Schönheitsreparaturen oder die Hausverwaltung betrifft. Soweit Arbeiten vom Hauswart ausgeführt werden, dürfen Kosten für Arbeitsleistungen nach den Nummern 2 bis 10 nicht angesetzt werden.

15. *Die Kosten*

a) des Betriebs der Gemeinschafts-Antennenanlage;
hierzu gehören die Kosten des Betriebsstroms und die Kosten der regelmäßigen Prüfung ihrer Betriebsbereitschaft einschließlich der Einstellung durch einen Fachmann oder das Nutzungsentgelt für eine nicht zur Wirtschaftseinheit gehörende Antennenanlage;
oder

b) des Betriebs der mit einem Breitbandkabelnetz verbundenen privaten Verteilanlage;
hierzu gehören die Kosten entsprechend Buchstabe a, ferner die laufenden monatlichen Grundgebühren für Breitbandanschlüsse.

16. *Die Kosten des Betriebs der maschinellen Wascheinrichtung*

Hierzu gehören die Kosten des Betriebsstroms, die Kosten der Überwachung, Pflege und Reinigung, der maschinellen Einrichtung, der regelmäßigen Prüfung ihrer Betriebsbereitschaft und Betriebssicherheit sowie die Kosten der Wasserversorgung entsprechend Nummer 2, soweit sie nicht dort bereits berücksichtigt sind.

17. Sonstige Betriebskosten

Das sind die in den Nummern 1 bis 16 nichtgenannten Betriebskosten, namentlich die Betriebskosten von Nebengebäuden, Anlagen und Einrichtungen.

Anhang 4.3

I. BAUBESCHREIBUNG Haus 1

1. Ausstattung der Allgemeinbereiche

Eingangshalle

Repräsentative Gestaltung. Wand- und Bodenbeläge überwiegend in Naturstein. Glatte abgehängte Decken mit Deckeneinbaustrahlern. Das Empfangspult ist mit der Gebäudeleitzentrale verbunden und für die Aufnahme technischer Einrichtungen zur Zugangsüberwachung und Videokontrolle ausgestattet.

Aufzüge

Der Gebäudekern verfügt über folgende Aufzüge:
    3er Gruppe
    2 Aufzüge á 900 kg 12 Pers.
    1 Aufzug á 1.200 kg 16 Pers.
    (auch als Lastenaufzug verwendbar)
Sämtliche Geschosse einschließlich der beiden UG werden von allen Aufzügen angefahren.

Treppenhäuser

Dem Gebäudekern ist ein Haupttreppenhaus zugeordnet, in welchem der repräsentative Charakter der Eingangshallen fortgeführt wird. Darüberhinaus verfügt das Gebäude über zwei Fluchttreppenhäuser.

Aufzugsvorräume in den Etagen

Boden- und Wandbeläge sowie Decken in der gleichen hochwertigen Ausstattung wie die Eingangshallen. Fahrstuhltüren in Edelstahl. Die Etagenzugangstüren sind vorgerichtet für die Aufnahme von Klingeln, Türschließern, Zugangs-Kontrolleinrichtungen.

Außenanlagen

Die Außenanlagen werden dem repräsentativen Charakter des Hauses entsprechend großzügig gestaltet. Als Boden- und Treppenbelag findet der an den Fassaden und im Innenbereich verlegte Naturstein ebenfalls Verwendung. In den geschlossenen Innenhöfen werden Bepflanzungen und Pflasterarrangements angelegt.

Tiefgarage

In den beiden Tiefgaragen stehen insgesamt 92 Einstellplätze (2. UG 6 Abstellplätze, 1. UG 29 Abstellplätze) zurVerfügung. Die Tiefgarage wird von sämtlichen Fahrstühlen angefahren. Die Ein- und Ausfahrt zu den beiden Garagengeschossen erfolgt durch die Garage 2 im Bereich der Gervinusstraße. Über diese Zufahrt wird auch Haus 4+5 mit erschlossen. Die Garagenbereiche sind mit einer CO_2-Überwachung und einer damit verbundenen Zwangsentlüftung ausgestattet.

Fassade

Besonderer Wert wurde auf eine architektonisch anspruchsvolle Fassadengestaltung gelegt.
Durch die äußere Fassadenausbildung werden die einzelnen Gebäude voneinander abgegrenzt.
Die wesentlichen Konstruktionselemente der Fassade sind
-- vorgespanntes Sonnenschutzglas, Isolierglas
-- farbig behandelte (pulverbeschichtet u. einbrennlackiert) thermisch getrennte Alu-Profile
-- Naturstein mit rauher Oberflächenstruktur (beflammt)
Die gesamte Konstruktion ist wärmegedämmt nach DIN 4108 (energiesparend) mit folgenden Vorgaben für die Wärmedurchgangswerte
-- Brüstungen K = 2,7 W/qm/h
-- Verglasung K = 1,5 W/qm/h
Die Fassade wird wegen der Klimatisierung des Gebäudes als geschlossene Fassade erstellt. Lediglich aufgrund von brandschutztechnischen Forderungen werden in einzelnen Bereichen öffenbare Fensterflügel angeordnet.

Trennwände Zu den Gängen: eine gerade Flurabgrenzung aus Gipskarton-Metallständerwänden von OK Rohboden bis UK Rohdecke, glattgespachtelt mit Glasvliestapete tapeziert und Dispersionsanstrich, weiß. Schalldämmaß LSM - O dB (RW 47 dB) ine ingebautem Zustand.
Büro-Zwischenwände als Gipskarton-Metallständerwände von OK Doppelboden bis UK abgehängte Decke, glattgespachtelt mit Glasliestapete und Dispersionsanstrich, weiß. Schalldämmaß RS 45 dB in eingebautem Zustand.
Vermieterseits werden Trennwände und Türen in einer pro Etage festgelegten Menge zur Verfügung gestellt. Die Aufstellung hierüber befindet sich im Anhang zu dieser Beschreibung.

Türen Stahlzargen weiß lackiert mit umlaufender Gummidichtung, Türen mit Kunststoffoberfläche, Beschläge Edelstahl matt poliert. Anzahl der Türen s. Anlage.

Schließanlage Es wird eine General-Schließanlage, hochwertiges Markenfabrikat, eingebaut. Die Anlage gewährleistet jederzeit eine beliebige Erweiterung für den mieterseitigen Ausbau.

Akustikdecke Achsrasterdecke, Achsmaß 1,40 m, Langfeldplatten ca. 30 cm breit, Fabrikat Dipling oder gleichwertig, als weiß einbrennlackierte Metallrasterdecke mit Lochperforation.
In den Nebenräume glatte abgehängteDecken aus Gipskarton-Material, gespachtelt, geschliffen und weiß gestrichen. Schallängsdämmung r'LW = 43 dB, Baustoffklasse B1.

Beleuchtung Energiesparende deckenintegrierte Spiegelrasterleuchten mit verspiegeltem Reflektor und V-förmig angeordneten verspiegelten Querlamellen zum Teil als Abluftleuchten. Beleuchtungsanlage gem. DIN 5035 ausgelegt, alle Erfordernisse der Arbeitsstättenverordnung werden erfüllt.
Anschlußleistung: abhängig von der Raumaufteilung mit ca. 16 W/qm Bürofläche, EDV-Anlagen 35 W/qm. In Feuchträumen und Teeküchen: Leuchtstoffröhren Lumilux, Beleuchtungsstärke 500 Lux.

Elektrische Installation Flexible Raumaufteilung durch Installationsmöglichkeit sämtlicher Versorgungskabel wie Kraft, Telefon, EDV durch den Doppelfußboden und Tankauslässe. Deckensteckverteiler im Flurbereich, Versorgungskanal im Induktionsgerätefuß. (Jedes 2. Einzelraster erhält 2 Doppelsteckdosen sowie je eine Leerdose für EDV und Telefon. Weitere Installationen, insbesondere auch für elektronische Kommunikationssysteme sind innerhalb des Doppelbodensystems möglich.
Im Gebäude sind durchgängig vertikaleVerbindungsschächte für mietereigene Kabelverbindungen eingeplant.

Blendschutz Der Einbau von hellen Vertisolamellen durch den Vermieter wird aus gestalterischen und technischen Gründen ausgeführt. Die Unterhaltung und Instandsetzung ist durch den Mieter zu betreiben.

In jeder Etage stehen zur Verfügung:

SANITÄRE AUSSTATTUNG

Damen-WC WC-Anlagen mit wandhängenden Tiefspülklosetts und Wandeinbau-Spülkästen.
Waschtisch-Anlagen mit Natursteinabdeckung mit Einlochbatterie.
Spiegelanlage über die gesamte Wandbreite mit dahinter integriertem Spender für Papierhandtücher. Je Waschtisch ein Seifenspender. Verdeckt angeordneter Papierabfallkorb.

Herren-WC WC-Anlagen wie vor.
Urinale mit Automatikspüler.
Waschtische wie vor.
Schamwand auf Wunsch des Mieters.

Putzraum mit einem Ausgußbecken.

Alle Toilettenanlagen und Vorräume sind wandhoch weißgefliest. WC-Trennwände: Als Leichtbauwände (Boden bis Decke) wandhoch gefliest.

Teeküche Putzräume und Teeküchen erhalten einen Fliesenspiegel hinter den Objekten.
Unterschrank mit Arbeitsplatte und Geschirrschrank aus kunststoffbeschichteten Preßspanplatten, Einbauspültisch mit 1 Becken und Abtropffläche aus Chrom/Nickel-Stahl, Untertisch-Kühlschrank 170 ltr., eingebaute Doppelkochplatten. Aussparung und Anschlüsse für einen Geschirrspüler vorgesehen.

3. Haustechnik

Klimaanlage RLA-Anlage 4-Leiter-System mit konstanter Luftmenge. Induktionsgeräte unterhalb der Fenster, Frischluftrate ca. 65 m3/Modul, Wärmerückgewinnungsanlage nach dem Regenerativtauscherprinzip in jeder Klimaanlage. Jeder Raum kann unabhängig von der Wandanordnung separat über ein Thermostat geregelt werden. Gleitende Temperatur 22°-26°. Die Belüftung läßt sich geschoßweise, fassadenabschnittsweise total abstellen.

Heizung Wärmeversorgung durch 2 Hochleistungskessel, Feuerung der Kessel durch Gas. Statische Heizung durch Induktionsgeräte sowie Plattenheizkörper außerhalb der Betriebszeiten.

Bewässerung Zentrale Wasserversorgung aus dem städtischen Netz. Druckerhöhungsanlagen für unterschiedliche Zonen garantieren Versorgungssicherheit. Warmwasserversorgung durch dezentrale Geräte. Abrechnung des Wasserverbrauchs pro Nutzungsgruppe.

Entwässerung Trennsystem innerhalb des Gebäudes für Regen und Fäkalienabwässer. Fettabscheidereinbau für Kantinenbetrieb ist im 1. UG möglich.

Elektroversorgung Einspeisung aus dem 10-KV-Mittelspannungsnetz der Stadtwerke, Umspannung über hauseigene Transformatoren auf Verbrauchsspannung 400/231 V, Versorgung der Etagen über Steigeleitungen, Zählung des Energieverbrauchs zentral und niederspannungsseitig im E-Raum im Keller.

Notstromanlage Zur Versorgung der sicherheitstechnischen Einrichtungen 1 Dieselaggregat mit einer Leistung von 250 KVA.

Müllbe- *seitigung*	Großraumbehälter je 2,5 cbm Fassungsvermögen im Sammelraum EG.
EDV-Anlage	Im EG des Gebäudes stehen ca. 250 m² Gebäudefläche mit einer lichten Höhe desDoppelbodens von ca. 40 qm zur Verfügung. Für diesen Bereich ist der Einbau einer gesonderten Klimaanlage möglich.
Fassaden- *befahranlage*	Das Gebäude ist mit einer Außenbefahranlage zur Fassaden- und Fensterreinigung ausgestattet.
Gebäude- *regelung*	Dezentrale Regelung, (DDC im Klimabereich). Zentrale Störmeldeanlage, Gebäudeoptimierung durch Prozeßrechner VISOGYR 04

4. *Sicherheitseinrichtungen*

Das 2. UG der Tiefgarage ist durch eine Sprinkleranlage feuergeschützt.
Ein elektronisch gesteuertes Überwachungssystem schaltet bei Rauchentwicklung die Klimaanlage automatisch ab. Jede Etage verfügt über zusätzliche Feuerlöscheinrichtungen, Trocken- und Naßleitungen sowie verschiedene Handfeuerlöscher.
An einem zentralen Feuerwehrtableau läßt sich ggf. ein Brand sofort lokalisieren.
Automatische Alarmmeldung zur Feuerwehr bei Sprinklerauslösung, Rauchmeldung der Ionisationsmelder oder handausgelöste Alarme. In jeder Etage befinden sich Feuermelder.
Die insgesamt 3 Treppenhäuser (1 Haupt- und 2 Fluchttreppenhäuser) des Gebäudes erlauben die sichere Räumung des Hauses in Notfällen.
Bei Stromausfall erfolgt die Versorgung der betriebsnotwendigen Anlagen sowie die Beleuchtung der Fluchtwege über eine automatisch anspringende Notstromanlage.
Es ist vorgesehen, das Gebäude Tag und Nacht zu bewachen; mit den Mietern soll die Organisation der Besucherkontrollregelung vereinbart werden.

II. ÜBERGABE DER MIETRÄUME

Die Übergabe der Miträume erfolgt formell.
Es wird ein gemeinsames Übergabeprotokoll angefertigt. Anhand der dem Protokoll beigefügten Pläne wird der Bau- und Ausbauzustand der Miträume zum Zeitpunkt der Übergabe festgehalten. Diese Pläne bilden die Basis für die Rückbauverpflichtung.
Weiterhin werden im Übergabeprotokoll eventuelle Mängel oder fehlende Leistungen an den Ausbauarbeiten innerhalb der Mietflächen festgehalten.

III. MIETERSEITIGER AUSBAU

1. Leistungen des Vermieters

Der Vermieter stellt die Mietbereiche sowie die allgemeinen Bereiche in der in der Baubeschreibung beschriebenen Qualität zur Verfügung. Die in der Baubeschreibung genannte Anzahl lfdm Trennwände und Bürotüren werden vom Vermieter entsprechend der mieterseitigen Ausbauplanung geliefert und montiert. Die Kosten für eventuelle Mehrmassen sind vom Mieter auf der Basis des dem Vermieter vorgelegten Angebotes der ausführenden Firma zu vergüten. Werden für den mieterseitigen Ausbau weniger als die angebotenen Massen erforderlich, so kann eine Vergütung in Geld nicht erfolgen.

2. Genehmigungen

Die mieterseitige Ausbauplanung sowie alle späteren Umbauten bedürfen der Genehmigung durch den Vermieter.

3. Durchführung der mieterseitigen Ausbauarbeiten

Mit der Planung der Aus- und Umbauarbeiten sind möglichst die Planer und Berater des Bauherrn zu beauftragen. Durch dieses Vorgehen ist sichergestellt, daß die Detailkenntnisse über das Gebäude und die bereits vorhandenen Behördenkontakte auch zum Vorteil des Mieters genutzt werden können.
Ebenso sollten die ausführenden Firmen des Bauherrn mit der Durchführung der mieterseitigen Ausbauarbeiten beauftragt werden. Andernfalls muß der Mieter sicherzustellen, daß die auf den Gebäuden und deren Ausbauten ruhenden Gewährleistungen uneingeschränkt erhalten bleiben.
Für Umbauten und Erweiterungen dürfen nur solche Systeme, Materialien und Fabrikate (z.B. Trennwände, Leuchten, Doppelböden, Bodenbeläge, etc.) verwendet werden, die bereits in den Gebäuden eingesetzt sind.

IV. ALLGEMEINES

1. Müllentsorgung

Die in den Mietflächen zugeordneten Müllsammelräume sind in den dem Mietvertrag beigefügten Pläne gekennzeichnet. Es ist sicherzustellen, daß der Mülltransport über die Aufzüge nur außerhalb der regulären Betriebszeit des Gebäudes stattfindet. Die Entsorgung erfolgt über Großraum-Container durch die städtische Müllentsorgung. Auf diesem Wegen darf nur normaler Büromüll (Papierabfälle) entsorgt werden. Die Entsorgung von Biomüll (Küchenabfälle und dergl.) ist in dem Gebäude zunächst nicht vorgesehen.

2. *Aufzüge*

Sollte es erforderlich sein, daß Mieter die Aufzugsanlagen außerhalb der Betriebszeiten (Nachtarbeit) benutzen, so muß der Mieter veranlassen, daß Mitarbeiter seines Unternehmens als Aufzugswärter ausgebildet werden.

3. *Zusätzliche Kälteleistung*

Die Haustechnikplanung sieht die Möglichkeit von zusätzlicher Kälteversorgung für bestimmteGebäudebereiche vor. Sofern der Mieter hiervon Gebrauch machen will, muß hierüber eine gesonderte Planung im Zuge der Ausbauplanung erfolgen.

4. *Aufteilung der PKW-Einstellplätze*

Die in den Tiefgaragen angeordneten Einstellplätze werden entsprechend der Nummerierung dem Mieter fest zugeordnet. Die genaue Regelung ist im Mietvertrag festgehalten.

V. ANHANG ZUR BAUBESCHREIBUNG HAUS 1

Mengenermittlung Bürotrennwände und -türen beiAnordnung von Einzelbüros (Maximalwert) für Haus 1.

Anmerkung: Die notwendige Trennwände und Türen der Kerne sowie Nebenräume (WC-Anlagen, Teeküchen, usw.) sind in diesen gehören.

Geschoß	Querwände Stck x lfdm	Büroflurwand F-90 (m)	Bürotrennwand (normal) (m)	Tür (normal)	Stück Flure Tür F30 Stück
EG	23 x 6	109	138	6	23
1. OG	28 x 6	135	168	9	25
2. OG	28 x 6	135	168	9	25
3. OG	28 x 6	135	168	9	25
4. OG	28 x 6	135	168	9	25
5. OG	12 x 6	70	72	4	12
6. OG	12 x 6	70	72	4	12
7. OG	12 x 6	72	72	4	12
		861	1026	54	159

Anhang 4.4

BANKBÜRGSCHAFT

Unser Kunde: _____
hat von der   gem. Mietvertrag vom
_____ Mieträume im Objekt   angemietet.

Gemäß diesem Mietvertrag hat der Mieter vor Übergabe des Mietgegenstandes zur Sicherung aller Ansprüche des Vermieters aus diesem Mietvertrag gegenüber dem Mieter eine selbstschuldnerische, unbefristete, auf erstes Anfordern zahlbare unwiderrufliche Bankbürgschaft zu stellen.
Dies vorausgeschickt, übernehmen wir, die
_____
_____

(Name der Bank und Adresse)

hiermit gegenüber dem Vermieter die selbstschuldnerische, unbefristete, unwiderrufliche Bürgschaft bis zur Höhe von
DM _____
(in Worten: _____)

zur Sicherung aller Ansprüche des Vermieters aus dem genannten Mietvertrag gegen den Mieter unter Verzicht auf die Einreden der Anfechtbarkeit, der Aufrechenbarkeit und der Vorausklage (§§ 770 bis 772 BGB) und verpflichten und auf erstes Anfordern Zahlung zu leisten.
Wir können jedoch nur auf die Zahlung von Geld in Anspruch genommen werden.
Wir sind nicht berechtigt, uns von unseren Verpflichtungen aus dieser Bürgschaft durch Hinterlegung zu befreien.
Diese Bürgschaft erlischt mit Rückgabe dieser Urkunde an uns.

Anhang 4.5

Übergabeprotokoll

Dem Mieter wurde das Mietobjekt am ... mit ... Schlüsseln mit folgender Ausstattung übergeben:
.... Restauranttische Eiche
.... Holzstühle Modell ....
....
Die Schrammen in der Eingangstür werden vom Vermieter noch beseitigt, ebenso die Unebenheiten im Treppenbereich. Sonstige Mängel wurden nicht festgestellt.
Dieses Protokoll wird Bestandteil des Mietvertrags vom ...

Frankfurt am Main, den ...

(Vermieter)   (Mieter)

Anhang 4.6

KONZEPTBESCHREIBUNG

Das Einkaufs- und Freizeitzentrum wird unter der Bezeichnung mit neuer Konzeption in Betrieb genommen.

Aufgrund der Erfahrungen mit der bisherigen Konzeption des Objektes sowie aufgrund der Standortbedingungen (Lage zur Innenstadt, Orientierung zum Umland) ist ein stark verändertes Angebotsprofil vorgesehen.
Ausgangspunkt der neuen Konzeption im Einkaufsbereich ist
-- die Nutzung von EG und 1. OG als SB-Warenhaus mit rund 8.000 qm Verkaufsfläche,
-- die Reduzierung der Anzahl von Einzel-Fachgeschäften und deren Konzentration auf den Bereich der mall, sowie
-- die Umnutzung des UG als zusätzliche Tiefgaragenfläche mit ca. 100 Stellplätzen.

Im Freizeitbereich wird
-- das Angebot gastronomischer Betriebe auf das 2. OG konzentriert,
-- die Discothek über einen neuen Eingang vom Wallweg her erschlossen,
-- das derzeitige "Rollerland" multifunktional als
Veranstaltungssaal für -- Live-Konzerte
                                -- Tagungen
                                -- Ausstellungen
                                -- Sportveranstaltungen
                                   (Rollschuhlauf)
                                -- Fast-Food-Gastronomiebetrieb
genutzt.
Der *Büro- und Praxenbereich* bleibt im wesentlichen unverändert.
Betrieb und Bewirtschaftung des Gesamtobjektes werden technisch und organisatorisch so umgestellt, daß die Kosten insgesamt minimiert werden und die kostenmäßige Veranlagung einzelner Bereiche getrennt erfolgen kann.

    Bereich: Büros und Praxen (3. bis 5. OG)
Der Eingangsbereich wird umgebaut.
Durch Vorverlegung des Windfanges ist gewährleistet, daß der Eingang sauberer und repräsentativer wird.
Das *Treppenhaus* ist im Normalbetrieb für Besucher nur vom Eingang Nürnberger Straße her zu benutzen. Die Mieter erhalten die Möglichkeit, aus dem Tiefgeschoß direkt zu den Aufzügen zu gelangen.
Die *Beheizung* des Büro- und Praxenbereiches erfolgt über einen eigenen Heizkreis.
Störungen, die durch den Betrieb der Rollschuhbahn (2. OG) hervorgerufen werden, entfallen künftig, da der Mietvertrag eine zeitliche Begrenzung vorsieht, wenn trotz zusätzlicher Schallschutzmaßnah-

|||||||men Lärmbelästigungen nicht zu vermeiden wären. Die Veranstaltungen sind außerhab der normalen Bürozeit.
Bereich: Einkauf und Freizeit

1. Eingangsbereich/Mall

Der öffentliche Bereich beschränkt sich auf die Mall, der die Einzelfachgeschäfte zugeordnet sind.
Die Rolltreppe vom EG ins 1. OG bzw. vom 1. OG ins 2. OG werden gedreht, so daß ein direkter Lauf vom Eingang Nürnberger Straße her gewährleistet ist.
Die festen Treppen bleiben in ihrer bisherigen Laufrichtung erhalten, so daß bei einem Geschoßwechsel kürzeste Verbindungswege gewährleistet sind.
Das Treppenhaus wird nach oben geöffnet (Lichtkuppel), die Öffnung zum UG wird komplett geschlossen.
Die Erschließung des EG vom UG erfolgt über 2 Aufzüge.

2. Zugang zum SB-Warenhaus

Das SB-Warenhaus mit jeweils ca. 4.000 qm Verkaufsfläche im EG und 1. OG ist
-- im EG erreichbar über die Eingänge NürnbergerStraße und Wallweg (Parkhaus),
-- im 1. OG über eine neu zu schaffende Rampe vom Parkdeck 4 her,
-- von der Tiefgarage im UG (Parkdeck 1 mit Erweiterung) über neu zu schaffende 2 Aufzüge, die vor dem Eingang zum SB-Warenhaus enden.

3. Zugang zum Freizeitbereich

Der Freizeitbereich im 2. OG (Gastronomie und Filmtheater) ist auch nach 19.00 Uhr über die Mall erreichbar.
Abgesehen von Sonderfällen (Veranstaltungssaal) endet der Betrieb im 2. OG um 01.00 Uhr.

4. Parkhaus

Im Parkhaus stehen nach der Umnutzung des UG des Einkaufszentrums ca. 550 Parkplätze zur Verfügung.
Das Parkhaus wird mit Automaten bewirtschaftet. Die Einnahmen werden zur Deckung der Betriebskosten verwendet.
Nach 19.00 Uhr erfolgt nur noch eine Belegung der Erd- und Tiergeschoßebenen (Parkdeck 1 und 2). Weitere Ebenen werden je nach Bedarf bei Veranstaltungen zusätzlich geöffnet.

5. Überwachung

Der Betriebsablauf im Einkaufszentrum und im Parkhaus wird über eine Zentrale überwacht, die an allen Tagen 24Stunden besetzt ist (Notrufzentrale).
Kritische Bereiche werden mit Kameras überwacht.
Die Zentrale befindet sich im Eingangsbereich der Mall.

6. Werbegemeinschaft

Eine Fortführung oder Neuauflage der Werbegemeinschaft ist nicht beabsichtigt.

Zusammenfassung

Die neue Konzeption für den Betrieb des
geht von folgenden Überlegungen aus:

1. Die Sorgwirkung des SB-Warenhauses mit ca. 8.000 qm Verkaufsfläche ist die entscheidende Voraussetzung für den erfolgreichen Betrieb des Zentrums (in diesem Zusammenhang wird auf die neueste Untersuchung des Instituts für Selbstbedienung und Warenwirtschaft in Köln verwiesen).
2. Das Angebotsprofil des Einkaufszentrums wird vervollständigt durch eine gegenüber der früheren Konzeption reduzierte Anzahl von Einzelhandelsgeschäften und Dienstleistungsbetrieben, die jedoch konsequent auf das Sortiment des SB-Warenhauses abgestimmt sind. Hierbei wird auf die Erfahrungen mit anderen SB-Warenhaus-Standorten zurückgegriffen.
3. Die Veränderungen im Freizeitbereich sind abgestimmt auf die Gegebenheiten des SB-Warenhauses, sofern es die zusätzliche Einrichtung einer SB-Gaststätte im 2. OG im Anschluß an die Mall betrifft. Die Konzentration der gastronomischen Betriebe auf das 2. OG, sowie die multifunktionale Nutzung des Veranstaltungssaales (ehem. Rollerland), erhöhen die Attraktivität des Freizeitbereiches.
4. Durch umfassende technische und organisatorische Maßnahmen werden die Betriebskosten minimiert. Gleichzeitig werden die Voraussetzungen für gerechte Verteilungsmaßstäbe geschaffen.

Achim Prior

Lösungsmöglichkeiten der Mietvertragsparteien vor Überlassung der Mietsache
Können sich die Mietvertragsparteien in diesem Stadium unter erleichterten Bedingungen aus der Vertragsbindung lösen?

Frankfurt/M., Berlin, Bern, New York, Paris, Wien, 1992. 145 S.
Europäische Hochschulschriften: Reihe 2, Rechtswissenschaft. Bd. 1217
ISBN 3-631-44719-1　　br. DM 49.--*

Bei Mietverträgen fällt der Vertragsschluß und der Mietbeginn, an dem die Überlassung der Mietsache an den Mieter erfolgen soll, häufig auseinander. Weitverbreitet ist die Ansicht, daß sich die Mietvertragsparteien in diesem Vertragsstadium etwa durch eine "Stornierung" des Vertrages leichter als nach der Überlassung der Mietsache von der vertraglichen Bindung lösen können. Zur Beantwortung der Frage, ob sich die Parteien eines Mietvertrages vor Überlassung der Mietsache an den Mieter unter leichteren Bedingungen als nach der erfolgten Gebrauchsüberlassung von der Vertragsbindung lösen können, werden die einzelnen Gesichtspunkte, unter denen eine Auflösung des Mietvertrages sowohl vor als auch nach der Überlassung der Mietsache an den Mieter in Betracht kommen kann, umfassend herausgearbeitet, erörtert und dann vergleichend gegenübergestellt.

Aus dem Inhalt: Einvernehmliche Vertragsaufhebung · Anfechtung von Mietverträgen · Vertragliches Rücktrittsrecht · Gesetzliches Rücktrittsrecht · Abgrenzung zur Kündigung · Wegfall der Geschäftsgrundlage · Ordentliche Kündigung · Ersatzmietergestellung · Analoge Anwendung des Reisevertragsrechtes im Einzelfall

Peter Lang 　 Europäischer Verlag der Wissenschaften
Frankfurt a.M. • Berlin • Bern • New York • Paris • Wien
Auslieferung: Verlag Peter Lang AG, Jupiterstr. 15, CH-3000 Bern 15
Telefon (004131) 9411122, Telefax (004131) 9411131
- Preisänderungen vorbehalten - *inklusive Mehrwertsteuer